教育部人文社会科学研究专项任务项目（24JDSZ3129）资助
湖南省高校思想政治工作精品项目（23JP012）资助

U0642529

高校辅导员

理论和实践研究能力提升方略

唐业喜　李　莉　李彩彦
饶先发　周　鸣　罗雪榕　编著

中南大学出版社
www.csupress.com.cn
·长沙·

图书在版编目(CIP)数据

高校辅导员理论和实践研究能力提升方略／唐业喜等
编著. --长沙：中南大学出版社，2025.5. --ISBN 978-7-
5487-6197-6

Ⅰ. G645.12

中国国家版本馆 CIP 数据核字第 2025FB7780 号

高校辅导员理论和实践研究能力提升方略
GAOXIAO FUDAOYUAN LILUN HE SHIJIAN YANJIU NENGLI TISHENG FANGLÜE

唐业喜　李莉　李彩彦　饶先发　周鸣　罗雪榕　编著

□出 版 人	林绵优
□责任编辑	杨 贝
□责任印制	唐 曦
□出版发行	中南大学出版社
	社址：长沙市麓山南路　　　　邮编：410083
	发行科电话：0731-88876770　　传真：0731-88710482
□印　　装	湖南省汇昌印务有限公司

□开　　本	787 mm×1092 mm 1/16　□印张 16.5　□字数 400 千字
□互联网+图书	二维码内容　字数 136 千字　图片 110 张
□版　　次	2025 年 5 月第 1 版　　□印次 2025 年 5 月第 1 次印刷
□书　　号	ISBN 978-7-5487-6197-6
□定　　价	59.80 元

图书出现印装问题，请与经销商调换

序

PREFACE

高校辅导员（简称辅导员）肩负着开展大学生思想政治教育工作的重任，是学生成长道路上不可替代的引路人，在教育这片充满希望的广阔天地里，这支队伍书写着独属高校的精彩篇章，陪伴、守护、滋养着莘莘学子拔节孕穗、成长成才。同时，作为高校学生日常思想政治教育和管理工作的组织者、实施者、指导者，辅导员需不断强化理论研究能力，以更好地指导实践，反哺育人。

然而，在繁杂的日常事务与繁重的工作压力的双重夹击下，许多辅导员在理论和实践研究中往往"有心无力"。辅导员的理论和实践研究项目有哪些？如何申报？辅导员的工作案例有什么作用？如何撰写？思政类学术论文如何撰写？撰写完成后投稿哪些期刊容易发表？……这些问题如同横亘在前进道路上的重重障碍，令许多辅导员在理论和实践研究中望而却步。

本书作者在长期一线实践中积累了丰富的实战经验，均成功立项了教育部人文社会科学研究专项任务项目（高校辅导员研究），对辅导员理论研究有独到的见解，对当前辅导员在理论和实践研究中普遍存在的共性"难关"有较大共鸣，在与全国各地辅导员的交流与互动中，敏锐地察觉到上述问题既是高校思想政治教育工作在实践中存在的现实难题，也是辅导员队伍建设中亟待深入探究的理论课题，汇集诸多前贤经验为困境中的辅导员（尤其是新手辅导员）提供及时的帮助。此为必要，亦是使命。

为此，本书作者深入剖析辅导员实际需求，将辅导员的理论和实践研究项目、工作案例、学术论文等作为核心内容，进行了有针对性的详细解析，并系统编写，呈现在全国辅导员同仁面前。

这本书主要有以下四方面的特色：

特色一：理论研究项目申报的"通关宝典"。

在理论研究项目申报的茫茫大海中，精准选题与规范撰写是成功的关键。本书深度剖析 23 份省部级辅导员理论研究项目的立项申报材料，为辅导员提供独家"通关"秘籍。在选题上，它将教会我们如何凭借敏锐的洞察力，在众多课题中精准定位，挖掘出兼具创新性与研究价值的选题，让辅导员的项目从一开始就脱颖而出。在申报书撰写环节，细致入微地分析常见问题，并给出切实可行的解决方法，帮辅导员巧妙避开写作陷阱，确保申报书的质量无懈可击。同时，对申报书的结构与要点进行逐一精准解读，让辅导员清晰把握每一个关键环节，为申报之路指明方向。此外，书中还精心整理了 42 类全国性和 90 类省级的辅导员理论研究项目申报信息，为辅导员提供全面的项目参考，告别盲目申报，让申报过程清晰明了。

特色二：实践研究项目申请的"成功密码"。

实践研究项目是展现辅导员工作能力与创新成果的重要舞台。本书结合不同申报成功案例，深入剖析高校辅导员实践研究项目中的精品项目、网络教育名师、高校辅导员名师工作室等。通过详细解读这些成功案例背后的宝贵经验，让辅导员深入了解实践研究项目的运作模式与申报要点。同时，精心梳理出 57 条关于辅导员实践研究项目的申报信息，从项目策划到执行，再到最终申报，全方位提供策略指导，助力辅导员提升实践项目研究的质量和水平，在激烈的竞争中脱颖而出，成功斩获心仪项目。

特色三：工作案例撰写推广的"实用手册"。

工作案例是辅导员日常工作经验的结晶，如何将其转化为具有广泛影响力的研究成果，是每一位辅导员都关心的问题。本书结合 11 份高校辅导员获奖工作案例，为辅导员全面阐述工作案例的撰写策略与推广方法。从案例的选题开始，教辅导员如何选取最具代表性和价值的工作场景；在内容组织上，指导辅导员如何巧妙架构，让案例逻辑清晰、内容丰富；在语言表达方面，传授辅导员如何用精准、生动的语言展现工作成果。不仅如此，还深入剖析案例的推广渠道和推广技巧，帮助辅导员打破传播局限，让辅导员的工作案例得到更广泛的关注与认可，让日常工作中的点滴经验发挥最大价值。

特色四：学术成果进阶必备的"专属指南"。

学术成果是辅导员理论研究的重要体现，也是提升个人学术影响力的关键所在。本书深度剖析了辅导员学术成果的撰写要点、投稿策略与转化路径。本书总结了 87 种 CSSCI 核心期刊、171 种全国中文核心期刊、184 种 AMI 期刊、559 种各级各类普通高等学校学报和 95 种普通期刊的详细投稿方式，并依据各期刊收稿栏目或方向进行细致分类，让辅导员们可以根据自己的研究主题轻松找到合适的期刊，可谓是为辅导员"量身打造"的贴心服务。

为兼顾知识的系统性及当下读者的阅读习惯，全书布局四大板块：高校辅导员理论研究项目的撰写与申报、高校辅导员实践研究项目的解析与申报、高校辅导员工作案例的撰写与推广以及高校辅导员学术成果的实施与转化，旨在为辅导员们铺设一条清晰、可行的前行道路，助力辅导员在理论和实践的融合中不断成长，为教育事业贡献更大的力量。

本书作者始终秉持着为辅导员们提供最实用指导的初心，在内容的选择与呈现上，力求简洁明了，让每一位开卷的辅导员都能在理论和实践研究中找到属于自己的成长路径，进而在教育的舞台上，以更加从容的姿态，引领学生成长，助力事业发展。

如果渴望在高校辅导员的职业道路上实现突破与成长，在项目申报与工作成果转化方面取得显著成就，那么这本书绝对是辅导员的不二之选。它将以丰富的内容、实用的技巧和翔实的案例，陪伴辅导员攻克每一个难关，开启职业发展的新篇章。赶快入手，实现辅导员的进阶之旅！

囿于水平所限，本书难免有疏漏或者不完善之处，还望读者包涵。同时，书中内容所起的引导作用，对于大多数同仁而言仍属"纸上功夫"，本书若要真正发挥作用，还需要读者们大胆、智慧地去实践。从"怎么看"到"怎么做"，看似一字之差，却需一百分的执行，科研道路上，我们与 20 余万名辅导员同仁并肩作战、且思且行、共同成长。

本书编写组
2025 年 3 月

目 录
CONTENTS

第一章

导　论

第一节 高校辅导员理论和实践研究的背景与意义

党的十八大以来，教育部明确指出了高校辅导员在大学生思想政治教育中的重要地位，强调了辅导员队伍专业化、职业化建设的重要性。这不仅将辅导员定位为日常思想政治教育和管理的关键角色，更将其视为一个可终身从事的职业。为了提升辅导员的专业素养和职业能力，教育部、各省（自治区、直辖市）、各高校为辅导员提供了众多发展平台。然而，"专业化"是建立在专业性的基础上的，没有精专的科学研究，何来专业性可言？辅导员若想在繁忙的工作中脱颖而出，就必须致力于提升理论素养与实践研究能力。只有这样，才能更好地把握思想政治教育工作的规律性、科学性、时代性，落实立德树人根本任务。

学术界对辅导员队伍的专业化、职业化建设给予了高度关注。学者们普遍认为，建立和完善辅导员工作的专业化、职业化体系是推动辅导员队伍建设向高质量、内涵式发展转变的关键。这意味着辅导员需要摒弃传统上依赖经验和个人积累的工作方式，转向更加专业、职业化的工作机制和发展路径。实现专业化的最佳途径是参与各类理论和实践研究。通过对日常工作和大学生成长发展进行系统、规范、严谨的探究，辅导员不仅能够获得最新的知识、话题，还能以更合适的方式将教育影响传递给学生。这将有助于开展专业性的大学生价值引领，使思想政治教育工作保持活力与生机，从而更好地服务于学生的成长和发展。

辅导员的专业化、职业化建设不仅是教育部和各高校的重要任务，也是辅导员自身发展的必然要求。通过参与理论和实践研究，提升专业素养和职业能力，辅导员将能够更好地履行职责，当好学生成长成才的引路人。

一、高校辅导员理论和实践研究的内涵和必要性

(一)高校辅导员理论和实践研究的内涵

中华人民共和国教育部令第 43 号《普通高等学校辅导员队伍建设规定（2017 年修订版）》指出，理论和实践研究是辅导员的九大工作职责之一，辅导员应"努力学习思想政治教育的基本理论和相关学科知识，参加相关学科领域学术交流活动，参与校内外思想政治教育课题或项目研究"。

具体而言，高校辅导员理论和实践研究是指高校辅导员在思想政治教育领域开展的科学研究活动，这些活动既包括理论研究也包括实践研究，能提升辅导员的专业素养和职业

能力，使辅导员能更好地履行其在大学生思想政治教育中的职责。具体包括以下几个方面：

①理论学习。辅导员需要努力学习思想政治教育的基本理论和相关学科知识，以提高自己的理论素养和应用理论指导实践的能力。

②学术交流。辅导员需要参与相关学科领域的学术交流活动，通过研讨会、论坛、工作坊等形式与其他教育工作者和研究者交流思想和经验。

③课题研究。辅导员需要参与校内外思想政治教育课题或项目研究，包括申请研究资金、开展实证研究、撰写研究报告等。

④实践研究。辅导员需要将理论研究应用于实际工作中，探索有效的教育方法和策略，解决学生思想政治教育中的实际问题。

⑤成果发表。辅导员需要将研究成果通过学术论文、案例分析、网络成果、工作总结等形式发表，与学术界和实践界交流分享。

理论和实践研究对辅导员个人成长和职业发展至关重要，它有助于辅导员提升自己的科研能力，增强工作的科学性和创新性，同时也为高校思想政治教育的质量和效果提供支持。通过这些研究活动，辅导员能够更好地理解和把握教育工作的规律性和时代性，更有效地服务于学生的成长和发展。

(二)高校辅导员开展理论和实践研究的必要性

1. 开展理论和实践研究是高校职能所需

科学研究是高校辅导员的使命所系。19世纪初，法国洪堡大学提出大学"教学与研究相统一"。19世纪中期，高校教学、科研、社会服务的三大职能得以确立。近年来，高校职能发展为五个：人才培养、科学研究、社会服务、文化传承创新、国际交流合作。由此可见，科学研究是高校的基本职能、重要职能。辅导员作为高校教师队伍的组成部分，开展科学研究自是理所当然、使命所系。《高等学校辅导员职业能力标准（暂行）》指出，"辅导员是高校教师队伍和管理队伍的重要组成部分"。蔡元培曾强调"大学者，研究高深学问者也"。不论是从教师身份出发，还是从工作职责要求看，辅导员都应该提高对科研的认识，努力学习思想政治教育的基本理论和相关学科知识，积极参加相关学科领域的学术交流，只有这样才能够以更合适的方式把教育影响传递给学生，进而实现对学生的正面价值引领，永葆思想政治教育工作的活力和朝气。

2. 开展理论和实践研究是高校辅导员职责所需

2014年颁布的《高等学校辅导员职业能力标准（暂行）》规定了理论和实践研究职业能力的详细标准。《普通高等学校辅导员队伍建设规定（2017年修订版）》指出理论和实践研究是辅导员的九大工作职责之一，并对初级、中级和高级辅导员做了相应的具体要求。作为思想政治辅导员，就是从实践到理论再回到实践，也就是从实际中发现问题，然后展开研究，甚至上升为理论，然后再用这个理论或研究去指导工作实践，进而在工作中验证。

3. 开展理论和实践研究是高校辅导员发展所需

辅导员做科研，是辅导员成长和发展的要求，是辅导员工作有效开展的需要。身处高校思想政治教育工作第一线的辅导员既有必要更有条件真正深入大学生思想政治教育实践之中，把自己的实际工作经验吸收到理论研究中，提升到理性自觉的层面。这就要求高校辅导员加强研究，特别是要把工作中的新问题、新实践、新现象作为专题进行研究，并提炼为实践和研究的经验，上升为工作的规律和方法摸索。近年来，教育部明确提出辅导员的发展要走"专业化""职业化"的道路。"专业化"是建立在专业性研究的基础之上的，没有专业性研究，难以体现和凸显"专业化"，也不可能真正成长为专家。如果在高校辅导员这个领域里从事许多年的工作之后，一点"专家"的感觉都没有，如何更好地展现高度的专业性、职业精神、敬业精神呢？从这个角度讲，做科学研究，是辅导员专业化、职业化发展的重要方面和重要标志。

4. 开展理论和实践研究是高校辅导员工作提质所需

做科研是辅导员提高工作有效性、推进工作创新的重要手段。我们经常讲，只有把握规律性，才能增强实效性。如何把握规律性呢？没有精专的经验研究、实践研究、理论研究，没有真正意义上深入的理论探讨，不可能把握规律性。没有对规律性的把握，就不可能有对规律的依循，也不可能有工作的创新性展开。

近年来，从教育主管部门到许多高校，都高度重视辅导员的科研工作。教育部思想政治工作司不仅设立了高校辅导员专项课题，而且举办了相关论坛、系列培训。这些举措，是推动辅导员队伍"专业化""专家化""职业化"的重要举措，既有利于推动辅导员的理论研究真正成为辅导员实际工作的坚实基础，也有利于推进辅导员队伍的专业化、职业化发展。

二、高校辅导员开展理论和实践研究的优势

高校辅导员开展理论和实践研究具有多方面的优势，这些优势不仅有助于提升辅导员自身的职业素养和专业能力，还能更好地服务于学生的成长与发展。

(一)扎根一线，易获取第一手资料

辅导员工作深入学生一线，与学生接触频繁，能够及时发现学生在思想、学习、生活等方面的问题和需求。例如，在处理学生心理问题时，辅导员可以通过个别谈话、主题班会等方式，深入了解学生的内心世界，为研究提供真实、具体的数据和案例。这种直接接触使辅导员的研究更具针对性和实效性，能够为理论研究提供丰富的经验基础。同时，辅导员在日常工作中会遇到各种实际问题，如学生的思想引导、学业指导、心理辅导、职业规划等。这些问题为辅导员提供了丰富的研究素材，使其能够结合实际需求开展有针对性的研究，提出切实可行的解决方案。例如，针对学生在职业规划中的困惑，辅导员可以开展相关研究，探索有效的职业规划指导方法。

(二)有较好的政策支持与资源保障

在政策引导方面：教育部发布的《普通高等学校辅导员队伍建设规定（2017年修订版）》等文件明确了辅导员开展理论和实践研究的职责和要求，为辅导员的研究工作提供

了政策依据。例如，文件要求辅导员"努力学习思想政治教育的基本理论和相关学科知识，参加相关学科领域学术交流活动，参与校内外思想政治教育课题或项目研究"。在专项课题支持方面：教育部设立了"高校辅导员专项课题"，为辅导员提供了丰富的研究课题和经费支持。如 2024 年教育部人文社会科学研究专项任务项目（高校辅导员研究）涵盖了多个研究方向，为辅导员提供了广阔的研究空间。在高校资源保障方面：高校为辅导员提供了丰富的研究资源，如图书馆、数据库、实验室等。同时，部分高校还设立了专项研究经费，支持辅导员开展研究工作。如许多高校设立了辅导员或思想政治教育工作专项基金，鼓励辅导员申报理论和实践研究项目。

（三）专业背景多样，赋予多元视角

辅导员专业背景多样，因而可以结合自身专业背景，开展跨学科研究。如具有心理学背景的辅导员可以结合教育学理论，开展心理健康教育与思想政治教育相结合的研究；具有管理学背景的辅导员可以研究学生事务管理的优化策略等。同时，多样化的专业背景使辅导员能够从不同角度分析学生问题，提出综合性的解决方案。如在研究学生职业规划时，辅导员可以从教育学、心理学、管理学等多个角度进行分析，提出更全面的指导策略。此外，不同学科的研究方法和理论能为辅导员提供丰富的研究工具。如可以运用心理学的个案研究法，深入分析学生个体的心理问题；运用教育学的行动研究法，探索有效的教育实践模式等。

（四）时间相对充裕

虽然辅导员日常工作较忙，但与其他职业相比，高校辅导员有相对充裕的时间，如寒暑假等，这些时间可以用于进行理论研究和学术写作。许多辅导员会利用寒暑假撰写学术论文、开展调研工作，取得了丰富的研究成果。同时，辅导员可以根据自身的工作安排，灵活利用碎片化时间进行研究。如在处理完日常事务后，利用晚上或周末的时间进行文献阅读和数据分析。

（五）易实现团队合作与资源共享

辅导员可以通过组建团队、参与理论和实践研究项目等方式，与其他辅导员、专家学者进行合作，共享研究资源。如通过跨学科团队合作，辅导员可以参与更高层次的研究项目，学习先进的研究方法和经验。同时，辅导员可以与校内外的专家学者、同行以及其他相关人员进行交流与合作。这种广泛的交流不仅能够拓宽辅导员的学术视野，还能为其提供更多的研究资源和合作机会。如与校外研究机构合作，开展联合研究项目。

三、高校辅导员理论和实践研究的困境

近年来，随着高校思想政治教育工作的不断推进，辅导员在理论和实践研究方面取得了一定的进展。然而，从整体来看，辅导员的理论和实践研究能力仍处于初级阶段，高校辅导员理论和实践研究存在诸多亟待解决的问题，仍面临多重困境。

(一)研究意识的初步觉醒与认知偏差并存

辅导员作为高校思想政治教育的重要力量,其研究意识在近年来有所提升。许多辅导员能够积极参与理论和实践研究项目,并取得了一定的理论和实践研究成果。然而,整体而言,辅导员的研究意识仍然较为薄弱。许多辅导员对理论和实践研究的重要性认识不足,缺乏主动参与理论和实践研究的动力,多为职称评定、绩效考核等功利性目的而被动参与。这种现象在一定程度上反映了辅导员对理论和实践研究价值和重要性的认识还存在偏差,部分辅导员仍然认为理论和实践研究是专业教师的事,辅导员只要把事务性工作做好即可。这种认知偏差不仅弱化了辅导员做理论和实践研究的价值,也影响了辅导员参与理论和实践研究的热情。

(二)研究能力的初步提升与能力短板并存

辅导员队伍的学科背景复杂,专业相关度不高,缺乏系统的理论和实践研究培训,导致理论和实践研究能力整体较弱,具体表现为理论和实践研究选题不够精准、研究方法不够科学、研究成果转化率较低等。部分辅导员在选题时过于追求大而全,忽视了微观的和本校的实际问题,导致研究重复化、简单化,理论和实践研究效益低下。辅导员队伍的学科背景多元,且有部分辅导员不是马克思主义理论专业出身,在时间不充足的情况下从原有的学理论和实践研究范式向马克思主义理论研究范式转变的难度很大。当前辅导员在研究能力方面存在不足,主要体现在以下三个方面:其一,理论基础不够扎实;其二,研究资源匮乏,力量薄弱;其三,在问题聚焦、选题优化以及研究成果凝练等方面需进一步提升。部分辅导员在选题过程中,过于追求宏大与全面,却忽视了微观层面以及本校实际问题的深入挖掘,从而导致研究内容出现重复化、简单化的情况,使得理论研究和实践研究的效益均难以达到理想水平。这些问题不仅对辅导员自身理论与实践研究能力的提升造成了阻碍,也在一定程度上制约了辅导员在理论与实践研究领域的进一步发展。此外,辅导员在文献检索、数据分析、论文撰写等方面科研能力稍显不足,导致理论和实践研究成果的质量和数量受到影响。这些问题不仅影响了辅导员理论和实践研究能力的提升,也制约了辅导员在理论和实践研究方面的进一步发展。

(三)研究积极性的初步激发与动力维系不足

辅导员工作压力大,事务性工作繁忙,可用于理论和实践研究的时间和精力有限,导致参与理论和实践研究的积极性不高。辅导员的理论和实践研究成果形式较为单一,研究内容针对性虽强,但持续性不足,高质量研究成果较少。这种现象在一定程度上反映了辅导员在理论和实践研究过程中面临的实际困难,包括时间不足、精力分散、资源匮乏等。这些问题不仅影响了辅导员参与理论和实践研究的积极性,也制约了辅导员在理论和实践研究领域的进一步发展。同时,高校辅导员大部分时间用于处理繁杂的事务性工作,投入理论和实践研究的时间和精力有限,导致理论和实践研究动力不足。

(四)研究环境的初步改善与支持性环境建设

高校对辅导员理论和实践研究能力的重视程度有所提高，但提供的理论和实践研究实践环境仍不完善。理论和实践研究氛围不浓，缺乏理论和实践研究团队支持和相应的理论和实践研究保障条件。部分高校辅导员所学专业背景与从事的学生工作关联度不大，在理论和实践研究上有心无力，不愿意从事辅导员工作研究。此外，有的高校对辅导员理论和实践研究能力的重视程度不足，缺乏相应的理论和实践研究扶持，辅导员从事理论和实践研究还处于自发的状态。这些问题不仅影响了辅导员理论和实践研究能力的提升，也制约了辅导员在理论和实践研究领域的进一步发展。

(五)时间紧张

辅导员日常承担的学生管理事务工作琐碎、复杂，在一件工作接一件工作的压力中难以抽出时间去做理论和实践研究工作。辅导员需要处理学生请假、宿舍矛盾、心情抑郁等各种事务，这些工作占据了大量时间和精力。这些问题不仅压缩了辅导员参与理论和实践研究的时间，也制约了辅导员在理论和实践研究领域的进一步发展。

专题：辅导员协调工作与研究关系的方法

辅导员做研究，遇到的突出瓶颈是如何协调工作与研究的关系，即辅导员如何在繁忙的工作之余做好研究工作。

1. 充分利用好时间

一是利用好零碎时间。辅导员又称"5+2"和"白加黑"，反映出辅导员日常工作繁忙，难以有充足的科研时间，而且很少有大块空闲时间，甚至连周末或者晚上都有工作要忙。辅导员要想做理论和实践研究的话，必须做好时间规划与统筹，充分利用各种零碎的时间，比如在零碎的时间可以看不同专家的某一篇权威文献，可以了解某一个方向的动态前沿，撰写某一小方面或者某一小板块的内容体系等。二是利用好寒暑假时间。寒暑假是辅导员做理论和实践研究的最佳时机，寒暑假不仅有不少理论项目可以申报，还可以做社会实践调查或者是学术成果的数据调查等。辅导员要把握好寒暑假这个做研究的黄金时间，寒暑假有完整的时间、独立的空间，可以进行系统化、全面化、体系化的研究，集中学习完整的知识体系给自己充电。

2.充分利用好各类学生社会实践调研机会

每年寒暑假社会实践或者是第二课堂中，学生都有大量的社会实践调研工作，比如学校团委会进行"乡村调研"或者"三下乡""返家乡"之类的活动，辅导员可以积极利用这些活动进行相关研究，如积极主动对接活动主办方，寻求数据调研等帮助，进而为辅导员学术成果的产出提供可靠的调研数据。

3.组建稳定与灵活的研究团队

一是组建好学生团队。辅导员在做研究的时候，很容易陷入孤军奋战的情况，既累，又容易被其他的事务性工作所耽搁，导致效率不高而最终放弃。辅导员可以尝试组建一个优秀的学生团队从而倒逼自己做研究，利用指导大学生创新创业实践项目、挑战杯、创新创业大赛等机会，积极组建得力的学生团队，形成辅导员与学生团队的命运共同体，既相互督促又相互成就。在辅导员自己力不从心或者想放弃的时候，学生团队会积极提供力所能及的帮助并督促辅导员坚持；在学生团队需要指导的时候，辅导员又可以义无反顾地去指导和帮助学生，形成一个良性的命运共同体。二是组建辅导员团队。"抱团取暖"是辅导员进行理论研究很重要的方法，组建辅导员团队是十分重要的，比如一个办公室的辅导员可以形成一个辅导员团队，不同学校、不同省份的辅导员也可以进行辅导员团队组建，例如通过全国性辅导员论坛、全国性高校辅导员工作室平台、全国高校辅导员素质能力提升骨干训练营、日常交流等方式寻找合作伙伴并组建辅导员团队。这样既可以相互学习，也可以相互帮助和督促，又可以形成学术成果的共建共享，实现共同成长。

第二节　高校辅导员理论和实践研究项目立项的概况

　　高校辅导员研究项目众多，既有国家层面的、部级的，也有省级的，由于省级的高校思想政治教育研究项目呈多样化，在此对国家级、部级的高校辅导员专项课题和项目的立项情况进行统计，主要如下：

（一）教育部人文社会科学研究专项任务项目（高校辅导员）①

　　2009—2024 年教育部人文社会科学研究专项任务项目（高校辅导员研究）立项情况如表 1-1 所示。

表 1-1　2009—2024 年教育部人文社会科学研究专项任务项目（高校辅导员研究）立项统计表

单位：项

年份	课题项目名称	项目类别及数量	
		立项总量	具体分类及其数量
2009 年	教育部人文社会科学研究专项任务项目（高校思想政治工作）	164	一类课题 12 项、二类课题 52 项、辅导员专项 100 项
2010 年		191	一类课题 18 项、一类（委托）课题 5 项、二类课题 68 项，辅导员专项 100 项
2011 年		153	一类课题 17 项、二类课题 39 项、辅导员专项 97 项
2012 年		162	一类课题 14 项、二类课题 48 项、辅导员专项 100 项
2013 年		178	一类课题 14 项、二类课题 94 项、辅导员骨干专项 70 项
2014 年		170	一类课题 17 项、二类课题 84 项、辅导员骨干专项 69 项
2015 年		192	一类课题 10 项、二类课题 84 项、辅导员骨干专项 98 项
2016 年		150	一类课题 19 项、二类课题 67 项、辅导员骨干专项 64 项
2017 年		69	思想政治工作课题 20 项、辅导员骨干专项 49 项
2018 年		73	思想政治工作课题 21 项、辅导员骨干专项 52 项
2019 年		70	思想政治工作课题 20 项、辅导员骨干专项 50 项

①　该课题自 2009 年设置以来，项目名称、立项数量几经更改。

续表1-1

年份	课题项目名称	项目类别及数量	
		立项总量	具体分类及其数量
2020 年	教育部人文社会科学研究专项任务项目（高校辅导员研究）	200	不区分类型
2021 年		209	
2022 年		208	
2023 年		202	
2024 年		202	

（二）思想政治教育研究文库

2013—2025 年思想政治教育研究文库立项情况如表 1-2 所示。

表 1-2　2013—2025 年思想政治教育研究文库立项情况　　　　单位：项

年份	名称	总数	类型（数量）	
2013 年	思想政治教育研究文库	26	人民出版社出版专著（11）	中国文史出版社出版专著（15）
2018 年	高校思想政治工作研究文库	76	第一批（38）	第二批（38）
2020 年	高校思想政治工作研究文库	20		
2021 年		20		
2022 年		20		
2023 年		20		
2024 年		21		
2025 年		20		

注：2014—2017 年、2019 年立项情况未找到。

（三）高校思想政治教育工作论文评选

2011—2024 年高校思想政治教育工作论文评选获奖情况如表 1-3 所示。

表 1-3　2011—2024 年高校思想政治教育工作论文评选获奖数量统计表　单位：项

年份	名称	获奖级别及数量			
		总量	一等奖	二等奖	三等奖
2011 年	全国高校辅导员工作优秀论文评选	97	20	29	48
2012 年		86	12	24	50
2013 年		125	20	40	65
2014 年		100	20	37	43
2015 年		127	23	43	61
2016 年		134	18	28	88
2017 年		98	24	28	46
2018 年	全国高校思想政治工作优秀论文评选	97	19	32	46
2019 年		136	22	35	79
2020 年		124	25	50	49
2024 年		"百佳"论文 100 篇，优秀论文 160 篇			

注：2021—2023 年没有举行全国性评选。

(四)高校思想政治工作中青年骨干队伍建设项目

2018—2025 年高校思想政治工作中青年骨干队伍建设情况如表 1-4 所示。

表 1-4　2018—2025 年高校思想政治工作中青年骨干建设情况　单位：人

年份	总人数	第一批	第二批
2018 年	20	10	10
2019 年	20	10	10
2020 年	10	不区分批次	
2021 年	10		
2022 年	10		
2023 年	10		
2024 年	10		
2025 年	20		

(五)高校思想政治教育工作精品项目

2013—2025 年高校思想政治教育工作精品项目立项情况如表 1-5 所示。

表 1-5　2013—2025 年高校思想政治教育工作精品项目立项情况　　　　　单位：项

年份	立项总数	项目类别									
		心理育人	文化育人	实践育人	组织育人	课程育人	资助育人	网络育人	科研育人	服务育人	管理育人
2013 年	35										
2014 年	35					不分类型					
2015 年	35										
2016 年	36										
2017 年	—					数据暂未获取					
2018 年	200	22	51	56	9	7	22	22	1	5	5
2019 年	200	22	51	56	9	7	22	22	1	5	5
2020 年	100	13	22	27	6	11	5	8	3	2	3
2021 年	100										
2022 年	100					不分类型					
2023 年	100										
2024 年	99										
2025 年	100	6	21	32	5	12	0	8	3	8	5

注：2018 年、2019 年每年均有两批次立项。

(六) 全国学校共青团研究课题及成果

1. 全国学校共青团研究课题立项情况

2016—2024 年全国学校共青团研究课题立项情况如表 1-6 所示。

表 1-6　2016—2024 年全国学校共青团研究课题立项情况　　　　　单位：项

年份	立项总数	课题类型及数量				课题名称
		战略课题	重大课题	重点课题	立项课题	
2016 年	520	5	15	200	300	全国学校共青团研究课题
2017 年	525	4	21	200	300	
2018 年	523	5	18	200	300	

续表1-6

年份	立项总数	课题类型及数量				课题名称
		战略课题	重大课题	重点课题	立项课题	
2019 年	40	0	5	15	20 一般课题	共青团中央"青少年发展研究"课题
2020 年	52	0	15	11	26 一般课题	
2021 年	35		6	12	17 一般课题	
2022 年	112					
2023 年	84					
2024 年	68	未区分类型				

2. 全国学校共青团优秀研究成果评选情况

2014—2017 年全国学校共青团优秀研究成果评选情况如表1-7 所示。

表 1-7　2014—2017 年全国学校共青团优秀研究成果评选情况　　　单位：项

年份	立项总量	特等奖	一等奖	二等奖
2014 年	100	3	27	70
2015 年	157	12	38	107
2016 年	153	13	26	114
2017 年	136	12	40	84

注：自 2017 年后没有评选全国学校共青团优秀研究成果，但对优秀调研报告等进行评选。

（七）高校原创文化精品项目

2018—2024 年高校原创文化精品项目立项情况如表1-8 所示。

表 1-8　2018—2024 年高校原创文化精品项目立项情况　　　单位：项

年份	名称	立项总量	备注
2018 年	高校原创文化精品推广行动计划	40	每年两批
2019 年		40	
2020 年		20	
2021 年		19	每年一批
2022 年		22	

续表1-8

年份	名称	立项总量	备注
2023 年	高校原创文化精品	21	每年一批
2024 年		20	

(八)高校辅导员工作室项目

高校辅导员工作室各校各省做法很多、实行早,2012 年至 2023 年,28 个省(区、市)共立项了 1182 个省级高校辅导员工作室(饶先发团队整理)。2023 年 12 月,教育部公布了 2024 年批准立项的全国层面的 80 个高校辅导员工作室。

(九)高校思想政治教育研究会课题和高校思想政治工作队伍培训研修中心/创新发展中心课题

教育部和很多省(区、市)成立了不同层级的高校思想政治教育研究会、高校思想政治工作队伍培训研修中心、高校思想政治工作创新发展中心,这些协会、中心开展了不同类型的研究课题,如教育部高校思想政治工作队伍培训研修中心(广西师范大学)的"思想政治教育理论与实践研究"专项课题等。

第三节 高校辅导员理论和实践研究的主要方向与趋势

一、辅导员理论研究的主要方向与趋势

辅导员理论研究的方向较多，尤其是不同专业的辅导员老师有着不同的研究方向，根据辅导员工作实际，将辅导员理论和实践研究大致分为十个方向。

1. 共青团与青年研究

这一研究方向关注共青团的组织建设、青年工作的理论基础和实践路径，研究内容包括共青团在高校中的作用、青年学生的思想动态、青年领导力的培养，以及如何通过共青团活动促进学生的全面发展等。

2. 心理健康教育与心理学研究

这一研究方向聚焦于大学生的心理健康问题，包括心理问题的预防、识别和干预，研究内容涉及心理健康教育课程的设计、心理咨询服务的提供，以及如何构建支持性的校园环境以促进学生的心理福祉等。

3. 马克思主义理论(党建、红色文化)研究

这一研究方向致力于研究马克思主义理论在当代的应用，特别是如何在高校中进行党的建设和红色文化的传承，研究内容包括马克思主义理论的教育方法、党的历史和理论，以及红色文化在现代教育中的价值和作用等。

4. 辅导员发展与队伍建设相关研究

辅导员发展与队伍建设是一个多维度的研究领域，它不仅关注辅导员个人的专业成长，也涉及辅导员队伍的整体建设，研究内容主要有辅导员的职业发展路径和晋升机制、辅导员专业能力提升的策略和方法、辅导员团队建设的有效性和挑战，以及辅导员工作评估体系的构建和完善等。

5. 大学生思想政治教育与网络思想政治教育研究

大学生思想政治教育是高校教育的核心内容之一，而网络思想政治教育则是适应数字化时代发展的重要领域。这一研究方向的内容有思想政治教育内容与方法创新研究、网络环境下的思想政治教育策略、大学生价值观形成与引导、网络思想政治教育的效果评估等，还包括如何在高校中开展网络安全教育，提升学生的网络素养，包括信息识别、隐私保护、网络道德等方面的素养等。

6. 网络舆情、意识形态与国家安全研究

随着互联网的发展，网络舆情是高校教育管理的主要领域。这一研究方向探讨网络环境下的意识形态工作、网络舆情的管理和引导，以及如何维护国家安全和校园稳定等。

7. 学业职业生涯规划与就业创业研究

这一研究方向关注学生的学业规划、职业发展和创业教育，研究内容包括如何帮助学生制订合理的学业和职业规划，如何为学生提供有效的就业指导和服务，以及如何培养学生的创业精神和创新能力。

8. 大学生学习发展与教育学研究

这一研究方向结合教育学理论，研究大学生的学习行为、学习动机和学习效果，研究内容涉及教学方法的创新、学习环境的优化，以及如何通过教育影响（思政教育方式、内容、载体、途径等）提升大学生的学习成效和发展质量。

9. 十大育人体系研究

这一研究方向涵盖了高校育人的各个方面，包括课程育人、科研育人、实践育人、文化育人、网络育人、心理育人、管理育人、服务育人、资助育人和组织育人，研究内容包括如何构建全面的育人体系、各育人环节的有效整合，以及如何评估育人体系的效果等。

10. 高校思想政治教育其他方面研究

这一研究方向是一个开放的领域，包括所有与高校思想政治教育相关的其他研究。这可以涉及新的教育技术的应用、国际视野下的思想政治教育比较，以及思想政治教育的跨学科研究等。

二、辅导员实践研究的主要方向与趋势

辅导员实践研究的方向一方面可以根据辅导员日常工作的职责来确定，如思想理论教育和价值引领方向、学风建设方向、心理健康教育与咨询方向、校园危机事件应对与校园安全方向、党团和班级建设方向、网络思想政治教育方向、学生日常事务管理方向、职业规划与就业创业指导方向等。另一方面可以根据《高校思想政治工作质量提升工程实施纲要》的十大育人体系确定，如课程、科研、实践、文化、网络、心理、管理、服务、资助、组织育人等方向。

第 二 章

高校辅导员理论研究项目的撰写与申报

第一节　高校辅导员理论研究项目概述

一、高校辅导员理论研究项目的内涵

高校辅导员理论研究项目可以从以下四个维度概括：一是聚焦实践问题，通过科研方法解决教育教学矛盾；二是具象化教育理想，构建特色育人模式；三是集中主题提升研究系统性，优化工作方向；四是整合科研与实践，推动教育优化与专业成长，实现辅导员队伍专业化与育人质量协同提升。

首先，辅导员所做的理论研究项目就是一个源于工作实践的问题，是在一段时间内需要关注、澄清和解决的一个真实存在的教育教学问题，研究的目的就是在解决问题的过程中，分析问题的本质和存在的根源，寻求解决问题的路径，总结有益的经验，记录自己在问题解决过程中的感悟和心得。

其次，辅导员所做的理论研究项目是一个自己工作中的愿景，是自己在先进教育理念、教育价值观、教育理想的驱使下对所向往的未来教育教学的憧憬和勾画，是自己在一段时间内需要努力去构建或打造的一个工程，如某一种特色教育模式、理想育人路径的构建等。

再次，辅导员所做的理论研究项目是一个工作的主题。按照辅导员工作的九大职能，辅导员日常总在反思，经常会以教育叙事、教育案例、教育日记、教学札记、教育随笔等形式记录自己在教育实践中的思考，但往往比较凌乱、零散、随意，而项目就为这些研究提供了一段时间内相对集中的主题，有了贯穿的线索，使研究主题集中，方向明确，目标清晰。

最后，辅导员做项目需要从日常教育教学中蕴含的科研成分着手，以科研的思路去重新审视教育教学过程，发现问题、思考问题，形成解决问题的策略，并通过教育教学实践使其得到验证与完善，从而使思想政治教育工作逐步向最优方向发展，同时也使自身的素质水平得到提升。

二、高校辅导员理论研究项目的类别

高校辅导员理论研究项目大致可以分为国家级理论研究项目、省部级理论研究项目、市厅级理论研究项目、校级理论研究项目、协会理论研究项目和教育部高校思想政治工作队伍培训研修中心/创新发展中心理论研究项目六类。

（一）国家级理论研究项目

国家级理论研究项目通常是指由国家级别的科研管理机构或权威学术机构资助的研究项目，这些项目旨在解决国家重大科技需求、促进学科发展、提高国家竞争力以及推动社会进步，一般指国家科学技术部、国家自然科学基金委员会、国家社会科学基金委员会等下达的项目。辅导员可申报的国家级理论研究项目如表2-1所示。

表2-1　辅导员可申报的国家级理论研究项目

项目类别	具体项目名称	申报范围
国家级理论研究项目	国家社会科学基金项目	全国可申报
	国家社会科学基金教育学专项项目	全国可申报
	国家社会科学基金高校思想政治理论课研究专项项目	全国可申报
	国家社会科学基金教育学重大项目	全国可申报

（二）省部级理论研究项目

省部级项目通常是指由国家部委、各省级单位资助的研究课题，一般是指省自然科学基金委员会、省哲学社会科学基金委员会等下达的项目。辅导员可申报的省部级理论研究项目如表2-2所示。

表2-2　辅导员可申报的省部级理论研究项目

项目类别	具体项目名称	申报范围
省部级理论研究项目	教育部人文社会科学研究专项任务项目（高校辅导员研究）	全国可申报
	教育部思想政治理论课教师研究专项项目	全国可申报
	教育部人文社科一般项目	全国可申报
	全国教育科学规划项目	全国可申报
	共青团中央"青少年发展研究"项目	全国可申报
	国家民委民族研究项目公开招标项目	全国可申报
	省社会科学基金项目	本省可申报
	省社会科学基金教育学专项项目	本省可申报
	省社会科学基金思想政治理论课教师研究专项项目	本省可申报
	其他省部级项目	—

（三）市厅级理论研究项目

市厅级理论研究项目通常是由市级或厅级单位组织申报的研究课题，通常针对本辖区内符合条件的申报单位。市厅级理论研究项目包括各种专题研究，如市社会科学课题等，旨在推动本地区的社会科学和科学技术发展。辅导员可申报的市厅级理论研究项目如表2-3所示。

表2-3 辅导员可申报的市厅级理论研究项目

项目类别	具体项目名称	申报范围
市厅级理论研究项目	省教育厅（教育工委）思想政治教育专项课题	本省可申报
	省级网络思想政治教育中心课题	本省可申报
	省教育科学规划课题	本省可申报
	省社科联课题	本省可申报
	市州人文社科（社科联）课题	本市州可申报
	其他市厅级项目	—

（四）校级理论研究项目

校级理论研究项目是指由高校或学校自主设立并资助的一类研究项目。辅导员可申报的校级理论研究项目如表2-4所示。

表2-4 辅导员可申报的校级理论研究项目

项目类别	具体项目名称	申报范围
校级理论研究项目	各高校社会科学课题	本校可申报
	各高校思想政治教育课题	本校可申报
	各高校其他辅导员相关课题	本校可申报

（五）协会理论研究项目

协会理论研究项目通常是由各学会、协会、研究会等组织申报的研究项目。辅导员可申报的协会理论研究项目如表2-5所示。

表 2-5　辅导员可申报的协会理论研究项目

项目类别	具体项目名称	申报范围
协会理论研究项目	高等教育学会辅导员分会课题	全国可申报
	高等教育学会学生工作研究分会课题	全国可申报
	中国青少年研究会年度课题	会员可申报
	团中央青年部共青团实践育人工作课题	全国可申报
	团中央青年志愿者行动指导中心课题	全国可申报
	各省思想政治教育学会(协会/研究会)课题	本省可申报
	其他辅导员相关学会课题	—

(六)教育部高校思想政治工作队伍培训研修中心/创新发展中心理论研究项目

教育部高校思想政治工作队伍培训研修中心/创新发展中心理论研究项目通常是由各个教育部高校思想政治工作队伍培训研修中心/创新发展中心组织申报的研究课题。辅导员可申报的教育部高校思想政治工作队伍培训研修中心/创新发展中心理论研究项目如表 2-6 所示。

表 2-6　辅导员可申报的教育部高校思想政治工作队伍培训研修中心/创新发展中心理论研究项目

项目类别	具体项目名称	申报范围
教育部高校思想政治工作队伍培训研修中心/创新发展中心项目	高校思想政治工作队伍培训研修中心(北京师范大学)开放课题	全国可申报
	高校思想政治工作队伍培训研修中心(河北师范大学)专项课题	全国可申报
	高校思想政治工作队伍培训研修中心(华东师范大学)开放课题	全国可申报
	高校思想政治工作队伍培训研修中心(华东政法大学)开放课题	全国可申报
	高校思想政治工作队伍培训研修中心(南京师范大学)课题	全国可申报
	高校思想政治工作队伍培训研修中心(扬州大学)开放课题	全国可申报
	高校思想政治工作队伍培训研修中心(福建师范大学)课题	全国可申报
	高校思想政治工作队伍培训研修中心(江西师范大学)研究项目	全国可申报
	高校思想政治工作队伍培训研修中心(郑州大学)专项开放课题	全国可申报
	高校思想政治工作队伍培训研修中心(湖南师范大学)开放课题	全国可申报
	高校思想政治工作队伍培训研修中心(华南师范大学)开放课题	全国可申报
	教育部高校思想政治工作队伍培训研修中心(西南交通大学)开放课题	全国可申报
	教育部高校思想政治工作队伍培训研修中心(云南民族大学)思想政治工作队伍专项开放课题	全国可申报
	教育部高校思想政治工作队伍培训研修中心(西安交通大学)专项研究课题	全国可申报

续表2-6

项目类别	具体项目名称	申报范围
教育部高校思想政治工作队伍培训研修中心/创新发展中心项目	教育部高校思想政治工作队伍培训研修中心(陕西师范大学)开放课题	全国可申报
	高校思想政治工作队伍培训研修中心(广西师范大学)专项课题	全国可申报
	高校思想政治工作创新发展中心(北京师范大学)教师思政方向开放课题	全国可申报
	高校思想政治工作创新发展中心(华中师范大学)高校基层党建专项课题	全国可申报
	高校思想政治工作创新发展中心(上海交通大学)新媒体专项课题	全国可申报
	高校思想政治工作创新发展中心(南京工业职业技术大学)专项课题	全国可申报
	高校思想政治工作创新发展中心(陕西工业职业技术学院)重大专项研究课题	全国可申报
	高校思想政治工作创新发展中心(上海建桥学院)专项研究课题	全国可申报
	高校思想政治工作创新发展中心(武汉东湖学院)专项研究课题	全国可申报
	高校思想政治工作创新发展中心(浙江树人学院)专项课题	全国可申报
	高校思想政治工作创新发展中心(辽宁财贸学院)专项研究课题	全国可申报
	其他高校思想政治工作队伍培训研修/创新发展中心课题	—

第二节 高校辅导员理论研究项目撰写与申报

面对众多的理论研究项目申报途径，辅导员们可能感到困惑：如何抓住机遇，顺利启动项目申报呢？这里提供三句话作为参考："完成优于完美""方法总比问题多""实践是检验真理的唯一办法"。接下来，我们将逐一解析如何撰写项目申报书。概括来说，辅导员理论研究项目的申报书撰写的内容主要包括：选题策略与原则、国内外研究现状、学术价值与应用价值、研究内容和目标、创新之处、研究计划及可行性、研究方法、研究基础等方面。

一、高校辅导员理论研究项目选题的策略与原则

（一）选题策略

辅导员在做理论研究时，首要面临的是选题问题。选题不仅是问题研究的起点，也是写作的第一步。好的选题往往决定了研究的成功。对于高校辅导员来说，选题尤为关键，但也是最困难的一步。许多辅导员在选题时感到迷茫，甚至无法明确问题所在，导致研究无从下手。因此，选题的重要性不言而喻。那么，如何提出有意义的问题并进行选题呢？

1. 选择真正有价值的选题

选择有价值的选题，需要深入了解高校辅导员的工作内容和领域。明确工作范围和领域后，进一步聚焦研究选题。不是所有问题都值得研究，也不是所有选题都适合辅导员进行研究。因此，需要对研究选题进行明确的辨识和筛选。在选题前，辅导员应反复思考，如：这个问题真的重要吗？我们是否已具备相关知识？其他学科的研究者是否更适合研究此问题？这些问题的答案有助于明确研究选题。

2. 选择个人感兴趣且有长期思考的选题

虽然有些选题具有重要的理论和实践价值，但如果个人对此不感兴趣或缺乏相关知识储备，研究起来会困难重重。因此，选择个人感兴趣且有长期思考的选题至关重要。同时，应努力寻找个人兴趣与工作要求之间的契合点，以更好地进行研究。

3. 选择具有足够探索空间的小选题

对于辅导员来说，由于时间、精力和研究基础有限，更适合围绕自身工作实务进行具体精细的研究。以小问题为起点，以"小"见"大"，开展行动取向的研究，有利于工作的改进和自我的发展，也更容易推动辅导员工作的科学化和专业化进程。

4. 选择有条件或容易获得研究资料的选题

即使选题十分有意义且个人感兴趣，如果缺乏研究条件或难以获得研究资料，也会影响研究的质量和水平。因此，在选题时，应充分考虑自身条件和资料获取的难易程度。

5. 选择适合用科学方法探究的选题

不是所有选题都适合进行科学研究。科学研究的选题应是一种相对客观的现象，容易通过科学方法进行实验、观察、访问和描述。因此，在选题时，需要判断选题是否适合用科学方法进行探究。

综上所述，高校辅导员在进行理论研究选题时应充分考虑问题的价值、个人兴趣、探索空间、研究条件和科学性等因素。应用科学的方法和策略进行选题，有助于提高研究的质量和水平。

（二）选题原则

选题应带有强烈的问题意识，申报者所提问题要有理论和实践的真切感，其研究的基本步骤是：基于实践（经验或调查）—提出困惑（矛盾和纠结）—形成问题（思考和阐述）—研究课题（以明确变量为标志）。同时紧跟社会所需：课题应反映社会的实际需求，具有现实意义和应用价值。这有助于增强研究的社会责任感和使命感。此外，要立足能力所及：选择的课题应与申请人的研究能力和经验相匹配，确保研究的可行性和质量。然后要基于条件所能：考虑研究所需的资源和条件，如时间、经费、设备等，确保研究的顺利进行。辅导员理论研究选题应遵循三个原则。

1. 需求侧原则

选题应紧密结合国家所需、高校辅导员的工作实际，具有实用性和可操作性。例如，江西理工大学饶先发所承担的教育部人文社会科学研究专项任务项目"地方高校优秀辅导员的内在特质及培育机制研究——以江西省为例"，就是紧扣辅导员工作实际的研究课题，以有助于提升辅导员的工作效能和专业发展为选题原则。

2. 供给侧原则

在确定研究选题时，申请人应充分考虑自己的研究基础和前期成果，选择合适的研究方法和手段。这有助于确保研究的科学性和准确性，同时促进研究资源的有效利用。例如广东金融学院周鸣根据自己的工作实践经历，承担的教育部人文社会科学研究专项任务项目"基于 PDCA 循环理论高校学生党员发展质量保障体系研究"丰富和完善了大学生党员发展理论体系，丰富了马克思主义党建理论的内涵，针对构建大学生党员发展质量保障体系提出新思路、新做法，以有利于提升高校基层党建工作的科学性和实效性为选题原则。

3. 创新性原则

应选择具有探索性和挑战性的选题，注重研究的创新性和前瞻性，并加强与同行和其他相关领域的交流与合作，共同推动研究的深入发展。例如：全国最美辅导员、哈尔滨师范大学刘国权所承担的省哲学社会科学研究规划项目"中外青少年网络舆情样态特征与治理策略比较研究"就是针对"青少年阶段是人生的'拔节孕穗期'，最需要精心引导和栽培"

进行的。该选题加强青少年网络舆情研究，尤其是世界百年未有之大变局中的青少年网络舆情研究，以有助于开展好我国当下青少年思想教育和价值引领工作为选题原则。

4.简洁性原则

课题的命名应简洁明了，文字精练，概念准确，语意清晰。例如，长沙理工大学艾楚君所承担的国家社会科学基金项目"新时代青年的信仰塑造研究"就是一个简洁而富有深意的选题名称，能够迅速传达研究的核心内容。

我们可以通过 2020—2024 年度教育部人文社会科学研究专项任务项目(高校辅导员研究)立项一览表来了解选题的策略与原则。

2020—2024年度教育部人文社会科学研究专项任务项目（高校辅导员研究）立项一览表

二、国内外研究现状的撰写要点

(一)理解国内外研究现状的内涵

通俗来讲，国内外研究现状包括国内外关于某一个研究领域或者研究对象目前的研究成果和状态，可以是相关部门对该研究领域、研究对象的研究，也可以是个人或权威学者对该研究领域、研究对象的研究。

(二)广泛阅读相关文献资料

大量地阅读国内外研究相关的文献综述，能让我们有效地了解此行业和研究领域，也给后期的论文撰写提供了一定的材料。广泛阅读可以拓宽我们的视野，为我们展示更多样的理论框架和研究方法，帮助我们开阔思路。此外，阅读足够的文献资料可以让我们知道前人在该方向上已经做到了什么程度，我们还能够做些什么，避免不必要的重复劳动，并强调本次研究的创新点。

(三)借鉴已有研究方法

通过国内外研究现状，项目评审者能迅速了解到该领域的研究进展情况，以及项目是否具有研究价值。方法用对，事半功倍。利用合理高效的方法开展研究现状梳理，不仅能够节约工作时间，还能在很大程度上提高项目的命中率。

下面为大家介绍两种方法：

(1)首先就是靠自己，通过花费一些时间和精力，从网络文章、期刊文章、书籍等搜罗出与本次研究相关的文献综述，然后通过分析、总结和整理得到自己需要的内容。这种方式是最普遍也最耗时的，但是是最踏实的。

(2)借鉴前人的文章，是指通过寻找与本次研究题目相似或是关键词相似的前人的论文，仔细研读其中引用的国内外研究文献之后，分析总结形成自己的论点。这里要注意，最好的方法是通过前人的论文接触到对应选题的国内外相关文献综述后，再通过查找，仔细研读最有代表性的文章，从而最终决定是否引用。

(四)避免走进撰写误区

1. 文献简单罗列

编著组成员们在交流项目申报书撰写方法的过程中，发现不少辅导员将国内外研究现状写得比较简单，基本采用罗列文献的方式开展叙述。比如，××在××年运用××方法提出了××模式。全篇都是文献堆积，没有自己的思考，内容基本就是文献的摘要。这种方法只会给项目申报书减分，而且容易给评审专家留下"下的功夫不够"的印象。

2. 文献质量不高

在学术研究中，文献的数量和质量都是非常重要的。然而，有的辅导员可能会为了快速完成工作任务或使参考文献达到一定的数量，而放松对文献质量的要求。他们在选择文献时会选择一些质量不高的文献，而忽视了对文献质量和学术价值的考量。这样做会影响学术研究的准确性和可信度。通常情况下，我们应该选择核心期刊论文开展文献综述。

3. 研究现状与主题不够贴切

在梳理文献时，有的辅导员只关注了与主题直接相关的文献，而忽略了其他可能与主题相关的文献。这可能导致对主题的理解不够全面。比如在梳理"A 推动 B 建设"的相关文献时，我们发现直接输入题目得到的文献特别少。这时有的辅导员就会考虑单独梳理 A 的、单独梳理 B 的，然后综合起来就成了"A 推动 B 建设"的相关文献了。这种方法只能让读者片面地了解该主题的研究现状。遇到此类问题时，一定要全面分析，列出提纲，再去梳理。提纲内容的二级标题相加逻辑上一定要与主题相符。比如，要梳理"弘扬时代精神推动辅导员作风建设"相关的文献时，就要考虑到落脚点是在辅导员作风建设上，弘扬时代精神是一种背景。因此就要从时代精神融入作风建设、新时代辅导员作风建设路径、辅导员作风建设问题及成因、辅导员作风建设内涵等方面进行梳理。

(五)学会撰写通用技巧

1. 选择有代表性的文献

在学术研究中，权威刊物上发表的最新论文和著作是该领域学术发展的前沿和精华。这些文献代表了当前研究的最高水平和最新进展，因此应该成为阅读的首选。为了更好地梳理某一研究方向的文献，应先寻找该领域的高质量研究综述。研究综述是对某一领域研究的全面总结和评价，可以帮助研究者快速了解目前的研究现状、研究方法和未来趋势。通过认真学习这些综述，研究者可以更好地了解该领域的研究重点和前沿问题，为后续的深入研究提供有价值的参考。

2. 做好文献内容归纳

在阅读文献的过程中，要做好笔记和总结，记录下每篇文献的主要观点、数据分析情况和结论等。在梳理过程中可制作文献综述表格，将每篇文献的作者、发表年份、研究主题、研究方法、主要结论、不足之处等信息整理到表格中。这样能够帮助辅导员对研究领域有一个全面的了解，并找出不同文献之间的联系和差异。

3. 坚持问题导向梳理文献

现有的文献都会详细阐述文章的创新点，而很少客观翔实地讨论文章的不足。我们在阅读文献的过程中，要进行批判性思考，对文献中的观点和研究方法进行客观的评价和分析。这样有助于发现已有研究的不足之处，并为自己的研究提供新的思路和方法。

4. 确定研究现状梳理视角

研究现状梳理的角度不同，文献述评的侧重点也会有所不同。

比如，从研究方法角度去梳理某类文献时，就应该重点述评文章选用方法的优势与不足，通过层层递进分析，最后引出所用方法的必要性和可行性。再比如，可以从研究对象出发，梳理总结出现有的研究文献对某一问题进行研究时考虑的影响因素不够科学全面。在文献综述时，选择的视角一定和研究的主题是紧扣的。比如，研究内容主要是提出了新方法，那么文献述评的视角就要从研究方法着手。

5. 分层分类撰写研究现状

在撰写研究现状的过程中，要逻辑清晰、突出重点，可以将文献分层分类开展综述。比如，从理论研究层面、对策建议方面、模式构建等角度分层述评，也可以从研究方法、研究主题、研究对象等方面分类述评，还可以按照时间线去梳理，对研究主题进行时间维度的划分，分阶段地论述研究进阶之路。研究现状梳理是对现有文献的再认识、再思考、再加工、再凝练，切忌复制粘贴摘要。好的文献综述一定是在熟读文献的基础上，对作者研究内容的再次归纳、概括与思考。

如果将文献综述比喻成一幅地图，那么作者通过这幅地图可以清楚地描绘出研究点的坐标以及同其他研究点的距离、方位（也就是关联性），同时，作者还可以在地图中清晰地标识出为什么要去这个位置、将来可能在这个位置做些什么。这么看来，从现实中发现问题后，通过梳理已有文献，可以让提出的问题更加清晰、更加科学，也可以让读者清晰地了解到研究的重要性和创新性。

○ **范例一**

2020 年教育部人文社会科学研究专项任务项目
"基于 PDCA 循环理论高校学生党员发展质量保障体系研究"的国内外研究现状

1. 国外研究现状

从总体上讲，国外学者的研究并不集中在发展质量保障体系的研究上，而是集中在对青年加入西方政党的入党标准，以及各政党吸纳青年人的方式方法、教育培训的途径和效果等方面的研究上。在对中国共产党的研究方面，国外学者的研究多集中在对中国共产党建设的总体建设方面，而针对中国共产党发展党员的研究较少，仅有沈大伟（美国）和伊格内修斯·维博沃（印度尼西亚）曾有提及，但他们的研究并没有集中在高校发展学生党员这一方面，而是着眼于全部的社会群体。

2.国内研究现状

近十年来，国内对于高校发展学生党员工作中出现问题的研究和关于高校发展学生党员质量保障机制、指标体系的构建方面的研究还是比较丰富的。课题组以"高校发展学生党员"为关键词在中国知网上进行搜索，可搜索到期刊452篇。党的十八大以来，该方向的研究有明显增加的趋势。

从研究方法来看，可以概括为三种类型：第一种是定量研究，即通过问卷调查的方式，收集数据分析得出结论；第二种是定性研究，即通过采取观察法、访谈法开展学生党员发展质量保障体系方面的研究；第三种是将定性研究和定量研究相结合的方法，即在定性研究的基础上通过数据分析进行论述，深化主题研究。

从研究内容上看，主要集中在以下三方面：

（1）关于对高校发展学生党员标准的研究：在这方面的研究中，学者主要将目光集中在当前高校发展学生党员标准存在什么误区，然后寻找解决问题的对策上。学者们指出，发展学生党员时，唯"学习论"、唯"工作论"、求全责备论等观点都是缺乏科学性、统一性的。高校当以发展的眼光全面衡量大学生入党标准，提高工作指标的针对性和时效性。也有许多党务工作者对大学生入党标准做了较全面的概述，冯程伟、王卿、王岳蕾（2014）指出，党员发展要认真把握五个方面：政治标准、学习成绩标准、工作能力标准、群众基础标准、日常表现标准；刘德强、彭国樑（2016）提出大学生党员"两评两制"分阶段评估模式；潘伊晖、芦震、涂克琴、王广庆（2017）认为，在发展学生党员的过程中，应当坚持首要标准是政治标准，重要标准是学习成绩，必要标准是工作能力，关键标准是群众基础，基本标准是平常表现。

（2）关于对大学生党员发展质量及现状的研究：研究者大多是在学生党员的整体水平以及发展质量的调研上做出评估。其中，曾学清在《新时期大学生党员发展质量保障机制构建研究》（2014）一文中提出，发展标准模糊，培养难度大；考察内容局限，影响发展质量等都是当前存在的大学生党员发展质量的突出问题。周静在《大学生党员发展质量分析》（2019）中指出，高校应当通过健全工作制度，严格发展标准，完善培养体系，加强队伍建设，强化组织引领来改善当前存在的学生党员发展质量问题。

（3）关于对高校发展学生党员质量保障体系的研究：质量保障体系研究是带有根本性、全局性、稳定性和长期性的问题。王飞在《新时期大学生党员质量保障体系的构建策略》（2019）中指出，主要存在"大学生思想觉悟水平偏低、大学生党员教育机制不完善、缺少完善的规范管理体系"等问题。针对这些问题，研究者普遍认为应该从教育制度、工作方法和工作载体三方面提高保障体系的质量。例如王柯姣在《大学生党员质量保障机制研究》（2018）中指出，"大学生党员质量保障机制其实就是为了保障大学生党员质量而形成的一系列组织机构和制度。高校根据相应的发展标准和发展程序，对入党申请人、入党积极分子、预备党员、正式党员进行有目的、有计划、有组织的培养教育、考核等，以保持党员的先进性，全面提高大学生党员质量"。

虽然目前已经有很多关于高校发展学生党员的研究，但是多为理论研究，实证研究较为缺乏，研究模式重复率较高，研究结论说服力不够强。同时，考评体系缺乏系统性与创新性。目前的党员考评体系多存在内容单一、缺乏系统性与创新性的问题。考评标准趋于同化，无法真正做到调动党员积极性，流于形式。考评指标设置存在过于空泛、缺乏细化标准的问题。另外，研究的针对性有待提高。有的研究者仅仅将教育内容停留在政治理论的灌输上，并没有根据"95 后"大学生的特点开展有针对性的研究。

○ 范例二

2020 年团中央青年发展部课题"新时代共青团实践育人成效评价及提升路径研究"的国内外研究现状

1. 国外研究现状

国外教育研究者早在 19 世纪初期就开始着手对实践教育问题的研究，特别是欧美一些国家的研究者。正因为他们很早就意识到实践教育对于人才培养的重要性，所以他们非常注重培养学生解决实际问题的能力，并时常开展相应的动手实践训练，为实践育人活动提供支撑。在早期的研究中，美国对实践教育的探索以实践教育活动的实施途径、具体探索以及学科实践教育为主要方向。关于实践教育问题，国外学者虽然一直密切关注着大学生社会实践活动的开展，且取得了较为丰富的研究成果，但其中关于社会实践的反馈和评价研究却不多见。从已有研究来看，目前学者们已经总结归纳出了见习式、双元式、社会服务式、劳动教育式等社会实践模式，尝试构建大学生社会实践全员参与机制，开发大学生社会实践管理信息系统，并拓展大学生社会实践的综合功能。但总体而言，国外学者更偏重大学生社会实践的形式和综合功能的提升，而对于大学生社会实践的评价机制以及育人成效研究较少，可进一步丰富构建社会实践育人成效的评价体系的相关研究。

2. 国内研究现状

伴随着《高校思想政治工作质量提升工程实施纲要》的提出，国内的教育学者们对实践育人问题的研究也愈加丰富。截至 2022 年 6 月 25 日，笔者在中国知网（CNKI）中检索"实践育人"（篇名），共找到 2557 条文献，其中主要集中在 2012 年之后，尤其在 2016 年之后，每年发文量均超过 200 篇，具体研究内容包括：

①实践育人的内涵研究。关于实践育人的内涵，目前学术界尚未形成统一的观点，主要形成以下几个方向：一是理念论。这种观点认为实践育人是一种教育理念，它是一种新的思维方式、教育观和育人模式（刘川生，2016）。二是活动论。这种观点认为实践育人是一种集育德、育智、育能于一体的教育活动，旨在促进人的全面发展（何云峰，2018）；高校实践育人是以培养学生创新精神和实践能力为基本目标的一种教育实践活动（黄蓉生，2012）。三是素质论。这种观点认为实践教育是理论作用于实践进行知识再创造的过程，旨在形成人的智慧、能力、创新精神等。教育与实践、理论和实践的结合，

能促进和培养学生的能力素质(胡和平,2010)。四是方法论。这种观点认为实践育人是培养、提高学生综合素质的重要途径。实践能够培养人相应的品德和能力,没有某种实践,就不会有相应的品德与能力(杨叔子,2001)。综合以上相关概念的阐释与辨析可知,当下对高校共青团实践育人内涵的界定也是开展研究的关键方向之一。

②实践育人的价值研究。不同学者对实践育人的价值维度进行了广泛研究,其主要集中在德育价值、学生主体性特征、教育客观规律等方面。一是德育价值方面。实践在大学生品行锤炼和能力养成中发挥了重要作用,能够有效地影响人的思想和行为,并促进人的全面发展和健康成长(骆郁廷,2013);社会实践从规范和美德两方面发挥作用(张卫伟,2012);大学生社会实践活动强化了家国情怀,坚定了专业志向,拉近了师生关系、增进了校地合作等(胡靖,2018)。二是学生主体性特征方面。社会实践活动是人实现社会化的关键,是促进人全面提升的必备条件,是人才培养的重要途径(敬枫蓉,2012);大学生志愿服务作为劳动教育和校园文化建设的重要组成部分,在大学生树立正确价值观念、养成良好行为规范中发挥了实践育人作用(张丽娟,2022)。三是教育客观规律方面。实践育人可以增强思想政治教育的感染力,明确教育客观规律,增强大学生的政治认同等,进一步提高思想政治教育的时效性和针对性(蒋德勤,2016);新时代高校实践育人应树立精准化理念,探寻目标导向精准、任务设计精准、人岗适配精准、指导保障精准、考核评价精准的精准化教育规律与模式(周远,2021)。

③实践育人的困境与机制研究。就高校实践育人存在的困境而言,实证研究居多。目前高校在实践育人过程中,存在学生参与度不高、实践能力提高效果不明显、实践基地不足、实践育人体系不健全等问题(李晓燕,2020)。同时,高校实践育人在统筹规划、组织实施、实际成效等方面还存在一些现实问题(李海娟,2021)。此外,大学生社会实践突出的育人功能日益成为社会共识,但目前普遍存在着重理论轻实践、师生参与度较低、成果转化困难、考核制度不科学、实践平台不足等问题(张超,2021)。因而可建立理念引领、顶层设计、组织实施、评价反馈和改进完善等五个环节构成的闭环模式运行机制(陈步云,2017);也可设计科学的管理运行机制,遵循规律并结合现实形成内容融通的实效机制(谈传生,2019);这个机制要打造社会实践协同育人共同体,其中包含协同信任机制、价值认同机制、契约保障机制、条件保障机制、资源整合机制五个部分(孔祥年,2019);还可建立"多元互动式"实践育人模式,即以社会、高校、教师、大学生为多元化主体,相互配合,通力协作,协同互动的实践育人路径(吴晓娟,2022)。

④实践育人的成效评价研究。在社会实践育人成效评价研究中,社会实践开展的实效性评价是检验高校实践活动得失的重要标准,其中,实效性是指高校相对科学地通过对社会实践的内容和形式的顶层设计,指导学生开展实践活动,并及时更正实践中遇到的问题。只有构建科学、合理的评价体系,才能及时、有效地矫正存在于高校社会实践过程中的问题,在整体上提升高校实践育人的效果和高校社会实践管理层面的水平,使社会实践真正发挥时效性作用。

国内一些学者在认识到社会实践育人评价的重要性后,也开始对社会实践的评价体系开展了一系列研究,这些研究大多集中在2012年之后。大学生社会实践评价体系只有从高校社会实践开展的本质特点出发,通过构建完善的评价内容和评价指标,加之采用科学、客观的评价方法,才能有效地提高大学生社会实践活动的有效性,发挥育人功能(陈立力,2012);要提高社会实践育人效果,便需要对大学生参与社会实践的全过程做出正确的价值判断,加强和改进考核环节,注入实效性评估手段(张育广,2014);一个完整的高校实践育人质量评价机制由评价、反馈、优化三个环节构成(陈步云,2017);有学者引用 CIPP 模型搭建由育人环境基础能力、育人资源配置能力、育人过程行动能力、育人成果绩效能力的观测点构成的社会实践育人成效评价体系(张金辉,2017);根据指标设定分数测评规则和节点,再采用过程性评价的逻辑去详细记录过程分数,最后以指标无量纲化为过渡有效确认评价结果,最终根据结果判定具体的社会实践育人成效(刘维婷,2021)。此外,有学者构建了大学生"三下乡"社会实践育人成效评价指标体系(李宝玲,2021)。

综上所述,国内外关于实践育人的研究成果较为丰硕,但对于涉及共青团实践育人相关理论概念的研究还可以更深入,尤其是共青团实践育人的成效指标体系构建、成效评价实证与对策研究还有较大空间。

三、提炼学术价值和应用价值

提炼出的学术价值和应用价值就是研究价值,此问题其实是贯穿在确定项目选题和设计选题名称的始终的。在反复进行选题校验的过程之中,要不断问自己:我研究的这个问题和以往立项课题及既有研究成果之间的区别究竟在哪里?而这个问题的答案,也就是选题的学术价值和应用价值。

课题研究的价值是整个项目非常重要的一部分,一个课题没有价值,那么这个课题研究就毫无意义。我们要避免只是一味地吸引眼球、蹭热度、脱离现实的选题。一般来说,可以从两个不同的方面进行撰写:学术价值和应用价值两个方面都能涉及会更好,当然我们也需要根据具体的课题进行选择。有的辅导员在写作的时候不会区分这两者,很容易将其混在一起进行写作,这样就不能很好地突出课题研究的价值。所以,我们在写作前必须弄清这两者的含义及区别,以便更好地完成研究意义这一部分内容的写作。

(一)提炼学术价值

学术价值是指某种学说或思想的产生对现有思想和理论的具体作用,它可以是正面的建设性作用(如验证、深化等),也可以是反面的作用(如推翻、颠覆等)。

虽然我们在进行选题的时候一直强调要有实用价值,但这不代表只考虑直接效益问题。有一些选题并没有直接和实践活动挂钩,比如说一些有关于历史发展及问题的讨论,用发展的眼光看世界,能够体现出某种趋势,给我们的实践活动提供理论支持与参考,这其实是一种学术价值的体现。

学术价值通常可以从三个方面进行阐述:一是哲学层面的学术价值。项目研究对于哲学等基础理论领域具有重要意义,能够为相关哲学思想或理论提供新的视角、解释或进行拓展，推动哲学思维的深化和创新。二是专业与学科层面的学术价值。项目研究对特定专业或学科领域具有重要价值，能够丰富该领域的知识体系，解决专业实践中存在的问题，推动学科发展，提升专业研究的广度。三是理论层面的学术价值。项目研究对某一具体理论的发展具有重要意义，能够对该理论进行验证、完善或创新，为后续研究提供理论支持，促进理论的系统化和科学化。

（二）提炼应用价值

应用价值是指某些东西在现实中具有一定的可操作性，并且有一定的价值，这就是现实意义。它是一种很客观的东西，是对现实生产实践等活动产生的积极或消极作用，不依赖人的主观意志而改变。

应用价值就是我们通过对自己的选题进行研究，在真实的实践活动和工作过程中解决了整个主题发展中最棘手、最突出的问题，克服了在整个发展过程中遇到的阻碍，使发展过程变得更容易的过程中需要使用到的工具。其实论文中的应用价值就是对理论的检验，无论这个理论是我们研究中提出的，还是前人的相关文献中提出的。

应用价值主要体现在三个方面：一是前瞻性应用价值。项目研究成果能够为社会实践中的相关领域提供未来发展方向的指引，帮助提前布局和规划，推动社会进步和创新发展。二是问题解决应用价值。项目研究成果能够为社会实践中的具体问题提供有效的解决方案，帮助解决实际困难，提升实践效率和质量。三是改进优化应用价值。项目研究成果能够针对社会实践中的现存问题提出改进和优化措施，完善实践流程，推动实践环节的持续改进和发展。

（三）学术价值和应用价值的区别

学术价值的主要作用为丰富理论。此外，学术价值侧重为已有的理论带来的新东西、扩展、延伸，带来了以往没有讨论、研究过的理论。具体表现为：①在现有的理论知识的基础上不断地加码；②证明或者推翻某一个理论点；③为有争议的观点提供赞成的证据或反对的证据；④给某些已有大量支持依据的观点提供新的支持证据。

应用价值的主要作用是为现实生活或者科学研究带来好处。此外，应用价值侧重于课题中所讨论的问题的解决方法，对课题中所讨论的现状的改变、推动。具体表现为：①有助于把事情做得更完美；②有助于解决目前最棘手的问题；③有助于克服发展过程中的困难；④有助于改进解决问题的方法，让其变得更简单。

> **特别提醒**
>
> 我们在写研究价值的时候除了要区分好学术价值和应用价值，还应该注意不要把研究价值和研究目的混为一谈。研究目的主要是想通过研究得到什么样的结果，以及为什么要选择这个研究方向和研究主题，主要是写要解决什么。而研究价值主要是进行这一项研究是为了对相关的专业领域和实践生活起到什么样的推动和指导作用，主要是写通过研究得到的结论能够对相关专业领域有什么样的影响和价值作用。

○ 范例一

教育部人文社会科学研究专项任务项目
"高校辅导员网络意识形态引领力研究"的学术价值和应用价值

1. 本课题研究的学术价值

论证网络意识形态话语权建构的理论正当性与实践合理性，拓展意识形态话语权研究视域。结合"话语—权力""议程设置"等理论驳斥"网络意识形态真空论""网络价值中立论""网络思想自由论"等观点，阐述网络空间何以必须生成话语认同和实现价值引领，有助于执政党探索如何在网络空间中进行主流意识形态建设、塑造国家形象和凝聚思想共识。

2. 本课题研究的应用价值

从"内容—结构"设计高校辅导员网络意识形态引领力的结构模型，能为队伍的专业化与职业化建设提供有益参考。从马克思主义理论素养、"互联网+"思维、网络平台运营技能等视角出发，揭示网络意识形态引领力由思想理论引领力、网络媒介应用力、网络话语表达力等内容组成，有助于明确高校辅导员网络意识形态能力提升需要重点突破的方向。

○ 范例二

团中央青年发展部课题"新时代共青团
实践育人成效评价及提升路径研究"的学术价值和应用价值

1. 学术价值

一是有助于拓宽实践育人的研究视野。本课题从思想政治教育的学科视角出发，结合统计学和管理学等学科知识，研究新时代共青团实践育人成效评价及提升路径，跨学科知识的研究视角有利于拓宽新时代共青团实践育人的研究视野。

二是一定程度上可丰富实践育人理论。本课题以实践育人基本理论为起点，在马克思主义等理论知识的基础上结合实践育人要求，在一定程度上可丰富实践育人等理论知识。

2. 应用价值

一是可为新时代提升共青团实践育人成效提供路径借鉴。实践育人作为高校人才培养的重要构成因素，是传统课堂教育的延伸和升华，加强并改进了大学生思想政治教育的方式，本课题可为新时代提升共青团实践育人成效提供路径借鉴。

二是可为新时代共青团实践育人成效评价提供有效依据。当前新时代共青团实践育人成效评价还不尽完善，本课题可以丰富和完善新时代共青团实践育人成效评价指标体系，给新时代共青团实践育人成效评价与鉴定提供参考。

四、明确研究内容

研究内容是理论研究项目的核心部分，主要包括研究对象、研究内容及框架、研究思路、重点难点、主要目标。

(一)确立研究对象

明确研究对象对于科研项目申报至关重要，需从以下几个方面着手：

1. 理解研究对象的含义

研究对象是科研活动要认识和探索的客体。研究对象不明确会导致申报书方向不明，难以获得立项。对研究对象最关键的要求是唯一性。

2. 确保研究对象的唯一性

辅导员申报理论研究项目时，常纠结于研究对象的选择，存在多种错误观念，如担心热门选题竞争大、想糅合多个研究对象、盲目追求高大上或热点选题等。实际上，这些选择未必合适。为避免误解，应直接表明"本课题的研究对象为……"，明确写出研究对象的具体名称，形式可以是带主谓宾定状补的短语或句子。

3. 清晰表述研究对象

关于研究对象的表述不能含糊，避免范围过大难以驾驭，如单纯说研究对象是"搭子文化""人工智能算法""网络圈层化"等。应进一步细化，像"搭子文化影响大学生社交边界感失衡与重构""人工智能算法推荐对青少年社会主义核心价值观认同的潜在作用机制""网络圈层化对高职学生价值观影响的核心维度"等，使其大小适中、指向明确。

4. 界定研究对象边界

当研究对象包含模糊概念，如中低收入人群、中青年、中产阶层等时，需对研究对象边界进行适当界定，明确研究范围，例如说明研究的农村地区是东北地区的还是华北地区的，低收入人群的月收入标准等。研究对象应是课题名称的扩展版，对课题名称中的主要对象进行更详细的解释，确保与课题名称高度一致。

5. 简洁撰写研究对象

很多辅导员担心一句话四五十个字解释不清楚自己的研究对象，总想着要把研究对象用三五百字说清楚，这其实是大可不必的。甚至，如果这么做，还有可能会适得其反。这里有一个办法：先用四五十个字交代清楚研究对象，画个句号，然后再适当展开解释一下研究对象。写作模版如下："本课题的研究对象为……具体来看，它包括：（1）……（2）……（3）……。"但是要记住，这里面的"具体来看"包括的方面不宜太多，2~3点比较合适。千万不要贪多求全，而是应该力图做到稳准狠的简洁大方，一两句话就把研究对象勾勒出来，让评审专家看了也觉得非常清晰。

○**范例**

本研究以高校资助育人成效为研究对象，建构高校资助育人成效评价的指标体系和模型，并进行指标与模型运用的实证分析。

本课题以大学生中华民族共同体意识培育为研究对象，通过机理分析、构建评价指标体系和影响因素分析，探究大学生中华民族共同体意识培育的路径。

(二)规划研究内容

设计与撰写研究内容之前要弄清研究内容的本质，可以从要达成什么目标，运用了什么方法，依据什么研究等开始撰写：

1. 研究内容的本质

研究内容是达到研究目标具体要做的事项、操作点或活动，即"达到目标的做法"，涵盖对目标实现路径具体步骤的详细规划以及执行中可能面临的挑战和应对策略，同时要考虑数据采集与分析方法，实验设计和理论框架构建，以保障研究的科学性与可行性。

2. 研究内容撰写的注意事项

(1)目标对应：要说明为完成研究目标具体研究什么、做何事，一个目标至少对应一个内容，且需逐条列出。研究内容是与研究目标对应的可操作研究点，明确为实现目标打算从哪几个方面研究及如何达成目标。

(2)数量适度：列出主要研究内容，不宜过多，避免无侧重点；也不可过少，以防研究缺乏分量。

(3)具体有物：每个研究内容要有具体研究方向和方法，清晰列出每个研究点，确保目标有内容支撑，表述可参考以下示例。

①以 A 为 B 来研究 C。

②通过 D 来表征 E。

③采用 F 来实现 G。

④调整 H 来控制 I。

⑤结合 J 来探讨或阐明 K。

⑥引入 L 来构筑 M。

(4)逻辑关系：各项研究内容彼此独立又具有联系性和继承性，相辅相成。

(5)区别对待：研究内容主要强调要开展的工作，与后继的研究方法、技术路线、实验手段等不同，后者侧重如何开展工作。

○**范例一**

教育部人文社会科学专项任务项目
"基于 PDCA 循环理论高校学生党员发展质量保障体系研究"的研究内容

本研究紧紧围绕着高校学生党员的发展培养教育管理质量保障体系开展，研究思路是：理论基础→问题导向→量化标准→考察途径→体系构建。

1. 理论基础：PDCA 循环理论

PDCA 循环理论是美国质量管理专家休哈特博士首先提出的。它将质量管理分为四个阶段，即计划（plan）、执行（do）、检查（check）、行动（act）。即要求把各项工作按照制订计划、实施计划、检查实施效果，然后将成功的纳入标准，不成功的留待下一循环去解决。PDCA 循环的四个阶段，体现着科学认识论的一种具体管理手段和一套科学的工作程序。本研究遵循该理论持续不断改进、循环、螺旋式上升、绩效等核心概念，逐步构建以循环往复、自治性强、持续改进为特征的党员发展质量保障体系。

2. 问题导向：探究高校学生党员发展培养教育管理质量的现状及存在问题

通过"培养考察—组织发展—教育管理"三个环节，对高校学生党员发展培养教育管理质量现状及存在问题进行深入的剖析，探寻党员发展质量的影响因子，为下一步的构建发展培养教育管理质量保障体系奠定良好的基础。

本研究将通过定量分析的方法，统计和分析当前影响学生党员发展质量的因素，寻找产生问题的原因，为构建学生党员发展质量保障体系提供可靠的现实依据。

3. 量化标准：构建高校学生党员发展培养教育管理质量考察指标体系

根据党章的要求，结合《发展党员工作手册》的要求，围绕思想品德、学习情况、组织活动、社会实践、群众基础等构建学生党员质量考察指标体系。

4. 考察途径："4+5"的考察途径及具体落实实施

加强党员发展过程中不同阶段的管理针对性，本研究将构建"4+5"的考察路径，提高工作的针对性和实效性。所谓"4+5"的考察路径，即从"青年团员—入党积极分子—预备党员—正式党员"四个阶段和从"课堂—社区—网络—学业—社会实践"五大阵地考察，让考察指标有了"落脚"的阵地。

5. 体系构建：基于 PDCA 循环理论的高校学生党员发展培养教育管理质量保障体系

PDCA 循环理论有"计划""执行""检查""行动"四个阶段，这与发展党员过程中的"发展前""考察过程""资格审核""教育管理"的四个环节一一对应，本研究以六个维度考察指标为基础，结合"4+5"的考察途径，构建高校学生党员发展培养教育管理质量保障体系。

○ **范例二**

教育部人文社会科学研究项目
"历史主动精神涵育青年责任感的逻辑理路及实践路径研究"的研究内容

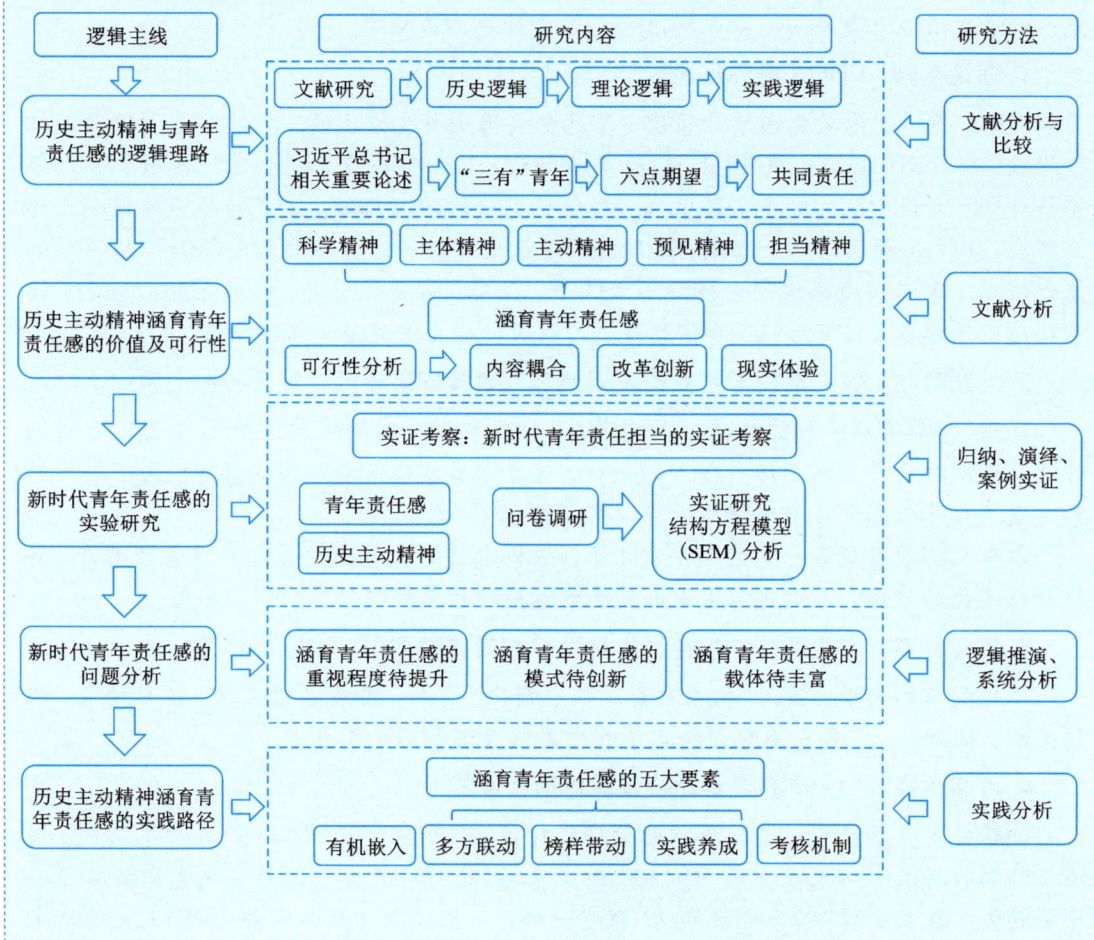

逻辑主线	研究内容	研究方法

历史主动精神与青年责任感的逻辑理路

文献研究 ⇨ 历史逻辑 → 理论逻辑 ⇨ 实践逻辑

习近平总书记相关重要论述 ⇨ "三有"青年 ⇨ 六点期望 ⇨ 共同责任

文献分析与比较

历史主动精神涵育青年责任感的价值及可行性

科学精神　主体精神　主动精神　预见精神　担当精神

涵育青年责任感

可行性分析 ⇨ 内容耦合　改革创新　现实体验

文献分析

新时代青年责任感的实验研究

实证考察：新时代青年责任担当的实证考察

青年责任感　历史主动精神　问卷调研 → 实证研究结构方程模型（SEM）分析

归纳、演绎、案例实证

新时代青年责任感的问题分析

涵育青年责任感的重视程度待提升　涵育青年责任感的模式待创新　涵育青年责任感的载体待丰富

逻辑推演、系统分析

历史主动精神涵育青年责任感的实践路径

涵育青年责任感的五大要素

有机嵌入　多方联动　榜样带动　实践养成　考核机制

实践分析

○ **范例三**

教育部人文社会科学研究项目"基于 AHP-DM 组合模型的高校辅导员科研能力评价与提升路径研究"的研究内容

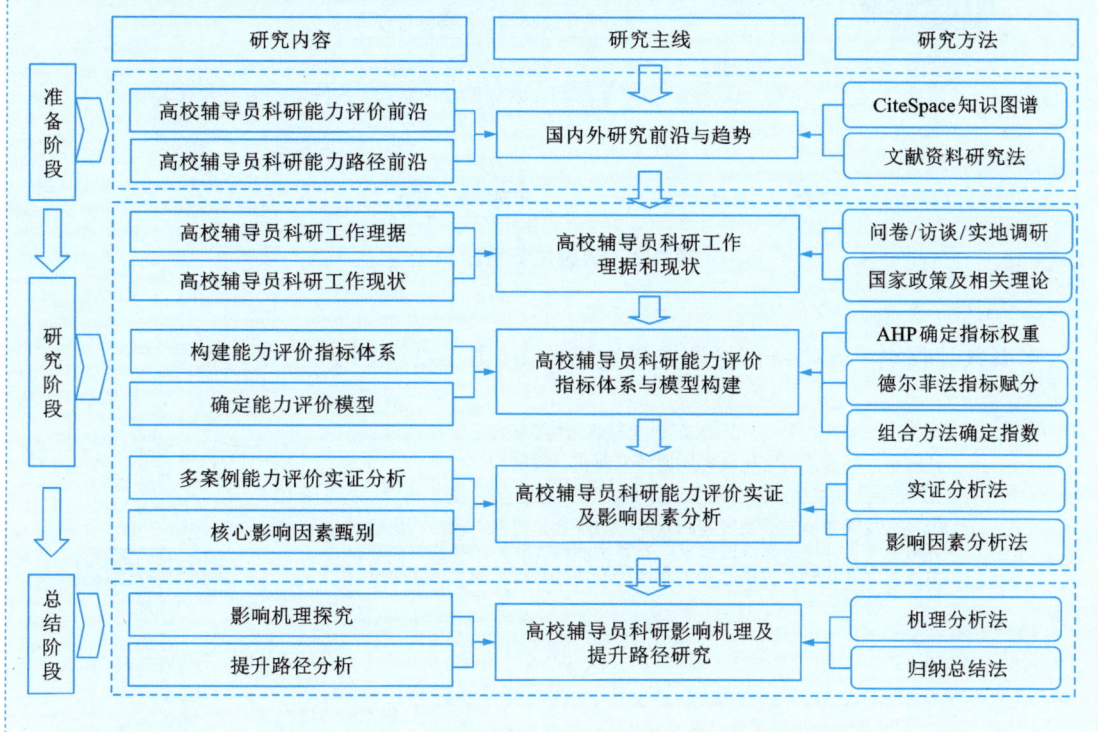

研究内容	研究主线	研究方法

准备阶段

| 高校辅导员科研能力评价前沿 | | CiteSpace知识图谱 |
| 高校辅导员科研能力路径前沿 | 国内外研究前沿与趋势 | 文献资料研究法 |

研究阶段

| 高校辅导员科研工作理据 | 高校辅导员科研工作理据和现状 | 问卷/访谈/实地调研 |
| 高校辅导员科研工作现状 | | 国家政策及相关理论 |

构建能力评价指标体系	高校辅导员科研能力评价指标体系与模型构建	AHP确定指标权重
确定能力评价模型		德尔菲法指标赋分
		组合方法确定指数

| 多案例能力评价实证分析 | 高校辅导员科研能力评价实证及影响因素分析 | 实证分析法 |
| 核心影响因素甄别 | | 影响因素分析法 |

总结阶段

| 影响机理探究 | 高校辅导员科研影响机理及提升路径研究 | 机理分析法 |
| 提升路径分析 | | 归纳总结法 |

（三）设计研究思路

1. 研究思路撰写的注意事项

研究思路是衡量申请人对项目从选题到各方面整体把握程度的重要指标，是基于问题解决的预设，反映对项目系统脉络的清晰度，设计应遵循"现实—理想—可能—可行"的逻辑路径。具体为：先明确教育教学实际现象与事实，对比理想找出问题与差距；接着提出研究假设，探索改变现实的途径与程度，确定研究内容并选择可行性方法。理论研究各要素相互关联成有机整体，为展示逻辑框架，可按思维导图（图 2-1）设计与撰写研究思路内容。

基于此逻辑框架可形成研究思路框架图，其功能有：增加逻辑清晰度，明确研究脉络；改善评审专家体验；精简文字，突出重点；提升申请书质量与立项命中率。一个优秀课题设计的研究方案应达到以下标准：背景清楚，梳理相关研究背景；主题新颖，选择研究不足领域提炼有意义主题；任务明确，将主题细化为可操作任务；实践可行，制定符合实际的操作方法、步骤和手段。如此，研究思路既能呈现研究全程，又能保障科学性与可行性。

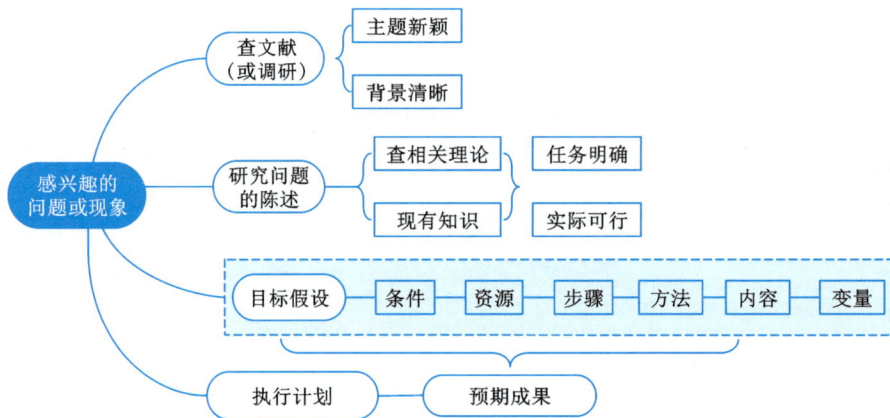

图 2-1　课题设计思维导图

2. 案例

本书共计收集了 6 张省部级课题研究思路图(图 2-2 至图 2-7)供读者参考。

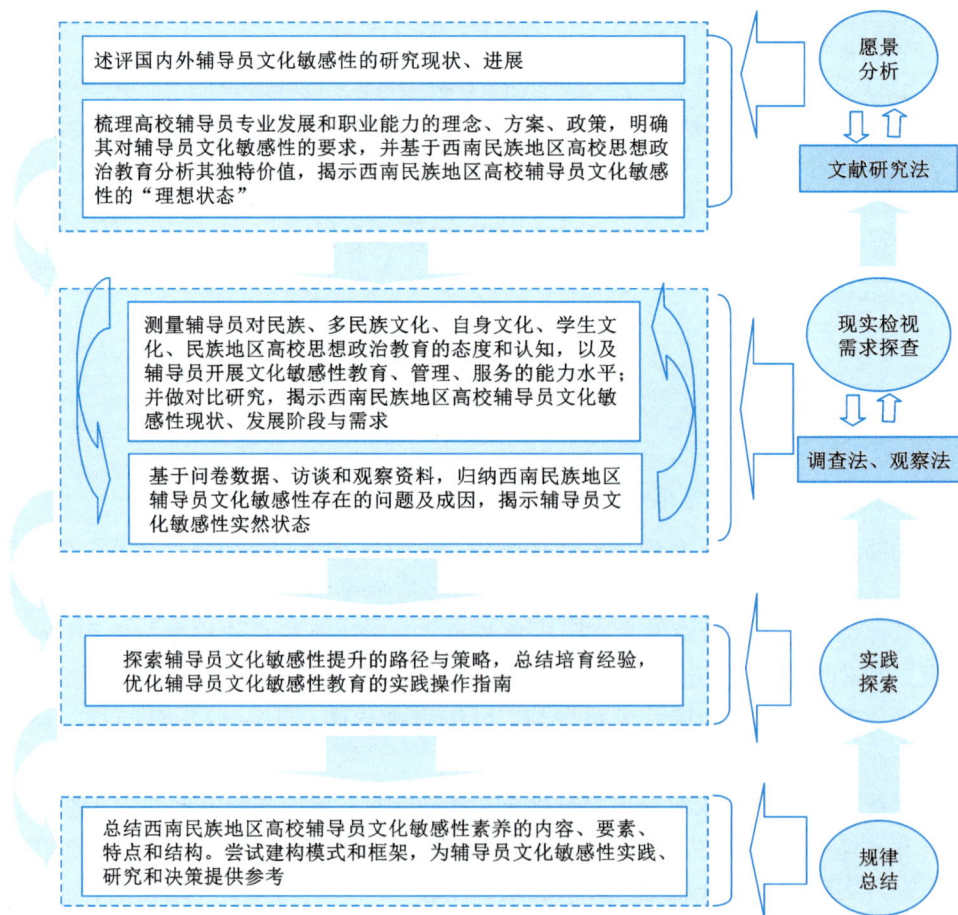

图 2-2　"西南民族地区高校辅导员文化敏感性提升研究"研究思路图

高校学生党员发展质量保障体系

- PDCA循环理论
  - 计划→发展前
  - 执行→考察过程
  - 检查→资格审核
  - 行动→教育管理
- 发展质量评价指标体系
  - 政治标准
  - 思想品德
  - 学业成绩
  - 工作实际
  - 群众基础
  - 奖励情况
  - 实践经历
  - 四阶评价
- 评价路径
  - 青年团员
  - 积极分子
  - 预备党员
  - 正式党员
  - 四个阶段

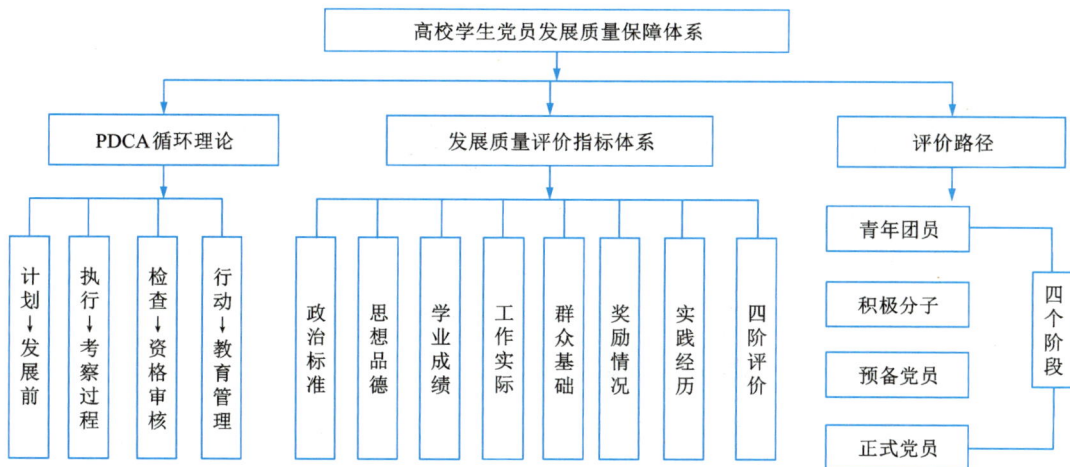

图2-3 "基于PDCA循环理论高校学生党员发展质量保障体系研究"研究思路图

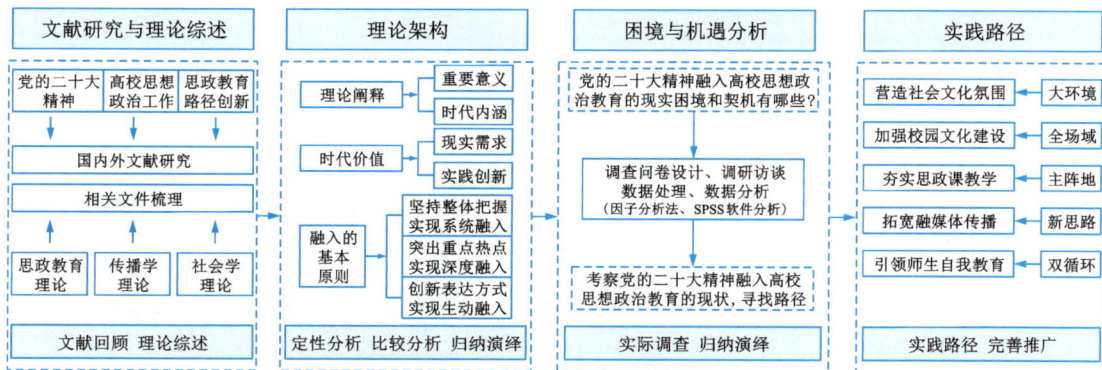

文献研究与理论综述
- 党的二十大精神 / 高校思想政治工作 / 政治教育路径创新
- 国内外文献研究
- 相关文件梳理
- 思政教育理论 / 传播学理论 / 社会学理论
- 文献回顾 理论综述

理论架构
- 理论阐释 → 重要意义 / 时代内涵
- 时代价值 → 现实需求 / 实践创新
- 融入的基本原则 → 坚持整体把握实现系统融入 / 突出重点热点实现深度融入 / 创新表达方式实现生动融入
- 定性分析 比较分析 归纳演绎

困境与机遇分析
- 党的二十大精神融入高校思想政治教育的现实困境和契机有哪些?
- 调查问卷设计、调研访谈 数据处理、数据分析（因子分析法、SPSS软件分析）
- 考察党的二十大精神融入高校思想政治教育的现状,寻找路径
- 实际调查 归纳演绎

实践路径
- 营造社会文化氛围 → 大环境
- 加强校园文化建设 → 全场域
- 夯实思政课教学 → 主阵地
- 拓宽融媒体传播 → 新思路
- 引领师生自我教育 → 双循环
- 实践路径 完善推广

图2-4 "党的二十大精神融入高校思想政治教育的时代价值与实践路径研究"研究思路图

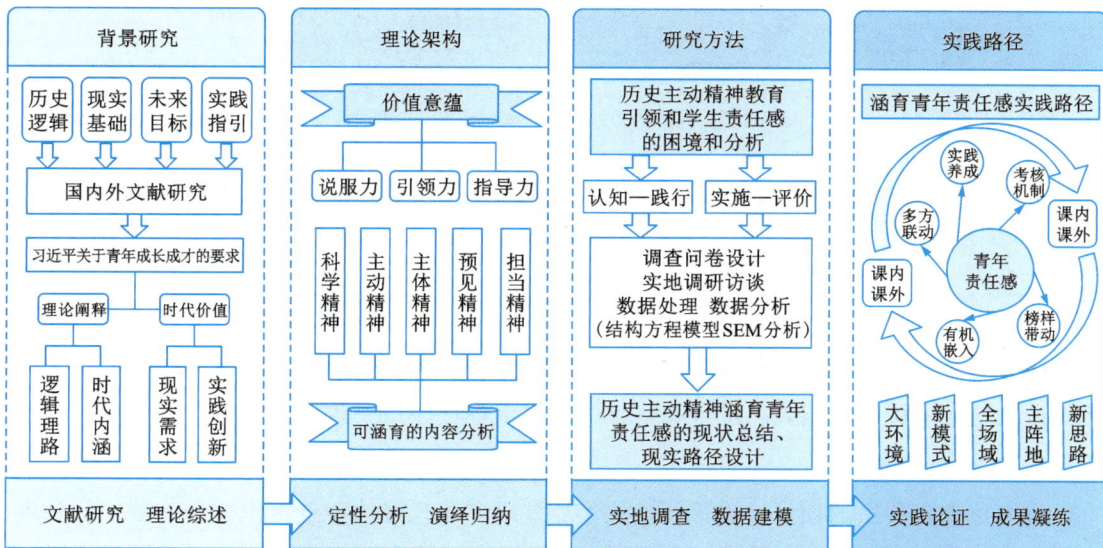

背景研究
- 历史逻辑 / 现实基础 / 未来目标 / 实践指引
- 国内外文献研究
- 习近平关于青年成长成才的要求
- 理论阐释 / 时代价值
- 逻辑理路 / 时代内涵 / 现实需求 / 实践创新
- 文献研究 理论综述

理论架构
- 价值意蕴
- 说服力 / 引领力 / 指导力
- 科学精神 / 主动精神 / 主体精神 / 预见精神 / 担当精神
- 可涵育的内容分析
- 定性分析 演绎归纳

研究方法
- 历史主动精神教育引领和学生责任感的困境和分析
- 认知—践行 / 实施—评价
- 调查问卷设计 实地调研访谈 数据处理 数据分析（结构方程模型SEM分析）
- 历史主动精神涵育青年责任感的现状总结、现实路径设计
- 实地调查 数据建模

实践路径
- 涵育青年责任感实践路径
- 青年责任感：实践养成 / 考核机制 / 课内课外 / 榜样带动 / 有机嵌入 / 课内课外 / 多方联动
- 大环境 / 新模式 / 全场域 / 主阵地 / 新思路
- 实践论证 成果凝练

图2-5 "历史主动精神涵育青年责任感的逻辑理路及实践路径研究"研究思路图

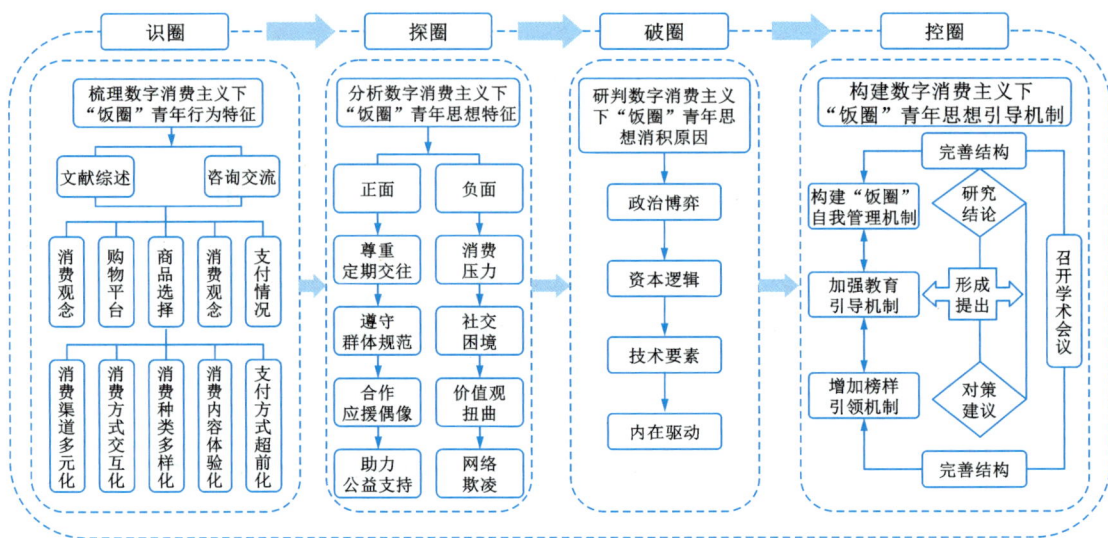

图 2-6 "数字消费主义下'饭圈'青年的思想特征与引导机制"研究思路图

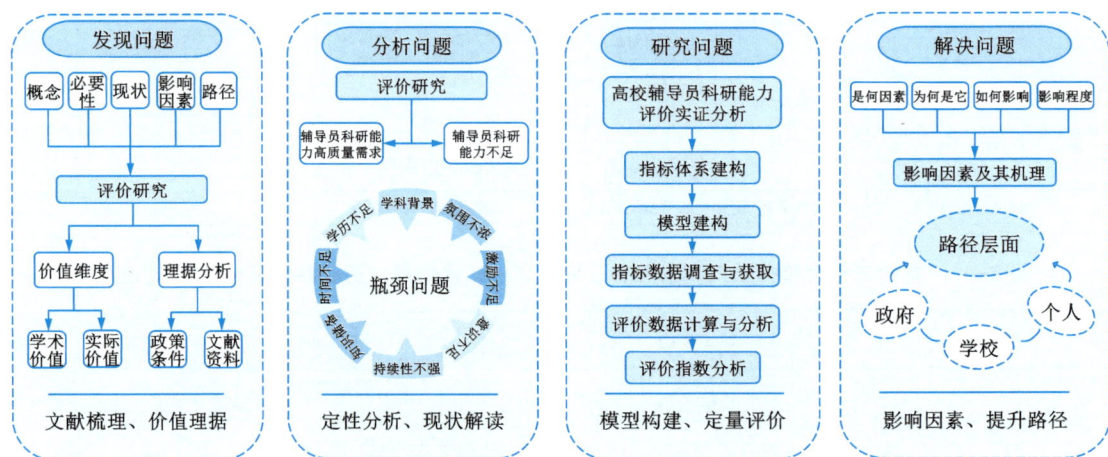

图 2-7 "基于 AHP-DM 组合模型的高校辅导员科研能力评价与提升路径研究"研究思路图

(四)研究重点难点的撰写

研究内容设计的重点难点应与申报书中提出的假设保持逻辑上的一致性。申报者在选题论证时应明确写出假设，并与最后所写的重点难点保持一致。

1. 研究重点概述

研究重点是要做的项目中最重要的内容，是研究要开展的重点工作或者开展工作过程中要注意的重点环节，应该是通过这项研究，要解决的那个基本问题、关键问题或者核心问题。研究重点事实上是研究对象、总体框架的一个延伸。

2. 研究难点概述

研究难点是做研究的过程中需要克服的关键技术、关键方法等。研究重点难点不好写的地方在于，好多时候没有办法把重点和难点区分得特别清楚，总感觉重点就是难点，难点就是重点。重点和难点难免会重合，但重点和难点可以有适当的区分。研究难点最主要的是说在开展这项研究的过程中，所面临的真真实实的、不是那么容易就能解决的困难或障碍。

3. 研究重点难点撰写的注意事项

研究重点难点撰写需注意以下几点：

(1)清晰区分呈现：不要将研究重点和难点混在一起写，要用小标题或小段文字明确分开，如"研究重点；研究难点"，方便评审专家快速定位。

(2)突出重点价值：重点价值是向专家展示课题重点内容意义的好机会，强调其兼具强烈的现实价值和明显的学术价值，相当于再次突出研究的独特价值。

(3)避免重点难点重合：重点和难点应明确区分，不能混为一谈，各自独立界定。

(4)合理把握难点难度：难点虽是实际困难，但不能写得过于困难。若难度过高，超出自身解决能力，甚至让专家也觉得难以解决，将不利于课题评审，所以要做到难度适中。

(5)内容简要精练：重点和难点内容都不宜过多。重点列两三条，难点列一两条即可。重点过多等于无重点，难点过多则会引发能否解决、有无精力和资源兼顾研究重点等质疑。

○ 范例一

教育部人文社会科学研究项目"基于 AHP-DM 组合模型的高校辅导员科研能力评价与提升路径研究"的研究重点难点

1. 研究重点

*研究重点是提出高校辅导员科研能力提升路径。*通过高校辅导员科研能力评价实证分析，并根据高校辅导员科研能力提升"双困境"(即辅导员的研究课题申报、研究成果撰写和发表推广等理论研究能力提升困境，以及工作案例、精品项目和工作质量提升综合改革项目等实践研究能力提升困境)，得出科学的高校辅导员科研能力提升路径，不仅是本课题的出发点和落脚点，而且是本课题的重点。

2. 研究难点

*研究难点是高校辅导员科研能力评价指标体系和实证研究。*高校辅导员科研能力评价指标体系的选择直接关系到本课题的科学性，但当前的高校辅导员科研能力评价指标体系不尽完善，可参考的文献不多，课题组根据高校辅导员科研能力的调研结果，结合国内外文献研究和多次调研论证、专家访谈的情况，构建和优化高校辅导员科研能力评价的指标体系，是本课题最核心的步骤和主要难点。同时，评价实证中涉及的指标数据获取、指标权重计算和评价指数测算也给本课题带来了一定的挑战。

○ **范例二**

高校思想政治工作创新发展中心 2022 年专项课题"党的二十大精神融入高校思想政治教育的时代价值与实践路径研究"的重点和难点

1. 研究重点

一是探究党的二十大精神融入高校思想政治教育的时代价值和现实依据，必须对党的二十大报告有总体、深入的了解，指出融入的依据及必要性。二是构建较为合理的融入路径。

2. 研究难点

一是如何在系统梳理党的二十大精神和高校思政教育内涵的基础上，探究党的二十大精神融入高校思想政治教育的内容体系，具有一定难度；二是如何前瞻思考新时代党的二十大精神融入高校思想政治教育的实践路径，使之具有科学性、创新性、实践性，并非易事。

（五）锁定研究目标

研究目标就是为什么要做这个研究，即研究想要达到的最终结果或效果以及总体意图。因此，研究目标一般都写得比较宏观，如提高教学质量，提高学生的素养，提高教师的专业水平等。一般的老师在课题申报书的写作过程中，能把目的意义和价值写得洋洋洒洒，但研究目标却写得很单薄，常用一两句话表达。但实际上，研究目标是项目申报书的精华，是一份申报书的价值所在。因此，我们不能因其短小就忽视它的重要性，而要在研究目标上多下功夫。

1. 研究目标的撰写要点

研究目标可以分为学术目标和工作目标两种。学术目标是阐述课题要探索总结什么科学规律，而工作目标则是阐述课题研究对教育工作的促进作用。从课题研究本身看，不管什么样的课题研究，对教育教学工作都有或多或少的帮助，研究目标越明确、越具体的课题，针对性就越强，效果就越好。

研究目标是对研究内容的高度概括，既可以分条写，也可以用一段话说明。

①分条写研究目标，是将研究总目标分解为几个（一般两到三个，不会太多）阶段性目标，值得注意的是如果目标过多，那么看起来就更像是研究内容。

②用一段话说明研究目标，即只表明研究总目标，由三个层次构成一段话。具体为：第一层，交代研究路径、方式方法，回答怎么做的问题。第二层，说明具体目标，回答想要什么结果的问题。第三层，说明长远目标，回答为什么想要这个结果的问题。与分条的写法相比，这种方法更为简洁明了。

在写研究目标的过程中，最好有要达到的水平或程度的描述。研究目标不在于多，因此表述要明确（指向清晰确定）、简洁（每条一两行字）、可测（可以检查评估），通常用"行为动词+名词"的短语来表述。研究目标一般是在研究周期内可达成的，可实现的。在撰写中最好要分开，具体写三四点，切记不要把研究目标写成研究的总目的、意义。

2.研究目标撰写的注意事项

研究目标就是本研究最后要实现的结果，就是做这件事的具体的目的。比如，想通过研究建构怎样的教学模式、教学策略，将得到什么新理论、新理念、新观点、新认识等。撰写时需要注意以下几个方面：

（1）有限性：一项课题的目标应有所聚焦，关键在于精准定位核心问题，而非追求数量众多。

（2）多样性：以辅导员理论研究项目为例，目标范畴可涵盖学术、思想、观点、实践等多个维度，同时也可考虑在建言献策、人才培养、学科建设以及话语权构建等方面发挥作用。

（3）可操作性：设定目标时，既要体现一定高度，又要切实可行。要让评审专家确信，尽管实现预期目标存在挑战，但凭借课题组的努力，目标仍具有可达性。可在研究保障、人员构成及前期学术积累等方面阐述具体的操作路径。

（4）呼应价值：确定研究目标后，务必与前文提及的"学术价值和应用价值"相互呼应。这是因为"学术价值和应用价值"的实现依赖于课题主要目标的达成。

（5）厘清与研究内容的关系：研究内容是研究目标的逻辑延伸，每项研究内容都是围绕研究目标衍生出的子问题。解决这些子问题，是为了实现最终的研究目标。避免将研究目标简单重复研究内容，建议先明确总体目标，再细化分目标或对总目标进行详细阐释。

（6）预期性表述：鉴于课题主要目标具有"预期"性质，表述时应规避"揭示了""解释了"等已然完成时态的词汇，建议采用"力图揭示""致力于构建"等体现预期性的措辞。

（7）善用专业词汇：合理运用如明确、探索、揭示、解释、描述、总结、厘清、构建等常用词汇，增强目标表述的专业性与准确性。

项目申报书专业用词与表达规范指南

○**范例一**

国家民委高等教育教学改革研究项目
"大学生中华民族共同体意识培育：机理·评价·路径"的研究目标

一是明确中华民族共同体意识培育的机理。在调查中华民族共同体意识培育现状的基础上，分析中华民族共同体意识培育对大学生成长发展中的作用机理，凸显中华民族共同体意识培育的重大意义。

二是构建中华民族共同体意识培育评价体系。在已有的条件下，借助综合科学指标体系，构建适用于大学生中华民族共同体意识培育评价的指标体系，并通过反复的实证验证和专家深度访谈，优化指标体系。

三是弄清核心影响因素及问题传导机理。有哪些核心因素会对大学生中华民族共同体意识培育效果产生影响？它们是如何影响的？只有明确核心影响因素和问题传导机理，才能真正为提出大学生中华民族共同体意识培育路径做准备。

四是探讨大学生中华民族共同体意识培育路径。通过分析影响因素和传导机理，根据评价结果探讨大学生中华民族共同体意识培育的困境与方法，形成大学生中华民族共同体意识培育的可复制可推广的实施路径。

○范例二

黑龙江省哲学社会科学研究规划项目高校思政专项
"中外青少年网络舆情样态特征与治理策略比较研究"的研究目标

一是重点调查各国青少年网络舆情的研究、引导、治理现状和预警干预体系、风险评估机制、防控责任制度建立情况，在此基础上透视不同国家开展青少年网络思想教育和价值引领的共性规律和各自特色。二是结合本土实践，总结世界各国青少年网络舆情治理的成功经验，有甄别地提出对我国青少年网络舆情研究、预警、引导、治理的启示借鉴。

○范例三

教育部人文社会科学研究项目
"基于 PDCA 循环理论高校学生党员发展质量保障体系研究"的研究目标

本课题着重于在研究目前高校在发展培养大学生党员中面临问题的基础上，通过运用 PDCA 循环管理模式，构建一套适合于"95 后"大学生党员科学、合理、高效的发展培养教育管理质量保障体系，为党组织输送合格的人才。

○范例四

教育部人文社会科学研究项目
"高校辅导员网络意识形态引领力研究"的研究目标

马克思指出："如果从观念上来考察，那么一定的意识形式的解体足以使整个时代覆灭。"习近平总书记强调："意识形态决定文化前进方向和发展道路。"当前，各种社会思潮、价值诉求和文化观念在网络空间交织耦合，对大学生的主流意识形态认同形成了干扰。高校辅导员要将网络这一"最大变量"转化为思想政治工作创新发展的"最大增量"，必须克服"本领恐慌"。"高校辅导员网络意识形态引领力研究"这一课题旨在回答高校辅导员网络意识形态引领力"何以是""何以重要""何以实现"等问题，增加其意识形态工作的感染力与号召力。

目标一：从"话语—权力"视角论证必须高度重视建构网络意识形态话语权，阐释高校辅导员网络意识形态引领力的理论内涵与实践价值。

目标二：从"内容—结构"视角解析网络意识形态引领力的属性与构成，建构高校辅导员网络意识形态引领力的结构模型。

五、总结创新之处

撰写和评估一个理论研究项目的独特性和优劣性的标准，主要是看其是否具有创新性。谈到创新，可能有人心中有些疑问：那么多研究怎么可能都有创新？说得没错，创新意识不够、创新能力不足、原创性成果少确实是比较普遍的问题。但这正说明了创新的重要性。物以稀为贵，别人没有创新，你有创新，你的研究成果自然便会脱颖而出。

撰写和评估一个理论研究项目，创新性与可行性是衡量其独特性和优劣性的关键标准。当前，创新意识和能力不足，原创性成果稀缺是普遍现象，这恰恰凸显了创新的重要价值。

需要注意的是，一般性的概念、意见、建议通常不属于"创新点"，课题申报书中所写的创新之处均为"可能性"。

(一)项目创新之处的构成

1.观点创新

"提出或修正已有的概念/定义/变量、命题/理论/假设/机制，拓展/加深/厘清……理论/概念/机制。"学术观点创新是指在学术研究过程中，提出新的、独特的、有价值的学术见解或看法，这些见解或看法能够推动学科的发展和进步。在辅导员工作中，学术观点创新可能涉及对辅导员角色、职责、工作方法、职业发展等方面的新理解和新认识，对辅导员角色的新理解、对辅导员工作方法的创新、对辅导员职业发展的新认识等，提出辅导员职业发展的新路径、新策略，如建立辅导员专业化、职业化的培养体系，提高辅导员的职业素养和专业水平。这些新的学术观点能够推动辅导员工作的理论发展和实践创新，提高辅导员的工作效能和职业发展水平。同时，这些创新性的学术观点也能够为其他领域提供借鉴和启示，推动整个学术界的进步。

2.方法创新

"使用……新方法，改进旧方法。"辅导员理论研究中的方法创新是指在辅导员的工作中，不断探索和尝试新的工作方法，以适应当前复杂的社会环境和人际关系，以及不同学生群体的特点和需求。这种方法创新是为了更好地贴近学生的生活，了解他们的思想和心理，从而更有效地开展思想政治教育和日常管理工作。如定性与定量结合：结合定性和定量研究方法，相互验证和补充，以获得更全面、深入的研究结果。技术创新：采用新的研究方法或技术，如大数据分析、社交媒体追踪等，以提高研究的创新性和实用性。

3.思想创新

"系统性认识更新。"学术思想创新是指在学术研究过程中，提出新的观点、见解或理论，以推动学科的发展和进步。这种创新可以是对现有理论的深化、拓展或修正，也可以是对新领域、新问题的探索和研究。

辅导员理论研究中的学术思想创新，指的是在辅导员工作的实践基础上，结合辅导员的职业特点和发展需求，通过深入的理论研究和思考，提出新的理论观点、创新性的方法或策略，以推动辅导员工作的理论发展和实践创新，提高辅导员的工作效率和职业发展水平，为培养更多优秀的辅导员提供理论支持和实践指导。

特别提醒

建议选择3条写清楚即可，每条写150字，"创新之处"这一部分共写500字左右。每条需使用小标题，直接使用上述几种"创新"作为小标题就可以，后面再去解释创新内容及创新理由，即各条句式结构为：小标题带冒号（什么内容）+创新内容（什么创新）+创新理由（为什么创新）。

（二）创新之处撰写的注意事项

1. 深入理解辅导员角色的独特性

通过深入理解辅导员角色的独特性，可以从其在学生思想政治教育、心理健康引导、职业规划指导等多方面的特殊作用入手，挖掘项目的创新点。例如，针对辅导员在学生个性化成长中的关键作用，提出创新性的辅导模式或方法，更好地满足学生的多样化需求，提升教育效果，从而体现项目的创新性。

2. 关注实践中的新问题和新挑战

在描述实践中出现的新问题和新挑战时，要保持对辅导员工作实践的高度敏感性，及时捕捉并分析这些问题。通过收集和分析典型案例，提炼出具有普遍意义的问题，避免仅列举个别现象。撰写时需强调这些问题的"新"和"挑战性"，并说明如何通过研究解决这些问题，确保课题研究具有现实针对性和创新性。

3. 整合多学科理论

在整合多学科理论时，应广泛涉猎心理学、教育学、社会学等相关学科的理论著作，但不能仅停留在理论的罗列层面。需尝试将不同学科的理论进行对话和融合，构建新的理论框架和分析工具。撰写时需注意如何通过这种跨学科的整合打破学科壁垒，为辅导员工作研究开辟新的理论路径，确保理论创新性。

4. 提出新的理论观点或模型

在提出新的理论观点或模型时，需基于实践经验和跨学科理论，确保理论观点或模型具有坚实的理论基础。应通过实证研究验证新理论的有效性和适用性，并根据反馈不断完善和调整。撰写时需强调新理论或模型的创新性，以及如何为辅导员工作提供新的理论指导，避免理论与实践脱节。

5. 创新研究方法

在探索新的研究方法和技术时，需注意方法的适用性和创新性。例如，可以尝试使用大数据分析、社交媒体追踪等新技术，以便全面、深入地了解辅导员工作的实际情况。同时，结合定性和定量研究方法，相互验证和补充，提高研究的信度和效度。撰写时需说明这些新方法如何为课题研究提供新的方法论支持，体现研究方法的创新性。

6. 强调实证研究与理论创新的结合

撰写项目创新之处可以突出实证研究与理论创新的紧密结合。通过深入的实证调研，收集丰富的数据和案例，为理论创新提供坚实的基础。同时，基于实证结果提出新的理论观点或对现有理论进行拓展和完善，使理论更具解释力和指导性。这种结合不仅丰富了理论体系，还为实际问题的解决提供了创新思路和方法，体现了项目的创新性和应用价值。

7. 加强学术交流和合作

通过加强学术交流与合作，可以从跨学科融合、国际合作、学术活动交流和团队协作等多方面挖掘项目的创新点。例如，跨学科合作能够打破学科界限，引入不同领域的前沿技术和研究方法，为项目带来全新的视角和解决方案；国际合作则有助于引入国际先进理念和资源，提升项目的国际视野和竞争力；学术交流活动可以促进思想碰撞，激发新的研究思路，同时通过合作整合资源，推动项目创新；团队成员的多元背景和协同合作机制也能激发创新思维，实现知识互补和技术突破。这些交流与合作方式能够为项目注入新的活力，使其在研究方法、技术应用、理论拓展等方面展现出显著的创新性。

8. 勇于挑战和突破传统思维

在撰写项目创新之处时，可以强调通过挑战传统思维，打破常规的研究路径或方法。例如，提出全新的理论假设、采用独特的研究视角或技术手段，从而突破现有研究的局限性。这种对传统思维的挑战和突破，不仅能为项目带来全新的解决方案，还可能推动整个领域的创新和发展，使项目的创新性得以凸显。

○**范例一**

浙江省教育厅科研项目"浙江高校学生
社会主义核心价值观培育途径的社会学仿真研究"的研究创新点

1. 研究视角的创新

现有的研究成果多半停留在宏观的理论思考上，基本上属于从方法论或经验主义出发的理论性阐述，既缺乏培育途径本身的可行性纵向量化分析，又缺少各种培育途径间的有效作用和权重比例的横向比较分析，这也就为本研究的创新提供了可能空间。

2. 研究方法的创新

高校思想教育工作中关于大学生的"三观"教育一直都是重点，但如何有效培养大学生的社会主义核心价值观是"三观"塑造中的难点。社会学仿真技术的采用将各种培养途径的效果尽可能地量化，有助于一目了然地将所有教育培育途径进行直观比对，从而借鉴实用有效的方法开展思想教育工作，减少教育的盲目性和无效性。

3. 实践环节的创新

意识形态方面的教育，是潜移默化的，不是一朝一夕就可以完成的，因此，构建全面系统且可行可信的立体化培育机制，有利于高校学生将社会主义核心价值观内化为价值内核、外化为社会需要，进而作为价值传统和文化精神不断积淀固化。

○ 范例二

黑龙江省哲学社会科学研究规划项目高校思政专项项目
"中外青少年网络舆情样态特征与治理策略比较研究"的创新之处

在学术思想、学术观点、研究方法等方面的特色和创新。

一是视角创新。1989 年日内瓦 WHO 会议上全球专家共同商定并制发的《关于青少年健康管理手册》将青少年的年龄区间划为 10 岁到 19 岁，也即 2000 年后出生的"Z 世代"；这个年龄区间的大中小学生和社会青少年群体具有伴网而生、生活富足、思想多元、思维活跃、讲求平等、爱好广泛、注重体验等鲜明特征，这些特征导致其关注的社会公共事务和对社会热点焦点问题的情绪、评价等同其他年龄段的舆情主体有着显著差别。

二是方法创新。运用传播学、哲学、教育学、心理学、社会学、计算机科学与技术、管理学等相关知识进行深层次研究，着力突破单一学科界限和单向研究视角，形成富有创新性的概念阐释、叙述方式和科学结论。

三是实践创新。以"青少年网络舆情"为着眼点，以"中外比较"为切入点，以"现代化治理"为落脚点，指出我国要在坚守与传承、学习与借鉴中不断强化特有的舆情治理优势，将互联网这一"最大变量"转化为经济社会发展的"最大增量"。

○ 范例三

湖南省哲学社会科学基金教育学专项项目
"基于 CIPP 模型的高校资助育人成效评价"的创新之处

(1) 在分析比对相关问题研究成果的基础上，展开资助育人成效评价可丰富和拓展高校资助育人工作的研究视野。当前国内外学术界对于高校资助育人成效评价体系的研究较为匮乏、量化研究更少，研究层次较为浅显，本课题基于 CIPP 模型进行研究，弥补了资助育人方向定量研究的不足，与此同时，创新性地从四个方面由源头到最终成果的形成进行全面的评价，在研究思路上具有一定的创新性。

(2) 当前研究以理论框架与实践策略层面的居多，而缺乏资助育人成效的实证佐证，本研究基于试点高校实证案例对高校资助育人成效体系进行分析探讨，可进一步丰富资助育人方向的实证研究。

（3）本研究创新性地将 CIPP 模型引入资助育人成效评价体系的构建中：如通过确定和描述试点高校资助育人的目标和判断资助育人目标的合理性，对资助育人的实施状况随时跟进，并进行及时有效监督、引导与反馈，遴选出取得预期效果的最佳实施流程，其本质是对试点高校资助育人高效性进行评价；对实施成果进行衡量、分析，来决定是否继续使用、修正或终止方案，在内容上具有创新性。

六、制订研究计划及论证研究可行性

（一）制订研究计划

研究计划就是研究的时间计划和进度安排。想要写好一个研究计划，最重要的是结合研究目标出发，研究计划可按文字阐述、表格罗列等模式进行撰写。制订研究计划需要了解以下几个方面：

1. 明确关心的研究领域与方向是制订研究计划的基础

在制订研究计划时，首先要明确自己关心的研究领域以及想要开展研究的方向。确保研究方向与自身研究的契合度，清楚了解自己感兴趣的研究领域与方向，有助于判断其与自身研究目标的契合程度，为后续研究奠定坚实基础，使研究计划更具针对性和方向性。

2. 深入理解研究领域是制订合理研究计划的重要前提

对研究领域的理解深度，直接关系到研究计划的可行性和深度。只有充分了解该领域的现状、前沿动态等，才能合理规划研究步骤，避免走弯路，确保研究计划符合该领域的实际情况和发展趋势。

3. 清楚自身知识水平和工具掌握情况制约研究计划的制订

扎实的专业知识和熟练掌握的研究工具是顺利开展研究的必要条件。在制订研究计划时，充分考虑自身知识水平和工具掌推情况，能够合理安排学习和准备阶段，确保在研究过程中有足够的能力应对各种问题，保障研究计划按进度推进。

4. 良好的语言表达能力有助于研究计划的有效实施

在研究过程中，无论是记录研究过程、撰写研究报告，还是与同行交流、分享研究成果，都离不开良好的语言表达能力。具备较强的语言表达能力，能够准确清晰地传达研究思路和成果，因此在制订研究计划时，要考虑到自身语言表达能力对研究进程的影响，必要时可规划相应的提升措施。

5. 明确的研究意愿和期望是制订研究计划的内在动力

要清晰地知道自己想从研究中获得什么，即明确研究的意愿和期望，使研究者在制订计划时更具目标导向性。知道自己追求的研究成果，有助于合理设置研究阶段目标和预期成果，激励研究者按照计划积极推进研究工作。

○范例一

1. 研究计划

2020年9月—2020年12月　进行文献资料的全面搜集、梳理与分析，尤其是英语、俄语、日语等外文资料的搜集与整理，根据文献阅读情况对课题整体框架进行合理性修正和完善。

2021年1月—2021年12月　对调查对象进行细致划分，对典型国家进行科学分类，进而针对不同国家进行问卷及访谈提纲设计。而后请国外有合作关系的团队、学者协助，开展具体的调查研究工作。

2022年1月—2022年12月　结合文献资料与实地调查获得的第一手资料，进行科学分析和系统研究，撰写并发表相关学术论文、调查报告等。

○范例二

1. 研究方案和进度

1.1 收集资料阶段(2014年8月—2014年10月)

收集课题相关研究资料、制订课题的实施方案，为研究做好各项准备。

1.2 调研阶段(2014年11月—2015年1月)

选取省内不同区域、不同类型的6所大学对大学生社会主义核心价值观认知状况进行调查，以更加详细、真实地了解浙江高校学生社会主义核心价值观的主流特征和问题症结，为培育大学生的社会主义核心价值观提供有针对性的建议和对策。

1.3 材料的梳理和数据的分析阶段(2015年2月—2015年3月)

运用先进的数据分析工具(SAS、SPSS等)对材料进行科学分析、分类、归纳与整理。同时也对收集的文献资料进行梳理和归纳。

1.4 运用社会学仿真手段进行研究分析阶段(2015年4月—2015年5月)

基于前期的研究，确定合适的社会学仿真模型，使用数学模型对浙江高校学生社会主义核心价值观培育途径进行仿真分析和有效验证。

1.5 撰写、发表高水平论文阶段(2015年6月—2015年9月)

撰写《浙江高校学生社会主义核心价值观认知调查与分析》《浙江高校学生社会主义核心价值观的培育路径探索》和《社会学仿真视角下的浙江高校学生社会主义核心价值观培育分析》等论文。

○**范例三**

内容	时间	研究工作
课题的准备阶段	2019 年 9 月—2019 年 11 月	主要的工作任务是确定课题的研究方向和研究目标，明确课题分工。通过大量阅读文献材料，撰写课题的开题报告，做好开展课题的前期筹备工作
课题的研究阶段	2019 年 12 月—2020 年 4 月	①深化理论研究。课题组成员进一步深入学习党的十九大报告、党章以及近五年来党的重要方针、政策以及习近平总书记系列重要讲话精神 ②课题组成员将分别走访省内 5~10 所高校，深入分析、研究目前高校发展学生党员质量保障机制、考评指标体系中的实施情况和存在问题。同时，也搜集这些高校在发展学生党员工作中的好措施及优秀经验 ③制定不同发展阶段相应的考评指标体系，根据 PDCA 循环理论初步构建高校发展学生党员质量保障体系模型
课题的检验阶段	2020 年 5 月—2021 年 3 月	课题组成员通过实践，不断修改、检验所讨论、研究的措施和策略是否起到了预期的效果，及时进行相应的调整和改进。最终，通过再次访谈党务工作者和学生党员，进一步修正工作机制和指标体系。在此期间，发表中期研究成果
课题的总结、验收阶段	2021 年 4 月—2021 年 12 月	把课题组研究成员总结的研究资料进行分析、归纳、整理，发表结项论文

(二)论证研究可行性

研究可行性就是为开展本项目的各种理论、技术、条件、设备以及研究本身之外的有关人员、学科、合作单位等的可行性。研究可行性是课题论证过程中非常重要的部分，具有可行性的课题才有研究的价值，大家在申报课题时一定要重点论证研究可行性，因为只有让评审专家认可才有立项的可能性。研究可行性可以从内部和外部两个维度进行论证。内部维度主要是从课题组研究的主持人的前期成果、队伍结构、学科方向、研究思路方法等进行论证。外部维度主要从问卷调研数据、校外合作单位、所在单位的支持力度等方面进行论证。

○**范例**

一、可行性分析

1.研究计划完备，前期准备充分

立项依据充分，研究思路清晰，设计方案科学，技术线路可靠；已收集整理了大量的相关研究文献资料，掌握了研究现状，奠定了文本基础。

2.研究团队学术能力较强

主持人近年来一直关注大学生社会责任感，发表相关论文10余篇，参与、主持多项与本课题相关的课题，具有一定的学术积累；课题组成员既有马克思主义理论学科专业背景，又有教育学、伦理学、心理学等学科专业背景，均具有较高学术旨趣，研究领域与本课题高度契合。

3.所在单位支持力度大

主持人所在单位有马克思主义理论、哲学一级硕士学位点，有湖南省"中国特色社会主义理论体系研究基地"；学科背景较为厚实，资料齐全，对课题研究支持力度大；具备研究工作开展必需的各项资料、设备和资源。

七、研究方法

(一)辅导员理论项目研究的主要方法

在撰写研究方法这一部分时，需清晰地阐述怎样进行研究，包括研究设计、数据收集和分析方法等。首先，我们先明确有哪些研究方法：

1.文献研究法

文献研究法是根据一定的研究目的或课题，通过调查文献来获得资料，从而全面地、正确地了解和掌握所要研究问题的一种方法。文献研究法被广泛运用于各种学科研究中，其作用有：①能了解有关问题的历史和现状，帮助确定研究课题。②能形成关于研究对象的一般印象，有助于观察和访问。③能得到现实资料的比较资料。④有助于了解事物的全貌。

2.实验法

实验法是通过控制研究对象来发现与确认事物间的因果联系的一种方法，其主要特点是：①主动变革性。观察与调查都是在不干预研究对象的前提下去认识研究对象，发现问题。而实验却要求主动操纵实验条件，人为地改变对象的存在方式、变化过程，使它服从于科学认识的需要。②控制性。科学实验要求根据研究的需要，借助各种方法技术，减少或消除各种可能影响科学实验的无关因素的干扰，在简化、纯化的状态下认识研究对象。③因果性。实验是发现、确认事物之间的因果联系的有效工具和必要途径。

3.观察法

观察法是指研究者根据一定的研究目的、研究提纲或观察表，用自己的感官和辅助工具直接观察被研究对象，从而获得资料的一种方法。科学的观察具有目的性、计划性、系统性和可重复性。在科学实验和调查研究中，观察法具有以下几个作用：①扩大人们的感性认识。②启发人们的思维。③导致新的发现。

4.调查法

调查法是有目的、有计划、有系统地搜集有关研究对象现实状况或历史状况的材料的方法。调查法是科学研究中常用的基本研究方法，综合运用历史法、观察法等方法以及谈话、问卷、个案研究、测验等科学方式，对教育现象进行有计划的、周密的和系统的了解，并对调查搜集到的大量资料进行分析、综合、比较、归纳，从而为人们提供规律性的知识。

调查法中最常用的是问卷调查法，它是以书面提出问题的方式搜集资料的一种研究方法，即调查者将调查项目编制成表格，分发或邮寄给有关人员，请其填写答案，然后回收整理、统计和研究。

5. 功能分析法

功能分析法是社会科学用来分析社会现象的一种方法，是社会调查常用的分析方法之一。它通过说明社会现象怎样满足一个社会系统的需要（即具有怎样的功能）来解释社会现象。

6. 个案研究法

个案研究法是认定研究对象中的某一特定对象，加以调查分析，弄清其特点及其形成过程的一种研究方法。个案研究有三种基本类型：①个人调查，即对组织中的某一个人进行调查研究。②团体调查，即对某个组织或团体进行调查研究。③问题调查，即对某个现象或问题进行调查研究。

7. 定性分析法

定性分析法就是对研究对象进行质的方面的分析的方法。具体地说，是运用归纳与演绎、分析与综合以及抽象与概括等方法，对获得的各种材料进行思维加工，从而去粗取精、去伪存真、由此及彼、由表及里，达到认识事物本质、揭示内在规律的目的。

8. 定量分析法

在科学研究中，定量分析法可以使人们对研究对象的认识进一步精确化，以便更加科学地揭示规律，把握本质，理清关系，预测事物的发展趋势。

9. 跨学科研究法

跨学科研究法是指运用多学科的理论、方法和成果从整体上对某一课题进行综合研究的方法，也称交叉研究法。科学发展运动的规律表明，科学在高度分化中又高度综合，形成一个统一的整体。据有关专家统计，现在世界上有2000多种学科，而学科分化的趋势还在加剧，但同时各学科间的联系越来越紧密，在语言、方法和某些概念方面，有日益统一化的趋势。

10. 系统科学方法

20世纪，系统论、控制论、信息论等横向科学的迅猛发展，为发展综合思维方式提供了有力的手段，使科学研究方法不断地完善。而以系统论方法、控制论方法和信息论方法为代表的系统科学方法，又为人类的科学认识提供了强有力的主观手段。它不仅突破了传统方法的局限性，而且深刻地改变了科学方法论的体系。这些新的方法，既可以作为经验方法，作为获得感性材料的方法来使用，也可以作为理论方法，作为分析感性材料上升到理性认识的方法来使用，而且作为后者的作用比前者更加明显。它们适用于科学认识的各个阶段，因此，我们称其为系统科学方法。

11. 信息研究方法

信息研究方法是利用信息来研究系统功能的一种科学研究方法。当前，正处在信息革命的新时代，有大量的信息资源可以开发利用。信息方法就是根据信息论、系统论、控制论的原理，通过对信息的收集、传递、加工和整理获得知识，并应用于实践，以实现新的目标。信息研究方法是一种新的科研方法，它以信息来研究系统功能，揭示事物的更深层次的规律，帮助人们掌握和提高运用规律的能力。

12. 数学方法

数学方法就是在撇开研究对象的其他一切特性的情况下，用数学工具对研究对象进行一系列量的处理，从而作出正确的说明和判断，得到以数字形式表述的成果。数学方法主要有统计处理和模糊数学分析方法。

13. 描述性研究法

描述性研究法是一种简单的研究方法，它将已有的现象、规律和理论通过自己的理解和验证，给予叙述并解释出来。它是对各种理论的一般叙述，更多的是解释别人的论证。

14. 经验总结法

经验总结法是通过对实践活动中的具体情况进行归纳与分析，使之系统化、理论化，并上升为经验的一种研究方法。总结推广先进经验是人类历史上长期运用的较为行之有效的研究方法之一。

15. 思维方法

思维方法是人们正确进行思维和准确表达思想的工具，在科学研究中最常用的科学思维方法包括归纳演绎、类比推理、抽象概括、思辨想象、分析综合等，它对于一切科学研究都具有普遍的指导意义。

16. 数量研究法

数量研究法也称统计分析法和定量分析法，是指通过对研究对象的规模、速度、范围、程度等数量关系进行分析研究，认识和揭示事物间的相互关系、变化规律和发展趋势，借以达到对事物的正确解释和预测的一种研究方法。

17. 探索性研究法

探索性研究法是高层次的科学研究活动。它是利用已知的信息，探索、创造新知识，产生出新颖而独特的成果或产品。

18. 模拟法

模拟法是先依照原型的主要特征，创设一个相似的模型，然后通过模型来间接研究原型的一种研究方法。根据模型和原型之间的相似关系，模拟法可分为物理模拟和数学模拟两种。

19. 实证研究法

实证研究法是一种基于观察和试验取得大量事实、数据，利用统计推断的理论和技术，并经过严格的经验检验的方法，旨在揭示社会现象的本质联系。

(二)研究方法撰写的注意事项

以下是研究方法撰写的注意事项。

(1)明确研究设计。

说明研究是定性研究还是定量研究,抑或是混合方法研究。解释选择此种设计的原因,并阐述此种设计怎样有助于达到研究目的。

(2)阐述数据收集方法。

如果使用问卷调查,需说明样本大小、抽样方法以及采取何种方式分发和收集问卷。如果进行访谈或观察,则需说明如何开展系列活动。

(3)详细说明分析方法。

对于定量数据,可以描述使用的统计方法。对于定性数据,可以说明如何进行文本分析或内容分析。

(4)进行伦理考虑。

如果研究涉及其他参与者,需描述如何确保参与者的隐私与安全,以及通过何种方式获得参与者的知情同意。

(5)描述预期限制与挑战。

描述预期的研究限制和挑战,并说明如何应对这些挑战。

(6)确保与目标的关联性。

确保研究方法与研究目标及研究问题紧密相关,让其他人清楚研究方法如何有助于达到研究目的。

(7)运用参考案例和文献综述。

在描述研究方法时,可引用相关学术文献和案例,以支持所采用的研究方法,提高研究的理论基础。

(8)注意清晰性。

尽量使用简洁明了的语言来描述研究方法,避免使用过于专业和复杂的术语。

其实对于研究方法到底该写些什么并没有硬性规定,一般来说,只要有助于达到研究的预期目标都可混合使用。

○ **范例**

高校思想政治工作创新发展中心 2022 年专项课题"党的
二十大精神融入高校思想政治教育的时代价值与实践路径研究"的研究方法

文献归纳法:一是检索、归纳国内外学界该领域的文献资料,通过 Cite Space 引文空间分析软件,提炼研究热点。二是深入阅读党的二十大报告和马克思主义经典著作,夯实本研究学理基础。

调查研究法:课题组拟采用问卷调查和实地访谈来获取第一手资料,对申报人所在省份以及周边邻近省份部分高校进行问卷调查,对收集的数据进行统计分析,为本研究提供现实支撑。

> 跨学科研究法：课题组尝试通过对不同学科的研究方法，拓宽研究视野和思路，从整体上构建党的二十大精神融入高校思想政治教育的概念逻辑、理论模式及实践路径。

八、研究基础

研究基础包括学术简历、承担项目、预期成果、条件保障等部分，这部分是项目的最后部分。

(一)"学术简历"撰写的注意事项

学术简历包括课题负责人的主要学术简历、学术兼职，在相关研究领域的学术积累和贡献等。由于有关课题负责人的主要学术简历、学术兼职，在相关研究领域的学术积累和贡献等内容是自己阐述自己，因此在内容和力度上一定要把握好，以中性和编年体记叙文模式为宜，不能夸大自己，也不宜贬低自己或过分谦虚。有一个很简单的方法就是平时多学习观察百度百科等上的一些学术领域大家的简介，上面就基本是按照个人概况、获奖情况、学术兼职、研究领域、学术积累和工作经历等方面进行介绍的。

○ **范例**

湖南省哲学社会科学基金教育学专项项目
"基于 CIPP 模型的高校资助育人成效评价"的学术简历

1. 学术简历(课题主持人的主要学术简历、学术兼职)

主持人发表关于"成效评价"的论文 11 篇，可为本课题提供强有力的参考。项目负责人×××长期从事各类成效评价方向的研究。近三年来以第一作者在《××大学学报(自然科学版)》2018 年第 39 卷第 6 期上发表《高校艺术社团繁荣校园文化的实效评价及建议》，在《××大学学报》2018 年第 21 卷第 3 期上发表《基于 FAHP 的辅导员思想政治教育工作评价研究》等关于"成效评价"的论文 4 篇。在专业领域方面，主持人在 CSSCI 扩展版期刊《资源开发与市场》2018 年第 34 卷第 7 期上发表《基于熵权法的张家界大鲵产业可持续发展动态评价》、在《××大学学报(自然科学版)》2018 年第 39 卷第 3 期上发表《张家界市旅游扶贫绩效评价》等关于评价或成效评价的论文 7 篇，这些前期关于"成效评价"的论文都能为本研究提供有力的参考。

主持人主持"成效评价"方向的课题 9 项，拥有丰富的课题主持经验和较强的科研能力。主持人近三年来先后主持湖南省思想政治教育研究会 2018 年课题"高校辅导员网络思想政治教育有效性评价(18XS06)"、湖南省辅导员工作研究会 2017 年课题"高校学生社团繁荣校园文化的实效评价及对策研究(17FDY06)"等关于"成效评价"方向的省级课题 4 项，主持关于"成效评价"方向的校级课题"基于 FAHP 的高校辅导员思想政治教育工作评价模型设计与实证分析""高校辅导员开展思想政治教育实效评价研究"等 6 项，对评价指标筛选、方法运用、模型设计、结果分析、对策和总结等研究有着丰富的基础与经验。与此同时，在"资助育人"课题研究方面，曾主持湖南省学生资助研究会2017年课题"基于大数据的高校贫困生客观精准认定与扶贫研究（XXY2017005）"和××大学2019年人文社科校级课题"大数据在高校家困生资助认定的应用与实证分析（19SKB22）"，两项课题均已结题，取得了一定的成果，并可为本次课题提供基础。

（二）"承担项目"撰写的注意事项

负责人承担的各级各类科研项目情况，包括项目名称、资助机构、资助金额、结项情况、研究起止时间等，最好采用要点列表或无线条表格罗列，这样更加清晰明了。有的年轻辅导员刚刚毕业，没有主持过什么项目，所以平时要多主动融入有关教授专家的团队，积极参加一些项目，这是项目积累的过程，在这里就可以将参加的项目列进来，即便排在最后也是一种项目和科研经验的积累。

特别提醒

主持的项目和参与的项目一定要明确区分开来，这样让评委看起来条理清晰，同时一定要放与项目研究相关的，与项目无关的最好不列在上面。另外，项目罗列形式一定要规范美观，直接按照说明要求、参考文献模式罗列。

○ 范例一

湖南省哲学社会科学基金教育学专项项目
"基于 CIPP 模型的高校资助育人成效评价"的承担项目情况

独著或合著（排名前3位）的著作、论文、咨询报告、批示转载等成果名称	成果形式	发表刊物、出版单位、批示人	成果取得时间
基于熵权法的张家界大鲵产业可持续发展动态评价	论文	资源开发与市场（CSSCI 扩展版）	2018 年
张家界大鲵产业与旅游产业耦合协调度实证分析	论文	资源开发与市场（CSSCI 扩展版）	2018 年
基于 AHP 和 CM 模型的贫困生精准认定与实证分析	论文	教育财会研究	2017 年
大数据在高校贫困生认定中的运用实证分析——基于熵值模型	论文	高教论坛	2019 年
高校艺术社团繁荣校园文化的实效评价及建议	论文	××大学学报（自然科学版）	2018 年

主持或参与(排名前5位)的课题名称	课题类别	批准时间	批准单位	是否结题
基于大数据的高校贫困生客观精准认定与扶贫研究(XXY2017005)	省级研究会	2017年	湖南省学生资助研究会	是
大数据在高校家困生资助认定的应用与实证分析(19SKB22)	校级	2019年	××大学	否,已完成大部分研究内容
高校学生社团繁荣校园文化的实效评价及对策研究(17FDY06)	省级研究会	2017年	湖南省高校辅导员工作研究会	是
高校辅导员网络思想政治教育有效性评价(18XS06)	省级研究会	2018年	湖南省高校思想政治教育研究会	是
高校网络思想政治教育的组织实施与成效评价研究	省级研究中心	2019年	湖南省高校网络思想政治工作中心	否,已完成部分研究内容

个人或集体(排名前5位)获奖成果名称	成果类型	批准时间	批准单位	获奖等级
基于AHP和CM模型的贫困生精准认定与实证分析	国家新资助政策体系实施"十周年主题征文"论文奖	2017年9月30日	教育部全国学生资助管理中心	二等奖(全国10项)
国内高校贫困生认定工作研究综述	湖南省学生资助研究会2017年优秀论文奖	2018年3月	湖南省学生资助研究会	三等奖(全省20项)
大数据在高校家困生认定中的运用实证——基于熵权法和加权求和模型	湖南省学生资助研究会2018年优秀论文奖	2019年3月	湖南省学生资助研究会	三等奖(全省10项)
高校学生社团繁荣校园文化的实效评价	湖南省第五届高等学校艺术教育科研论文奖	2017年11月	湖南省教育厅	一等奖(全省10项)
高校学生社团繁荣校园文化的实效评价	全国第五届大学生艺术展演活动高校艺术教育科研论文奖	2018年4月	全国第五届大学生艺术展演活动组织委员会	一等奖(全国20项)

○**范例二**

黑龙江省哲学社会科学研究规划项目高校思政专项

"中外青少年网络舆情样态特征与治理策略比较研究"的项目承担情况

负责人承担的各级各类科研项目情况，包括项目名称、资助机构、资助金额、结项情况、研究起止时间等。

1. 主持：黑龙江省辅导员名师工作室，黑龙江省教育厅，20.0万元，2020年5月—2022年5月，在研。

2. 主持：黑龙江省高等教育教学改革研究项目，"美好生活"视域下研究生网络言行规范引导策略研究，黑龙江省教育厅，2.0万元，2018年12月—2020年12月，在研。

3. 主持：全国高等师范院校共青团工作立项课题，高校青年马克思主义者培育路径创新研究，全国高师院校共青团工作研究会，0.5万元，2017年11月—2018年11月，已结题。

4. 主持：哈尔滨师范大学党建和思想政治工作研究课题，新时代高校思想政治工作者在意识形态阵地建设中的角色与策略，哈尔滨师范大学，1.0万元，2018年9月—2019年9月，已结题。

5. 主持：哈尔滨师范大学学生工作实践和思想政治教育理论研究课题，"新时代"大学生的基本素养和培育路径研究，哈尔滨师范大学，0.5万元，2018年6月—2019年6月，已结题。

6. 参与：教育部高校思想政治工作中青年骨干队伍建设项目，"红色基因"视域下的高校思想政治工作创新研究，教育部思想政治工作司，20.0万元，2019年10月—2021年10月，在研。

7. 参与：教育部人文社会科学研究专项任务项目（高校辅导员研究），增强高校辅导员与学生谈心谈话的针对性和实效性研究，教育部社会科学司，2.0万元，2020年3月—2022年3月，在研。

（三）"预期成果"撰写的注意事项

撰写申报书的预期成果，需全面且细致地涵盖成果形式、使用取向、预期社会效益等关键要素，并遵循一系列特定规范与要求。

1. 成果形式

成果形式需明确具体，常见的包括论文、专著、研究报告、工具（如测试量表）、教学资源（如课件、教学设计）、视频资料（如录像光碟）等。填写时每种成果都要有确切的名称，以清晰展示研究将产出的具体内容。

论文：写明能清晰阐明观点的题目。例如，课题研究"高校大学生职业规划与就业指导体系优化"，预期成果论文题目可为《新就业形势下高校大学生职业规划课程的实践与创新探索》，该题目能直观了解论文聚焦于新就业形势下高校大学生职业规划课程方面的核心观点。

专著：呈现阐明观点的著作内容。比如，针对"高校大学生思想政治教育实效性提升"课题，预期专著成果可能是《高校大学生思想政治教育的多元路径与实践探索》，从书名可知该专著围绕提升高校大学生思想政治教育实效性的多种途径及实践情况展开论述。

研究报告：包含预计研究成果的理论意义与实际效用。假设课题是"高校大学生创新创业教育生态系统构建"，预期研究报告可能阐述在理论上丰富高等教育创新创业教育理论体系，为相关研究提供新的理论框架；在实际效用方面，为高校制定创新创业教育政策、优化课程设置和实践平台建设提供决策依据，助力培养更多具有创新精神和创业能力的大学生。

测试量表：开发出具有针对性的测量工具。例如在"高校大学生学习动力影响因素研究"课题中，预期成果可能是一份高校大学生学习动力综合测评量表，用于准确评估大学生学习动力水平及各影响因素状况，为高校教师制定个性化教学策略和学生学习辅导提供科学依据。

课件：制作符合教学需求的多媒体教学材料。以"高校大学英语跨文化交际教学改革"课题为例，预期成果可能是一套高校大学英语跨文化交际教学课件集，通过丰富的图片、音频、视频等素材，帮助学生更好地理解跨文化交际知识和技巧，提升大学英语教学效果。

2. 使用取向

使用取向需说明成果将面向哪些对象、在何种场景下使用以及如何应用，以体现成果的实际价值和应用方向。

面向教育工作者：例如上述提到的高校大学英语跨文化交际教学课件集，使用取向可描述为供高校英语教师在课堂教学中使用，教师可直接借鉴课件中的教学设计、教学素材和活动安排，丰富教学内容和形式，提高大学英语课堂教学质量，增强学生跨文化交际能力的培养效果。

面向政策制定者：像"高校大学生创新创业教育生态系统构建"的研究报告，使用取向是为高校管理层、教育主管部门等政策制定者提供决策参考，辅助他们制定更科学合理的创新创业教育政策、资源分配方案和保障机制，推动高校创新创业教育的良性发展。

面向学生群体：高校大学生学习动力综合测评量表的使用取向是供高校辅导员、任课教师对大学生进行定期学习动力测评时使用，以便及时发现学生学习动力方面存在的问题，为后续开展个性化的学习指导和激励措施提供依据，激发学生的学习积极性和主动性。

3. 预期社会效益

预期社会效益旨在阐述成果对社会各个层面可能产生的积极影响，如推动行业发展、改善社会现象、增强公众意识等，展示研究成果的社会价值和贡献。

推动教育领域发展："高校大学生职业规划与就业指导体系优化"研究成果，预期社会效益可能是通过完善职业规划与就业指导体系，帮助大学生更好地认识自我、规划职业发展路径，提高就业竞争力，促进高校人才培养与社会需求的有效对接，推动高等教育就业指导工作向更加专业化、科学化的方向发展。

改善社会人才结构："高校大学生创新创业教育生态系统构建"成果应用后，预期社会效益为培养更多具有创新思维和创业能力的大学生，鼓励他们投身创业实践，为社会创造更多就业机会，优化社会人才结构，推动科技创新和经济转型升级，促进社会经济的可持续发展。

关注大学生身心健康："高校大学生思想政治教育实效性提升"课题成果，预期社会效益是通过增强思想政治教育的实效性，引导大学生树立正确的世界观、人生观和价值观，培养积极向上的人生态度和道德品质，提高大学生的思想政治素质和心理健康水平，为社会输送德才兼备的高素质人才，促进社会的和谐稳定发展。

○范例一

1. 预期成果(成果形式、使用去向及预期社会效益等)

撰写研究报告《中外青少年网络舆情样态特征与治理策略比较研究》，发表《中外青少年网络舆情研究回顾与梳理——基于十一国的调查》《青少年网络舆情治理的"中国智慧"与"国外启示"》等多篇高质量论文。研究成果可为相关学术研究、学科建设提供理论和实践支持，为新时代大学生网络思想政治教育工作理念创新、内容创新与手段创新提供崭新思路、技术支持和经验范式。

○范例二

1. 本课题的中期成果

(1)完成资料整理以及访谈调研工作，搭建初步的发展学生党员质量保障体系。

(2)形成调研报告《新时代高校学生党员发展培养教育管理质量探析》。

2. 本课题的最终成果

形成工作论文《基于"PDCA"循环管理模式构建高校学生党员发展质量保障体系研究》。

3. 课题研究成果的预计去向

该课题的研究成果可运用于当前高校发展学生党员工作，包括大学生申请入党，入党积极分子教育，预备党员和正式党员的培养、教育与考核。由于课题组的实证调研是以走访省内部分高校为主，因此所得到的研究成果和提出的工作措施，应在普通高校都有一定的实用性和推广价值：①研究成果中的高校学生党员发展质量评价指标体系可以给各大高校优化基层党建工作作参考；②研究成果可以指导高校进一步优化学生党员培养和管理工作，提升学生党员培养质量。

（四）"条件保障"撰写的注意事项

条件保障是指完成本课题研究的时间保障、资料设备等科研条件。这是项目申请书的最后一个需要进行文字阐述的部分，申请人容易忽略这部分的撰写要求，所以能够把这一点写好的申请人不多。辅导员的学术研究基础大多比较弱，成果积累也不够多，校外联系又比较闭塞，因此如果能写好这一部分，在同等情况下获得认可的可能性更大。

○ **范例**

1. 条件保障（完成本课题研究的时间保障、资料设备等科研条件）

课题负责人在前期的理论研究和工作实践中已经为本课题的研究积累了较为丰富的资源和成果。论文的研究方向与所从事的工作联系密切，为课题实施与完成提供了坚实基础和有力保障。学校拥有丰富的图书馆藏资源，以及先进完备的数字资源，有利于全面掌握研究领域的前沿动态，为研究的前沿性、准确性和科学性提供了有利条件。

本课题的参与者既有思想政治教育、教育学等多学科知识背景的专家学者，也有多年从事大学生思想政治教育工作和高校共青团工作的一线工作者。参与者在学科、学历、职称、年龄及理论和实践上构成合理，这既契合本课题涉及多领域的性质，又有利于整合资源优势，实现资源共享、优势互补。

第三节　高校辅导员理论研究项目中期检查和结项的注意事项

一、高校辅导员理论研究项目中期检查的方式和作用

中期检查，是项目成功立项后的半年时间里，对根据项目的开展情况所撰写的中期报告书、制作的中期报告 PPT，以及论文完成进度进行的检查。中期检查本质上是检查立项后项目的开展情况，是根据项目开展情况决定项目是否进行下去的重要依据。如果项目完成情况较差，较难取得预期成果，那么项目会予以中止。如果项目取得的成果较为丰厚，有较大突破，超期获得申报书中的预期成果，那么可能会追加经费予以支持。一般来说，中期检查的方式有通讯检查、会议检查等。

（一）高校辅导员理论研究项目中期检查的方式

1.通讯检查

通讯检查就是课题承担者把中期检查报告和相关材料寄送给课题管理部门，由课题管理部门组织专家对其进行评审，以评定课题研究进展情况的课题检查方式。专家评审检查后，课题管理部门会给课题研究者以反馈，供其参考，或者对未通过中期检查的课题承担者采取必要的措施，比如提出警告、限期整改、限拨剩余经费等。

由于课题研究者、课题管理部门和专家不必碰面，可以在各自的时空范围内工作，所以这种检查方式比较方便，其不足是三方当事人不能面对面交流，缺乏深入沟通。

2.会议检查

会议检查是通过组织会议的方式对课题实施情况做出评价的课题检查方式。

会议检查时，一般是课题承担者、课题管理部门人员、评审专家三方一起参加。检查会议可以由课题承担者召开，邀请课题管理部门、评审专家参加，也可以由课题管理部门召开，请课题承担者和评审专家参加。会议检查时，需要课题承担者向课题管理者和评审专家汇报课题研究实施的情况，然后由他们根据汇报和交流情况做出定性评价。会议检查是比较常用的中期检查方式，也是比较正式的中期检查方式。因为课题承担者要亲自面对课题管理者和评审专家，所以他们也会更加重视中期检查。会议检查的好处是可以使课题承担者、管理者和评审专家面对面地深入交流，不足是在协调工作上存在一定难度。

比较全面的中期检查会综合利用上述两种检查方式，最后做出定性评价。也就是说，既需要阅读中期检查报告和材料，也需要现场检查，还需要进行会议检查。多方式检查的

好处是通过多方面的了解，往往可以比较深入地把握课题实施的情况，从而做出准确的评断；不足是比较费时费力，成本较高。

（二）高校辅导员理论研究项目中期检查的作用

1. 对课题研究加以督促

中期检查是对课题研究的一种督促。为了迎接中期检查，课题研究者要按照原定的研究计划，抓紧时间进行课题研究，并且保障课题研究的质量。部分研究者申报课题时很积极，课题申请下来，要做课题了，却很松懈。中期检查可以使课题研究者有一种紧迫感。

2. 对存在问题做出诊断

中期检查可以发现课题研究中存在的一些问题，并对其做出诊断，判断是何种类型、何种性质的问题，进而探讨问题产生的原因，从而对症下药，促成课题研究的改进。

3. 对后续研究予以指导

中期检查对已立项的研究课题起指导和协调作用。它针对研究进展情况，给予必要的指导、帮助，提供咨询服务，分析课题是否能继续进行。中期检查中，检查人员一般会在诊断和整体把握的基础上对课题研究给出一些建设性意见，从而指导课题研究的后续实施。中期检查的指导，可以防止课题研究方向的偏失，使课题研究在正确的方向和道路上顺利实施。

4. 促进研究者进行反思

从研究者的角度来看，通过准备中期检查，可以总结课题研究的阶段性经验、成果，反思课题研究存在的问题、不足，进而思考今后改进的方向、措施。这是促进研究者科研水平提高的过程，又是保障课题质量持续提升的手段。因此，实施中期检查具有其必要性。

二、高校辅导员理论研究项目结题报告的撰写要求

辅导员理论科研项目的结题是课题研究的最后环节，是课题研究的全过程缩影，是实践实验研究结果的文字总结，是针对研究的主题进行调查研究、实践、论证后得出的新的教育观点、思想、方法、理论。撰写结题报告的目的是科学地总结自己的研究工作，用书面形式反映实践研究的成果，向教育界和社会提供借鉴，丰富教育理论，推动教育实践工作，有利于学术交流，互相借鉴。结题，意味着对研究全过程的回望与升华，同时也意味着课题研究的新开始。

结题报告也叫研究报告，是一项课题研究结束，研究者客观地、概括地介绍研究过程，总结解释研究成果，向有关部门申请结题验收的文章。本书从以下几个方面介绍如何撰写结题报告。

（一）高校辅导员理论研究项目结题报告的基本格式

结题报告是一种专门用于科研课题结题验收的实用性报告类文体，也叫研究报告。它是研究者在课题研究结束后对科研课题研究过程和研究成果进行的客观、全面、实事求是

的描述,是课题研究所有材料中最主要的材料,也是科研课题结题验收的主要依据。

一篇规范、合格的结题报告,需要回答好 3 个问题:一是"为什么要选择这项课题进行研究",二是"这项课题是怎样进行研究的",三是"课题研究取得了哪些研究成果"。

结题报告的结构大致包括以下部分:

第一个问题:"为什么要选择这项课题进行研究"。

课题提出的背景;课题研究的意义(包括理论意义和现实意义,这个部分也可以合并归入"课题提出的背景"部分)。

第二个问题:"这项课题是怎样进行研究的"。

文献综述;课题研究的理论依据;课题研究的目标;课题研究的主要内容;课题研究的对象;课题研究的方法;课题研究的主要过程(研究的步骤)。

第三个问题:"课题研究取得哪些研究成果"。

课题研究成果;结论;课题研究存在的主要问题及今后的设想;参考文献;附录。

(二)高校辅导员理论研究项目结题报告的总体要求

1. 紧扣题目中的关键词语

围绕科研课题题目,尤其是紧扣题目中的关键词语,是写好一篇结题报告的基本要求,如果能切实做到紧扣题目,紧扣关键词语,在撰写时就不会出现大的偏差。

2. 结构完整

要按照各部分的基本结构要求来撰写结题报告,做到结构完整。有些结题报告存在结构性缺失,有的缺失一两项,有的缺失多项,有的自定结构,自设小标题,这些都是不符合规范要求的。结题报告的撰写格式不同于论文的撰写格式,要注意不要仿照论文格式来撰写。结题报告也不同于经验总结,不要以经验总结的格式要求来撰写。

3. 语言文字表达规范

结题报告运用的语言应是陈述性的、报告性的,文字应当简洁流畅,不用第一人称写。一要注意不要使用经验总结式的语言;二要准确表达,切忌答非所问;三要简练,文字切忌累赘、重复。

(三)高校辅导员理论研究项目结题报告各部分撰写的基本要求

1. 报告标题

格式要求:采用"课题名称+结题报告"的形式。标题使用二号宋体加粗,居中显示。名称统一规范为"××××"课题结题报告。

2. 作者署名

位置:署在标题下方。

格式要求:三号楷体,居中显示。具体内容为"单位+姓名(负责人或负责人和撰写人)"。

3. 标题层级规范

一级标题:三号宋体加粗,用"一、二、三"标示。

二级标题：四号黑体，用"（一）（二）（三）"标示。

三级标题：四号宋体加粗，用"1．2．3．"标示。

4. 内容框架

（1）课题提出的背景（或者问题的提出）。

这个部分的内容要求讲清选择这项课题进行研究的原因、理由，回答好"为什么要选择这项课题进行研究"这个问题。撰写时要从背景、现状、基础三个方面去回答"为什么要选择这项课题进行研究"，最好是用两三段简洁的文字讲清选择这项课题进行研究的原因、理由，当然还必须考虑到教育形势的发展和观念、方法、理念、手段的更新。

（2）课题研究的意义。

课题研究的意义包括理论意义和现实意义，主要阐述本课题研究的重要性和必要性，以及可能性等方面。这个部分既可以单独作为一个部分来陈述，也可以归入"课题提出的背景"来陈述，无须单独列出为一部分。这样处理的好处在于能更充分地回答"为什么要选择这项课题进行研究"这个问题。

（3）文献综述。

通过学习、查阅文献，总结、概括、陈述目前在全国范围内，本课题研究内容的基本状况，主要的成果为观点、策略、模式、方法、途径等，并对已有的研究进行简要评述，寻找研究的空白之处，提炼自己课题的可能创新点。这一部分不能只简单罗列出所查文献的数量、目录。

（4）课题研究的理论依据。

课题研究的理论依据是进行课题研究的理论指导。课题研究需要在一定的理论指导下来进行。这部分的陈述要求理论依据具体，围绕课题研究的需要，有针对性地列出课题研究所依据的若干个具体的理论观点或若干项具体的政策，所依据的理论要具有科学性和先进性，所选择的政策要具有时代性。在陈述理论依据时，切忌将某一专家、学者的整篇著作或某一个文件、某位领导人的讲话全文当作理论依据。当然，并不是每一个课题都必须列出理论依据，有关课题是否需要理论依据可以由课题的理论要求决定。

（5）核心概念的界定。

一般来说，我们经常把课题名称中的特指的、专有的概念，还有最为关键性的词语，以及一般人理解得不是很清楚的词组作为课题的核心概念。

核心概念的界定即对课题名称中一些重要词语的内涵，课题研究涉及的范围等作简单阐述。在课题的研究中，只有把握了核心概念，才能保证研究方向明确，以及研究的目标和内容具有科学性。

（6）课题研究的目标。

课题研究的目标体现的是课题研究的方向。这个部分的陈述，要注意以下两个问题：

一是课题研究的目标一定要具体、实在、可实现，要扣紧课题题目。二是结题报告结构要有内在联系。也就是说，本课题所确定的研究目标，最终必须落实到研究成果中去。看一个课题的研究合格不合格，能不能通过验收，就看在研究成果中，所取得的成果是不是达到了预期的研究目标。在陈述所取得的研究成果时，一定不能忽略研究目标与研究成果的内在联系。否则，会令人感到这个课题研究并不成功。

（7）课题研究的主要内容。

课题研究的主要内容陈述的是课题研究的范畴，课题研究的着力点。对研究主要内容的表述应当紧扣研究目标，简明扼要，准确中肯。课题研究的主要内容与课题研究成果有着密切的内在联系，课题研究的主要内容的研究结果必须在研究成果中予以体现。

（8）课题研究的对象。

课题研究的对象是指本课题研究所涉及的因变量发生客体，即研究行为所针对的目标和对象，要界定清楚。

（9）课题研究的方法。

课题研究的方法，指的是该项课题在研究时所采用的科研方法。一项课题的研究，往往要采用多种科研方法。比如，采用实验法，同时也可能采用问卷法、调查法、统计法、行动研究法等。但要以一种研究方法为主，以其他研究方法为辅。这部分的陈述，一般要讲清楚为什么用这个方法，在哪些阶段哪些方面用这个方法，怎么用这个方法，要达到什么样的目的等，而不是对这个研究方法做名词解释。

（10）课题研究的主要过程（或研究步骤）。

课题研究的主要过程部分，需要认真总结归纳，通过回顾、归纳、提炼，具体陈述课题研究的主要过程，即陈述采取哪些措施、策略，或基本的做法来开展研究。

（11）课题研究成果（成果概述）。

课题研究成果这个部分是整篇结题报告中最为重要的部分。一个结题报告写得好不好，是否能全面、准确地反映课题研究的基本情况，使课题研究成果具有推广价值和借鉴价值，就看这部分的具体内容写得如何。一般说来，这部分的文字内容所占的篇幅，要占整篇结题报告的一半左右。

（12）研究结论。

课题报告的研究结论部分是作者经过反复研究后形成的总体论点，它是整篇报告的归宿。其应总结全文，深化主题，揭示规律，而不是对正文部分内容的简单重复，更不是谈几点体会，喊几个口号。写研究结论必须十分谨慎，措辞严谨，逻辑严密，文字简明，结论具体，不能模棱两可，含糊其词。当然，研究结论有时候也可以与研究成果融合起来写，不必单独成为一部分内容。

（13）课题研究存在的主要问题及今后的设想。

这个部分内容陈述要求比较简单，但要求所找的主要问题准确、中肯。今后的设想，主要包括准备如何开展后续研究，或者如何开展推广性研究等。

（14）参考文献引用（注释）。

注释，即引用别人成果的，要注出谁的文章、哪一年、哪一篇文章、第几页。参考文献则附在后面，参考文献需要按照规范的格式列出。附录不便列入正文的原始材料等，如调查问卷、一些统计过的数据、一些典型的案例、获奖情况、一些照片等材料。这部分内容需要精简，不能一股脑儿什么东西都往这里塞，这样会淡化结题报告的关键内容，反而会起到相反的效果。

○ **范例**

参考文献

[1]李学仁.坚持依法治疆团结稳疆长期建疆 团结各族人民建设社会主义新疆[N].人民日报,2014-05-30(1).

[2]孙琳.大学生中华民族共同体意识探究:内涵要素、建构过程与培育路径[J].思想政治教育研究,2021,37(2):115-119.

[3]周俊利.铸牢民族高校大学生中华民族共同体意识:基于文化纽带视角[J].民族学刊,2021,12(2):9-16,93.

[4]郭颖,余梓东.大学生中华民族共同体意识培育研究[J].学校党建与思想教育,2020(22):68-70.

[5]范春婷,王华敏.在"纲要"课中铸牢大学生中华民族共同体意识的逻辑理路[J].学校党建与思想教育,2020(11):65-68.

[6]孙琳.以情感认同铸牢大学生中华民族共同体意识:依据、机理与路径[J].思想教育研究,2021(2):147-151.

[7]赵继伟,杨胜才.大学生中华民族共同体意识培育的基本原则:基于中南民族共同体意识培育的基本原则[N].中国民族报,2017-03-17(6).

[8]王新刚.新时代大学生的中华民族共同体意识培育探析[J].中国高等教育,2019(21):28-30.

[9]郭锦鹏.铸牢少数民族大学生中华民族共同体意识路径研究:以全球化时代为视域[J].黑龙江民族丛刊,2019(5):14-19.

[10]郭锦鹏.新时代铸牢大学生中华民族共同体意识研究[J].黑龙江民族丛刊,2021(1):8-15.

[11]彭尚源.少数民族大学生的中华民族共同体意识培育途径研究[J].民族学刊,2020,11(1):8-13.

[12]张建春,蒋平,张志巧.中华民族共同体意识的历史形成及其多维建构[J].四川省社会主义学院学报,2019(3):60.

[13]杨鹍飞.中华民族共同体认同的理论和实践[J].新疆师范大学学报(哲学社会科学版),2016(1):83-94.

[14]斐迪南.共同体与社会[M].林荣远,译.北京:商务印书馆,2018.

[15]安东尼.民族认同[M].王娟,译.南京:译林出版社,2017.

[16]斯大林.马克思主义和民族问题[M].北京:外文书籍出版局,1950.

(四)高校辅导员理论研究项目结题报告撰写的注意事项

1.重点应放在介绍研究方法、研究过程和研究结果等方面

课题报告的价值是以方法的科学性和可靠性为条件的,而这两者又有内在的联系,因为只有研究方法是科学的,才能保证研究结果是可靠的。专家评委阅读或审查结题报告,

主要关心的是如何开展研究，在研究中发现了什么问题，这些问题解决了没有，是如何解决的，研究结果在现阶段达到什么程度，还有什么问题需要继续解决等。因此，撰写时应着重介绍研究方法、过程和结果这三部分，清晰阐述研究方法，以保障结果的可信度。

2. 理论观点的阐述要与材料相结合

在结题报告中怎样使自己的观点得到有力的论证，是应该关心的重要问题。论点的证实除了必须依靠逻辑的力量外，还需要依靠科学事实的支撑，做到论点与事实相结合。结题报告一定要有具体材料，尊重事实，从事实中列出观点。首先在论述过程中要处理好论点与事实的关系，研究者首先应选好事实。除了要注意事实的典型性、科学性以外，还要善于用正反两方面的事实来说明问题，揭示普遍规律。其次是恰当地配置事实，用事实论证，主要是用来帮助人们理解不熟悉的论点。

3. 分析讨论要实事求是，不夸大、不缩小

在下结论时要注意前提和条件，不要绝对化，也不要以偏概全，把局部经验说成是普遍规律。课题研究的组织管理、成员、各子课题研究、学校及经费的支出使用等可放在课题研究工作报告中，不用写在课题结题报告中。

（五）结项需要准备的材料

项目结项需要准备的材料包括：
①课题实施方案（或课题申报立项书）。
②课题开题报告。
③课题研究报告。
④反映课题研究过程的相关资料（中期报告、文本资料、影像资料等）。
⑤反映课题研究成果的支撑材料（课题研究论文汇编、发表的论文、调查报告、教学设计、个案分析、课件、录像课、获奖证书等）。
结题需要哪些材料，每个地方的课题管理部门要求不一样，需要根据课题管理部门的要求进行准备。

> ○ **范例**
>
> 某市课题结题时应提交的材料
>
> **一、文件性资料**
>
> 1. 立项申报书（原件和复印件各一份）
> 2. 课题立项通知书（原件和复印件各一份）
> 3. 开题报告（一份）（附活动照片）
> 4. 课题设计方案、计划（一份）（就是课题确定之后，研究人员在正式开展研究之前制订的整个课题研究的工作计划，它初步规定了课题研究各方面的具体内容和步骤。也称研究方案，研究方案对整个研究工作的顺利开展起着关键的作用，尤其是对于我们科

研经验较少的人来讲，一个好的方案，可以使我们避免无从下手，保证整个研究工作有条不紊地进行。)

5. 各阶段性总结报告(各一份)(比如分阶段的或中期的)(附活动照片)

6. 课题研究工作报告(一式三份)

7. 课题研究结题总报告(一式三份)

注：课题研究工作报告和课题研究结题总报告可以合并为一个报告，即课题结题报告。

二、过程性资料

1. 文字资料

(1)各种问卷调查表，整理、分析资料[也就是说我们不能光把原始调查资料装订整理，而应附有开展调查的计划与调查报告(调查结果、调查分析、制订下一阶段的研究措施与计划等内容)]。

(2)课题实验的阶段性成果(典型案例、随笔、阶段性经验总结，教师参加课题研究培训活动的材料等文字资料)。

(3)研究过程大事记录表(理论学习材料及学习笔记、反思；研讨会议记录；研讨公开课教师签到表；开题、中期、后期每个成员的学习总结及反思；专家指导的材料及反思等)。

2. 音像资料(如录像带、录音带、光盘等)

(1)各类观摩课、研讨课等(每堂观摩课、研讨课上课教师的教案或教学设计、上课教师的教后反思、课题组成员的反思、课题组成员针对性的研究成果，并附活动照片，装订成册)。

(2)与课题相关的各类软件。

(3)与课题相关的各种活动记录(研讨活动记录表、理论学习的材料等，并附照片)。

三、成果性资料

(1)论文、论著(每个成员的论文或论著装订成本)。

(2)各种与课题相关的获奖证书。

(3)课题的隐性和显性成果(即课题研究效果和形成的教育理论)。

论文、论著与证书是研究成果的体现，是课题能否结题的必备的条件。

四、其他资料

体现自己课题研究特色的资料。

同一类材料装入档案盒后，要在档案盒正面标注研究课题名称、单位及日期，侧面要贴好分类标签，提交材料整理的规范有序能展示出研究工作是按部就班、有条不紊、按研究方案进行的，能充分说明研究过程的真实可靠性，而且便于鉴定组的检查审阅，能为研究工作顺利结题奠定良好的基础。

第四节　高校辅导员可申报的理论研究项目详细信息

编著组将辅导员理论研究项目申报的信息分成了各省份和全国可申报的各类理论研究项目，其中各省份可申报的理论研究项目共计90类，全国可申报的理论研究项目42类，但鉴于编辑组精力有限，难免有漏掉一些申报信息，还望各位读者包涵与补充。

各省份可申报的理论研究项目按各地区进行分解后，截至2024年12月，整理归纳了华东地区25类、华南地区12类、华北地区13类、西南地区12类、华中地区12类、西北地区8类、东北地区8类，共计90类，具体信息包含课题级别和课题名称等。

一、华东地区各省(区、市)可申报的高校辅导员理论研究项目信息

华东地区7个省(区、市)理论研究项目申报信息共计25类，其中山东省3类、江西省5类、福建省2类、安徽省4类、浙江省5类、江苏省4类、上海市2类，具体如表2-7所示。

表2-7　高校辅导员华东地区可申报的理论研究项目信息表

序号	课题名称	课题级别	序号	课题名称	课题级别
1	山东省社会科学规划研究专项	市厅级	9	福建省社会科学基金项目	省部级
2	山东省教育科学研究项目	市厅级	10	福建省教育科学"十四五"规划课题	市厅级
3	山东大学生思政教育理论和实践研究课题	市厅级	11	安徽省哲学社会科学规划项目	省部级
4	江西省社会科学"十四五"基金项目	省部级	12	安徽省教育科学研究项目	市厅级
5	江西省教育科学"十四五"规划课题(高校系列)	市厅级	13	安徽省社会科学创新发展研究课题	市厅级
6	江西社科基金科普课题和省社科普及创新项目	市厅级	14	安徽省马鞍山市教育科学研究课题	市厅级
7	江西省高校人文社会科学研究项目	市厅级	15	浙江省哲学社会科学规划课题	市厅级
8	江西社科高校思想政治理论课研究专项	市厅级	16	浙江省教育科学规划课题	市厅级

续表2-7

序号	课题名称	课题级别	序号	课题名称	课题级别
17	浙江省社科联研究课题	市厅级	22	江苏省社科联重大应用课题研究	省部级
18	浙江省教育厅大学生思想政治教育专项课题	市厅级	23	江苏省青少年科技教育协会项目	各协会
19	浙江省哲学社会科学规划"高校思想政治工作研究"专项课题	市厅级	24	上海市哲学社会科学规划课题	市厅级
20	江苏省教育科学规划课题	市厅级	25	上海市教育科学研究项目	市厅级
21	江苏省教育科学"十四五"规划课题	市厅级			

二、华南地区各省(区、市)可申报的高校辅导员理论研究项目信息

华南地区3个省(区、市)理论研究项目申报信息共计12类,其中广东省5类、海南省3类、广西壮族自治区4类,具体如表2-8所示。

表 2-8   高校辅导员华南地区可申报的理论研究项目信息表

序号	课题名称	课题级别	序号	课题名称	课题级别
1	广东省哲学社会科学"十四五"规划年度常规项目	市厅级	7	海南省哲学社会科学规划课题	市厅级
2	广东省教育科学规划课题(德育专项)	市厅级	8	海南省教育科学规划课题	市厅级
3	广东省高等教育学会"十四五"规划高等教育研究课题	市厅级	9	广西哲学社会科学规划研究课题	市厅级
4	广东教育学会教育科研规划小课题	市厅级	10	广西教育科学"十四五"规划课题	市厅级
5	广东省教育厅高校思想政治教育课题	市厅级	11	广西社科界智库重点课题(一般项目)	市厅级
6	海南省哲学社会科学规划课题(思政专项)	市厅级	12	广西教育科学规划职业教育重大课题	市厅级

三、华北地区各省(区、市)可申报的高校辅导员理论研究项目信息

华北地区5个省(区、市)理论研究项目申报信息共计13类,其中北京市4类、天津市1类、河北省2类、山西省3类、内蒙古自治区3类,具体如表2-9所示。

表 2-9　高校辅导员华北地区可申报的理论研究项目信息表

序号	课题名称	课题级别	序号	课题名称	课题级别
1	北京市社会科学基金项目	省部级	8	山西省哲学社会科学规划课题	市厅级
2	北京市教育科学"十四五"规划课题	市厅级	9	山西省社科联课题	市厅级
3	北京市高等教育学会课题	各协会	10	山西省教育科学"十四五"规划课题	市厅级
4	北京高校思想政治工作研究课题	市厅级	11	内蒙古自治区社会科学基金年度项目	省部级
5	天津市教育科学规划课题	市厅级	12	内蒙古自治区教育科学"十四五"规划课题	市厅级
6	河北省社会科学基金项目	省部级	13	内蒙古自治区教育科学规划课题	市厅级
7	河北省教育科学"十四五"规划课题	市厅级			

四、西南地区各省(区、市)可申报的高校辅导员理论研究项目信息

西南地区 5 个省(区、市)理论研究项目申报信息共计 12 类,其中重庆市 3 类、四川省 4 类、贵州省 2 类、云南省 2 类、西藏自治区 1 类,具体如表 2-10 所示。

表 2-10　高校辅导员西南地区可申报的理论研究项目信息表

序号	课题名称	课题级别	序号	课题名称	课题级别
1	重庆市社会科学规划项目	市厅级	7	四川省思想政治教育研究课题(高校辅导员专项)	市厅级
2	重庆市教育科学"十四五"规划立项课题	市厅级	8	贵州省哲学社会科学规划课题	市厅级
3	重庆市高等教育学会高等教育科学研究课题	各协会	9	贵州省教育科学规划课题	市厅级
4	四川省哲学社会科学基金项目	省部级	10	云南省哲学社会科学规划项目(研究基地项目)	市厅级
5	四川省教育科学规划课题	市厅级	11	云南省教育科学规划项目	市厅级
6	四川省高校思想政治理论课教师研究专项一般项目	市厅级	12	西藏自治区教育科学研究课题	市厅级

五、华中地区各省(区、市)可申报的高校辅导员理论研究项目信息

华中地区3个省(区、市)理论研究项目申报信息共计12类,其中湖北省2类、河南省4类、湖南省6类,具体如表2-11所示。

表2-11　高校辅导员华中地区可申报的理论研究项目信息表

序号	课题名称	课题级别	序号	课题名称	课题级别
1	湖北省社科基金一般项目(后期资助项目)	省部级	7	湖南省社会科学基金项目	省部级
2	湖北省教育科学规划课题	市厅级	8	湖南省社科基金项目高校思想政治工作研究专项	省部级
3	河南省哲学社会科学规划项目	市厅级	9	湖南省高校思想政治工作重大攻关项目	省部级
4	河南省教育科学规划一般课题	市厅级	10	湖南省高校思想政治工作研究项目	市厅级
5	河南省教育科学规划重大课题、重点课题	市厅级	11	湖南省教育科学"十四五"规划课题	市厅级
6	河南省社会科学规划专题项目	市厅级	12	湖南省社会科学成果评审委员会课题	市厅级

六、西北地区各省(区、市)可申报的高校辅导员理论研究项目信息

西北地区5个省(区、市)理论研究项目申报信息共计8类,其中陕西省3类、宁夏回族自治区1类、甘肃省3类,青海省1类,新疆维吾尔自治区暂未检索到具体信息,具体如表2-12所示。

表2-12　高校辅导员西北地区可申报的理论研究项目信息表

序号	课题名称	课题级别	序号	课题名称	课题级别
1	陕西省社会科学基金年度项目	省部级	5	甘肃省人文社会科学项目专项课题	市厅级
2	陕西高校网络思想政治工作研究课题与实践项目	市厅级	6	甘肃省教育科学"十四五"规划课题	市厅级
3	陕西省教育科学"十四五"规划课题	市厅级	7	甘肃省教育领域党的建设研究课题	市厅级
4	宁夏哲学社会科学(教育学)规划项目	市厅级	8	青海省教育科学规划年度课题	市厅级

七、东北地区各省(区、市)可申报的高校辅导员理论研究项目信息

东北地区3个省(区、市)理论研究项目申报信息共计8类,其中黑龙江省2类、吉林省3类,辽宁省3类,具体如表2-13所示。

表2-13　高校辅导员东北地区可申报的理论研究项目信息表

序号	课题名称	课题级别	序号	课题名称	课题级别
1	黑龙江省哲学社会科学研究规划项目	市厅级	5	吉林省高校网络思想政治工作研究课题	市厅级
2	黑龙江省教育科学研究"十四五"规划课题申报	市厅级	6	辽宁省社会科学规划基金项目	省部级
3	吉林省社会科学基金年度项目	省部级	7	辽宁省教育科学"十四五"规划立项课题	市厅级
4	吉林省教育科学规划课题	市厅级	8	辽宁省经济社会发展研究课题及合作课题	市厅级

八、全国可申报的高校辅导员理论研究项目信息

全国可申报的高校辅导员理论研究项目信息包含课题名称及课题级别,具体如表2-14所示。

表2-14　高校辅导员全国可报的理论研究项目信息表

序号	课题名称	课题级别	序号	课题名称	课题级别
1	国家社会科学基金项目	国家级	9	全国教育科学规划课题	省部级
2	国家社科基金教育学专项项目	国家级	10	国家民委民族研究项目公开招标课题	省部级
3	国家社科基金高校思想政治理论课研究专项课题	国家级	11	教育部高校思想政治工作队伍培训研修中心(北京师范大学)课题	研修中心
4	国家社科基金教育学重大项目	国家级	12	中国青少年研究会研究课题	协会研究会
5	教育部人文社会科学研究专项任务项目(高校辅导员研究)	省部级	13	共青团实践育人工作课题	协会研究会
6	教育部高校思想政治理论课教师研究专项一般项目	省部级	14	中国高等教育学会高等教育科学研究规划课题	协会研究会
7	教育部人文社会科学研究一般项目	省部级	15	中国高等教育学会辅导员工作研究分会年度专项课题	协会研究会
8	共青团中央"青少年发展研究"课题	省部级	16	中国青少年研究会年度课题	协会研究会

续表2-14

序号	课题名称	课题级别	序号	课题名称	课题级别
17	团中央青年部共青团实践育人工作课题	协会研究会	30	教育部高校思想政治工作队伍培训研修中心（云南民族大学）思想政治工作队伍专项开放课题研究项目	研修中心
18	高校思想政治工作队伍培训研修中心（北京师范大学）开放课题	研修中心	31	教育部高校思想政治工作队伍培训研修中心（西安交通大学）专项研究课题	研修中心
19	高校思想政治工作队伍培训研修中心（河北师范大学）专项课题	研修中心	32	教育部高校思想政治工作队伍培训研修中心（陕西师范大学）开放课题	研修中心
20	高校思想政治工作队伍培训研修中心（华东师范大学）开放课题	研修中心	33	高校思想政治工作队伍培训研修中心（广西师范大学）专项课题	研修中心
21	高校思想政治工作队伍培训研修中心（华东政法大学）开放课题	研修中心	34	高校思想政治工作创新发展中心（北京师范大学）教师思政方向开放课题	创新发展中心
22	高校思想政治工作队伍培训研修中心（南京师范大学）课题	研修中心	35	高校思想政治工作创新发展中心（华中师范大学）高校基层党建专项课题	创新发展中心
23	高校思想政治工作队伍培训研修中心（扬州大学）开放课题	研修中心	36	高校思想政治工作创新发展中心（上海交通大学）新媒体专项课题	创新发展中心
24	高校思想政治工作队伍培训研修中心（福建师范大学）课题	研修中心	37	高校思想政治工作创新发展中心（南京工业职业技术大学）专项课题	创新发展中心
25	高校思想政治工作队伍培训研修中心（江西师范大学）研究项目	研修中心	38	高校思想政治工作创新发展中心（陕西工业职业技术学院）重大专项研究课题	创新发展中心
26	高校思想政治工作队伍培训研修中心（郑州大学）专项开放课题	研修中心	39	高校思想政治工作创新发展中心（上海建桥学院）专项研究课题	创新发展中心
27	高校思想政治工作队伍培训研修中心（湖南师范大学）开放课题	研修中心	40	高校思想政治工作创新发展中心（武汉东湖学院）专项研究课题	创新发展中心
28	高校思想政治工作队伍培训研修中心（华南师范大学）开放课题	研修中心	41	高校思想政治工作创新发展中心（浙江树人学院）专项课题	创新发展中心
29	教育部高校思想政治工作队伍培训研修中心（西南交通大学）开放课题	研修中心	42	高校思想政治工作创新发展中心（辽宁财贸学院）专项研究课题	创新发展中心

第 三 章

高校辅导员实践研究
项目的解析与申报

第一节　高校辅导员实践研究项目概述

辅导员要孵化实践研究项目并成功获得立项，首先得弄清何为高校辅导员实践研究项目，以及其有哪些类型？全国层面和各省(区、市)可以申报的高校辅导员实践研究项目有哪些？进行高校辅导员实践研究项目的意义是什么？这是本节探讨的主要内容。

一、高校辅导员实践研究项目的内涵及意义

辅导员经常要处理各项事务性工作，甚至是会接到紧急危机突发事件的连环电话，或者长期对与辅导员工作职责相关的某个思想政治教育领域进行实践，使得辅导员经常需要沉浸在处理学生各项"实践型"事务性工作中。辅导员对从事的这些"实践型"事务性工作进行系统的分析处理、归纳总结、培育改进，进而进行深入研究和经验推广，最后不断指导实践的循环过程，就是辅导员的实践研究项目过程。综合起来，辅导员实践研究项目是一种以辅导员工作为研究对象，通过理论与实践相结合的方法，探索辅导员在思想政治教育、学生管理与服务中的能力提升路径、工作方法创新以及机制优化，旨在解决实际问题、提高工作实效，并为高校学生教育管理提供理论支持与实践指导的综合性研究活动。

辅导员的实践研究项目意义主要体现在以下两个方面：一是推动实践与理论的双向发展。辅导员实践研究项目始于实践，又服务于实践。通过在实际工作中发现问题、开展研究，形成具有可推广、可借鉴意义的实践研究成果。这些成果不仅能够为辅导员的事务性工作提供高效的方法和理论支持，还能在实践中不断优化和完善，形成规律性、可复制的成功经验。二是促进经验交流与资源共享。辅导员实践研究项目的经验具有较强的示范性和辐射性，能够为其他辅导员提供参考和借鉴。通过项目实施，不同高校、不同地区的辅导员可以相互学习、交流经验，推动辅导员队伍整体专业化水平的提升。总之，辅导员的实践研究项目不仅有助于提升辅导员自身的工作能力和专业化水平，还能为高校思想政治教育和学生管理工作提供有力支持，推动高校学生工作的高质量发展。

二、国家级高校辅导员实践研究项目类型

究竟哪些实践型、事务性工作可能成为辅导员实践研究项目？辅导员的实践研究项目又有哪些类型呢？根据《教育部办公厅关于启动 2024 年度高校思想政治工作质量提升综合改革与精品建设项目申报工作的通知》(教思政厅函〔2023〕12 号)和《教育部办公厅关于启动 2025 年度高校思想政治工作质量提升综合改革与精品建设项目申报工作的通知》(教

思政厅函〔2024〕16号）可知，2024年的辅导员实践研究项目可分成12类，申报信息如下：

①高校思想政治工作精品项目。具体又包括理论武装精品项目、文化育人精品项目、心理育人精品项目、实践育人精品项目、网络育人精品项目、队伍建设精品项目6类。

②高校思想政治工作研究文库。

③高校原创文化精品。

④高校场馆育人作用开发。

⑤高校数字文物开发。

⑥高校学生心理健康教育指导典型案例。

⑦高校思想政治工作中青年骨干。

⑧高校网络教育名师。

⑨高校辅导员名师工作室。

⑩红色文化弘扬基地。

⑪学生综合素质训练基地。

⑫全国高校综合性教育实践体验基地。

2024年最终公示的高校思想政治工作质量提升综合改革与精品建设项目入选名单中，高校思想政治工作精品项目为99项，高校思想政治工作研究文库为21项，高校原创文化精品为20项，高校场馆育人作用开发为30项，高校数字文物开发为20项，高校学生心理健康教育指导典型案例为100项，高校思想政治工作中青年骨干为10项，高校网络教育名师为0项，高校辅导员名师工作室为80项，红色文化弘扬基地为20项，学生综合素质训练基地为20项，全国高校综合性教育实践体验基地为20项。

2025年将辅导员实践研究项目分成15类，分别如下：

①高校思想政治工作精品项目。具体又包括：理论武装精品项目；文化育人精品项目；心理育人精品项目；实践育人精品项目；网络育人精品项目；队伍建设精品项目；国家安全教育精品项目；育人共同体精品项目。

②高校思想政治工作研究文库。

③高校原创文化精品。

④高校场馆育人作用开发。

⑤高校数字文物开发。

⑥高校学生心理健康教育指导典型案例。

⑦新时代伟大变革融入高校思想政治教育典型案例。

⑧大中小学思想政治教育一体化建设工作典型案例。

⑨高校思想政治工作中青年骨干。

⑩高校网络教育名师。

⑪高校辅导员名师工作室。

⑫红色文化弘扬基地。

⑬学生综合素质训练基地。

⑭全国高校综合性教育实践体验基地。

⑮全国高校示范"一站式"学生社区。

三、省级高校辅导员实践研究项目类型

为了给全国不同省（区、市）辅导员提供本省份辅导员实践研究项目详细申报信息，笔者根据各省份教育厅官方网站以及各省份部分高校官网通知而整理（个别省份可能因没有相应的实践研究项目，故而选取了该省份部分高校的实践研究项目信息以供参考），最终整理了各省份精品项目、网络教育名师、辅导员名师工作室、思想政治工作中青年骨干等实践研究项目通知，共计 57 条申报信息，其中华东地区 14 条、华南地区 10 条、华北地区 4 条、西南地区 9 条、华中地区 9 条、西北地区 5 条、东北地区 6 条，并列出课题名称以及课题申报通知的发布时间（一般以 2021—2023 年作为参考，部分信息检索不到的仅有一年申报通知发布时间），以便读者参考并使用，当然收集的信息也可能存在不完整的情况，具体如下：

（一）华东地区可申报的高校辅导员省级实践研究项目信息

华东地区 7 个省（区、市）可申报的高校辅导员省级实践研究项目信息共计 14 条，其中山东省 3 条、江西省 3 条、福建省 1 条、安徽省 1 条、浙江省 3 条、江苏省 3 条，具体如表 3-1 所示。

表 3-1　华东地区可申报的高校辅导员省级实践研究项目信息表

项目类别	项目名称	通知发布时间
山东省		
精品项目	辅导员精品项目培育建设工作（以山东建筑大学申报信息为例）	2023-03-21
网络教育名师	网络名师培育支持计划（以中国石油大学申报信息为例）	2022-10-17
辅导员名师工作室	辅导员工作室（以青岛科技大学申报信息为例）	2023-10-09 2022-09-08
江西省		
精品项目	2023 年思想政治工作精品项目（以江西交通职业技术学院申报信息为例）	2023-03-16
网络教育名师	2023 年度高校思想政治工作有关培育建设项目和高校网络教育名师培育支持计划（以江西经济管理干部学院申报信息为例）	2022-11-04
辅导员名师工作室	2022 年江西省教育系统名师工作室（以江西中医药大学申报信息为例）	2022-09-16 2021-05-19
福建省		
思想政治中青年骨干	2023 年度福建省高校中青年马克思主义理论学术骨干培育计划项目	2023-09-18

续表3-1

项目类别	项目名称	通知发布时间
安徽省		
辅导员名师工作室等4类	2023年高校"三全育人"综合改革和思想政治能力提升计划项目(以铜陵学院申报信息为例)	2023-04-30 2022-03-03
浙江省		
精品项目	2021年度辅导员工作精品项目(以衢州学院申报信息为例)	2021-10-15
思想政治工作中青年骨干	2021年度第四批高校思想政治工作中青年骨干队伍建设项目(以浙江树人学院申报信息为例)	2020-10-29
辅导员工作室	2022年第二批辅导员工作室(以湖州师范学院申报信息为例)	2022-09-19 2021-11-23
江苏省		
精品项目	2022年辅导员工作精品项目(以中国药科大学申报信息为例)	2022-03-04
辅导员名师工作室	辅导员工作室(以中国矿业大学申报信息为例)	2023-03-13 2018-05-25
网络教育名师	2023年度"高校网络教育名师培育支持计划"项目(以常熟理工学院申报信息为例)	2023-03-29 2022-06-08 2021-09-08

(二)华南地区可申报的高校辅导员省级实践研究项目信息

华南地区3个省(区、市)可申报的高校辅导员省级实践研究项目信息共计10条,其中广东省3条、广西壮族自治区3条、海南省4条,具体如表3-2所示。

表3-2　华南地区可申报的高校辅导员省级实践研究项目信息表

项目类别	项目名称	通知发布时间
广东省		
思想政治工作中青年骨干	2021—2022学年度中青年骨干辅导员项目(以广州应用科技学院申报信息为例)	2022-10-18
辅导员名师工作室	广东高校骨干辅导员工作室建设项目	2018-11-20
精品项目	广东省高校学生工作精品项目	2021-12-24
广西壮族自治区		
辅导员工作室	2023年辅导员工作室建设项目(以桂林医学院申报信息为例)	2023-01-08 2021-01-17

续表3-2

项目类别	项目名称	通知发布时间
思想政治 中青年骨干	"广西高校思想政治教育卓越教师"支持计划项目(以广西师范大学申报信息为例)	2022-09-21
网络教育名师	2021年度"高校网络教育名师培育支持计划"(以桂林学院申报信息为例)	2020-10-28
海南省		
精品项目	2022年学生工作精品项目(以海南医学院申报信息为例)	2022-04-12
网络教育名师	网络教育名师(以海南医学院申报信息为例)	2019-09-16
思想政治工作 中青年骨干	2020年"海南省高校思想政治工作中青年骨干队伍建设项目"	2020-08-24
精品项目等8类	思政工作、党建"双创"和"双带头人"教师党支部书记工作室建设有关培育建设项目(以海口经济学院申报信息为例)	2023-10-31

(三)华北地区可申报的高校辅导员省级实践研究项目信息

华北地区5个省(区、市)可申报的高校辅导员省级实践研究项目信息共计4条,其中北京市2条、天津市1条、河北省1条,具体如表3-3所示。

表3-3　华北地区可申报的高校辅导员省级实践研究项目信息表

项目类别	项目名称	通知发布时间
北京市		
网络教育名师	2022年度"高校网络教育名师培育支持计划"(以中央财经大学申报信息为例)	2021-09-06
辅导员名师 工作室	2023年"辅导员工作室"(以北方工业大学申报信息为例)	2023-04-10 2022-04-22
天津市		
精品项目	2024年高校思想政治工作精品项目(以天津传媒学院申报信息为例)	2023-06-25
河北省		
网络教育名师	网络教育名师培育支持计划(以河北工程大学申报信息为例)	2023-06-30 2022-03-30 2021-09-02

(四)西南地区可申报的高校辅导员省级实践研究项目信息

西南地区 5 个省(区、市)可申报的高校辅导员省级实践研究项目信息共计 9 条,其中重庆市 3 条、四川省 3 条、贵州省 2 条、云南省 1 条,具体如表 3-4 所示。

表 3-4　西南地区可申报的高校辅导员省级实践研究项目信息表

项目类别	项目名称	通知发布时间
重庆市		
精品项目	2023 年度辅导员工作精品项目(以西南政法大学申报信息为例)	2023-07-06 2022-07-06 2021-07-08
网络教育名师	高校网络教育名师培育支持计划(以重庆城市职业学院申报信息为例)	2021-09-07
辅导员名师工作室	高校辅导员名师工作室、辅导员工作室(以西南大学申报信息为例)	2023-01-19 2021-04-22
四川省		
精品项目	四川省高校思想政治工作精品项目(以四川文理学院申报信息为例)	2021-08-06 2020-06-17
网络教育名师	2022 年度"高校网络教育名师培育支持计划"(以四川职业技术学院申报信息为例)	2021-09-05
辅导员名师工作室	2022 年辅导员名师工作室(以成都大学申报信息为例)	2022-10-18 2021-11-22
贵州省		
网络教育名师	2021 年度"高校网络教育名师培育支持计划"(以贵州医科大学申报信息为例)	2021-08-12 2019-09-12
辅导员名师工作室	辅导员名师工作室(以贵州工商职业学院申报信息为例)	2023-12-15
云南省		
辅导员工作室	辅导员工作室(以昆明冶金高等专科学校申报信息为例)	2023-05-24

(五)华中地区可申报的高校辅导员省级实践研究项目信息

华中地区 3 个省(区、市)可申报的高校辅导员省级实践研究项目信息共计 9 条,其中湖北省 2 条、河南省 3 条、湖南省 4 条,具体如表 3-5 所示。

表 3-5　华中地区可申报的高校辅导员省级实践研究项目信息表

项目类别	项目名称	通知发布时间
湖北省		
精品项目	2023 年度学生工作精品项目（以武汉工程科技学院申报信息为例）	2023-03-02 2022-03-10
辅导员名师工作室	湖北名师工作室（以武汉音乐学院申报信息为例）	2022-10-24 2021-10-18
河南省		
精品项目	2023 年辅导员工作精品项目（以郑州大学申报信息为例）	2023-05-16 2022-05-06
网络教育名师	第二批河南省高校网络教育名师工作室	2023-02-10
辅导员名师工作室	河南省高校辅导员工作室	2023-04-10 2022-07-29
湖南省		
精品项目	思想政治工作质量提升综合改革与精品建设项目	2023-03-10 2022-04-12
思想政治工作中青年骨干	"芙蓉计划"——高校优秀思想政治工作者项目	2023-02-28
网络教育名师	第三批"湖南省高校网络教育名师培育支持计划"	2023-06-08
辅导员名师工作室	高校辅导员综合发展工作室	2023-03-30

（六）西北地区可申报的高校辅导员省级实践研究项目信息

西北地区 5 个省（区、市）可申报的高校辅导员省级实践研究项目信息共计 5 条，其中陕西省 3 条、宁夏回族自治区 1 条、甘肃省 1 条，具体如表 3-6 所示。

表 3-6　西北地区可申报的高校辅导员省级实践研究项目信息表

项目类别	项目名称	通知发布时间
陕西省		
精品项目	2023 年度陕西高校学生工作研究课题和精品项目	2023-04-07 2022-03-31
网络教育名师	2022 年度"高校网络教育名师培育支持计划"（以西北农林科技大学申报信息为例）	2021-09-03

续表3-6

项目类别	项目名称	通知发布时间
辅导员名师工作室	2023年辅导员工作室（以西安财经大学申报信息为例）	2023-11-24 2022-10-02
宁夏回族自治区		
精品项目	2022年思想政治工作精品项目（以宁夏大学申报信息为例）	2023-03-06 2022-03-04
甘肃省		
辅导员名师工作室	第二批甘肃省高校辅导员名师工作室（以西北师范大学申报信息为例）	2021-07-19

（七）东北地区可申报的高校辅导员省级实践研究项目信息

东北地区3个省（区、市）可申报的高校辅导员省级实践研究项目信息共计6条，其中黑龙江省1条、吉林省2条，辽宁省3条，具体如表3-7所示。

表3-7　东北地区可申报的高校辅导员省级实践研究项目信息表

项目类别	项目名称	通知发布时间
黑龙江省		
辅导员名师工作室	黑龙江省高校辅导员名师工作室建设项目	2020-04-14
吉林省		
辅导员名师工作室、精品项目	高校辅导员名师工作室培育单位和大学生日常教育管理精品项目	2023-11-02
高校网络教育名师	吉林省高校网络教育名师培育计划（以吉林财经大学申报信息为例）	2021-04-08
辽宁省		
精品项目	2020年辅导员工作精品项目（以辽宁对外经贸学院申报信息为例）	2020-03-05
网络教育名师	首批全省高校网络育人名师工作室建设暨高校网络教育名师培育项目（以沈阳理工大学申报信息为例）	2020-10-28
辅导员名师工作室	第三批辽宁省高校辅导员名师工作室评选建设项目	2023-10-30

第二节　高校思想政治工作精品项目解析与申报

高校思想政治工作精品项目近 3 年申报信息中，涵盖的具体小类数量及类别有一定差异，2023 年包含 10 个小类，2024 年包含 12 个小类，2025 年包含 15 个小类，鉴于时效性，以下具体解析 2024—2025 年的相关项目信息。

一、2024 年高校思想政治工作精品项目解析

根据 2024 年《高校思想政治工作质量提升综合改革与精品建设项目申报说明》可知：高校思想政治工作精品项目一般是指已实施 2 年以上，不仅注重实践、实干、实绩，而且具有鲜明的特色性、稳定的持续性、良好的实效性、较强的示范性的思想政治工作实践项目或品牌项目。参考陕西科技大学李萌老师的研究观点，只有具备"具有育人传统、建设了载体平台、构建了体制机制、开展了重点工作的标志性成果"这四个典型特征，才能够称为精品项目。

按照相关文件表述，设立高校思想政治工作精品项目的目的为：深入学习贯彻习近平新时代中国特色社会主义思想，全面落实教育部"立德树人工程"和"时代新人铸魂工程"部署要求，着力培养担当民族复兴大任的时代新人。着力推进高校思想政治工作质量提升工程有效实施，通过发挥"十大"育人体系(2024 年主要为理论武装、文化、心理、实践、网络、队伍建设)的育人功能，整合育人要素，完善育人体系，优化评价机制，强化实施保障，加快构建高校思想政治工作体系，探索形成具有可示范、可引领、可辐射、可推广、可持续意义的先进经验和典型做法，引领新时代高校思想政治工作实现系统设计、分步实施、重点突破和全面提升。

1. 理论武装精品项目

理论武装精品项目的主要要求为：以把道理讲深、讲透、讲活为目标引领，运用各种载体分群体深入开展习近平新时代中国特色社会主义思想学习研究宣传工作，推动领导干部、"两院"院士等专家学者、各方面英雄模范人物进校园开展思想政治教育讲座培训，打造示范课堂，教育引导学生深入把握好习近平新时代中国特色社会主义思想的世界观和方法论。

2. 文化育人精品项目

文化育人精品项目的主要要求为：以强化校园文化以文化人、以文育人为目标引领，深入开展社会主义核心价值观宣传教育，发挥开学典礼、毕业典礼、校史校训等的育人作

用，开展形式多样、健康向上、格调高雅的校园文化活动，打造校园文化特色资源库，形成较强的品牌效应和育人实效。深入开展马克思主义经典和中华优秀传统文化经典诵读活动，着力打造书香校园。大力创建文明校园，校风学风良好，在本地本校的文化传承创新、精神文明建设中发挥示范引领作用。

3. 心理育人精品项目

心理育人精品项目的主要要求为：以落实健康第一的教育理念为目标引领，在构建教育教学、实践活动、咨询服务、预防干预、平台保障"五位一体"的心理健康教育工作格局等方面取得创新性突破，形成体系化实施机制，纳入学校人才培养考核评价机制。面向全体学生开设高质量的心理健康教育必修课，制作心理科普微课，开展专题心理讲座，宣传教育活动特色鲜明、效果显著，规范构建心理咨询服务体系，定期开展测评筛查，危机预防干预工作机制健全有力，专兼结合工作队伍规模适当、素质良好，专项工作经费充足，办公场地和设备条件过硬，评价考核体系合理。

4. 实践育人精品项目

实践育人精品项目的主要要求为：立足知信行有机统一，推动学校小课堂和社会大课堂紧密联动、师生共同参与，全方位构建实践育人新范式。强化育人目标引领，坚持理论教育与实践养成相结合，在社会实践中深刻体悟国家在经济、社会、文化、科技、生态等方面的重大战略需求、战略部署，精准锚定人生发展方向。课内外一体设计，将优质实践资源有机纳入教学安排，确保社会实践的学时学分安排。深化定向结对互动，加强与部队、政府、企业、社区、乡村等校外有关单位结对子，建立常态化交流机制，强化社会实践联动。结合专业特色服务，将思政教育、专业教育和创新创业教育深度融合，推动不同类型的学生结合专业所学，提供特色服务，解决社会所需。强化成果绩效管理，完善社会实践成果考核、评价、认定体系建设。注重典型宣传推广，挖掘社会实践先进典型，提炼有特色的实践育人机制、思路、模式，探索社会主义建设者和接班人培养的实践路径。

5. 网络育人精品项目

网络育人精品项目的主要要求为：注重推动形成共建共享、互联互通、同向同行的高校网络育人格局，有效建立师生黏合度高、覆盖面广、社会影响较大的网络平台，积极参与和推动高校思想政治工作网、易班网和中国大学生在线全国共建。完善网络文化成果评价认证体系，将优秀网络文化成果纳入教师职称评聘和评奖评优体系。各类网络文化教育活动具有较强的时代感、创新性、实效性，能够有效提升师生网络文明素养，育人导向鲜明、品牌效应显著、运行模式健全、传播效果良好。推动高校思想政治工作数字化、智能化，实现大数据技术赋能"精准思政"。

6. 队伍建设精品项目

队伍建设精品项目的主要要求为：坚持把辅导员队伍建设作为教师队伍和管理队伍建设的重要内容，将其纳入学校党委常委会议题，着力保证辅导员工作有条件、干事有平台、待遇有保障、发展有空间，打造一支政治立场坚定、规模结构合理、素质能力过硬、育人水平高超的高校辅导员队伍。按照专职为主、专兼结合、数量充足、素质优良的原则，严格落实专职辅导员事业编制身份，制订专职辅导员选苗育苗专项培养方案，将专职辅导员选苗育苗人才储备纳入学校辅导员队伍建设整体规划；能够围绕政治能力、思维能力、实践能力等重点内容，聚焦辅导员主要工作职责，从学生思想引导、行为教导、学业辅导、心理疏导、就业指导等方面，提升辅导员核心素质能力；能够设立辅导员培训专项经费，结合本校学科特色与学生特点，分层组织开展贴合实际、务实管用的全覆盖培训，细化不同工作年限辅导员培训内容，实施分群体精准培训；能够针对辅导员不同发展阶段特征，结合不同岗位和不同职级实际，建立健全系统化、差异化、科学化的辅导员考评机制。

二、2025 年高校思想政治工作精品项目解析

根据 2025 年高校思想政治工作质量提升综合改革与精品建设项目申报说明，高校思想政治工作精品项目分为以下 8 类：

1. 理论武装精品项目

以把道理讲深、讲透、讲活为目标引领，运用各种载体分群体深入开展习近平新时代中国特色社会主义思想学习研究宣传工作，推动领导干部、"两院"院士等专家学者、国企骨干、退役军人、劳动模范等各方面英雄模范人物进校园开展思想政治教育讲座培训，打造示范课堂，深入开展中国共产党人精神谱系宣讲，做好党员基本培训。探索师生理论武装常态化机制，教育引导广大师生把握好习近平新时代中国特色社会主义思想的世界观和方法论，坚持好、运用好贯穿其中的立场观点方法。

2. 文化育人精品项目

以强化校园文化、以文化人、以文育人为目标引领，加强对学校校园文化各板块、各方面的整体性规划，充分挖掘校园红色资源，充分运用中华优秀传统文化、革命文化、社会主义先进文化和新时代伟大成就的育人功能，深入开展社会主义核心价值观宣传教育，发挥开学典礼、毕业典礼、校史校训等的育人作用，开展形式多样、健康向上、格调高雅的校园文化活动，打造校园文化特色资源库，形成较强的品牌效应和育人实效。深入开展马克思主义经典和中华优秀传统文化经典诵读活动，着力打造书香校园。大力创建文明校园，校风学风良好，在本地本校的文化传承创新、精神文明建设中发挥示范引领作用。

3. 心理育人精品项目

以落实健康第一的教育理念为目标引领，在构建心理健康教育工作格局等方面取得创新性突破，纳入学校人才培养考核评价机制。面向全体学生开设高质量的心理健康教育必修课，制作心理科普微课，开展专题心理讲座，宣传教育活动特色鲜明、效果显著，规范构建心理咨询服务体系，定期开展测评筛查，构建校内多部门多平台联动的综合感知系统，危机预防干预工作机制健全有力，大数据、人工智能等新技术赋能心理健康教育形成具体应用场景、工作模式，专兼结合工作队伍规模适当、素质良好，专项工作经费充足，办公场地和设备条件过硬，评价考核体系合理。构建"家校医"长效协同的育人机制和有效办法，推动家庭、学校和医疗机构的沟通合作与深度融合，共同关注学生心理健康、提供心理支持保障、筑牢心理安全防线。

4. 实践育人精品项目

立足知信行有机统一,推动学校小课堂和社会大课堂紧密联动、师生共同参与,全方位构建实践育人新范式。强化育人目标引领,坚持理论教育与实践养成相结合,在社会实践中深刻体悟国家在经济、社会、文化、科技、生态等方面的重大战略需求、战略部署,精准锚定人生发展方向。课内外一体设计,将优质实践资源有机纳入教学安排,确保社会实践的学时学分安排。深化定向结对互动,加强与部队、政府、企业、社区、乡村等校外有关单位结对子,建立常态化交流机制,强化社会实践联动。结合专业特色服务,将思政教育、专业教育和创新创业教育深度融合,推动不同类型的学生结合专业所学,提供特色服务,解决社会所需。强化成果绩效管理,完善社会实践成果考核、评价、认定体系建设。注重典型宣传推广,挖掘社会实践先进典型,提炼有特色的实践育人机制、思路、模式,探索社会主义建设者和接班人培养的实践路径。

5. 网络育人精品项目

注重推动形成共建共享、互联互通、同向同行的高校网络育人格局,有效建立师生黏合度高、覆盖面广、社会影响较大的网络平台,积极参与和推动高校思想政治工作网、易班网和中国大学生在线全国共建。完善网络文化成果评价认证体系,将优秀网络文化成果纳入教师职称评聘和评奖评优体系。打造网络思想政治教育特色品牌,各类网络文化教育活动具有较强的时代感、创新性、实效性,注重加强师生网络安全意识、文明素养、行为习惯教育,育人导向鲜明、品牌效应显著、运行模式健全、传播效果良好。推动人工智能技术与思想政治工作的深度融合,围绕内容供给、队伍建设、精准思政等领域,创新打造"AI+思政"的智慧系统、典型应用和协同平台,促进高校思想政治工作数字化、智能化、智慧化。

6. 队伍建设精品项目

以《全面加强新时代高校辅导员队伍建设行动方案》为牵引,坚持把辅导员队伍建设作为教师队伍和管理队伍建设的重要内容,将其纳入学校党委常委会议题,着力保证辅导员工作有条件、干事有平台、待遇有保障、发展有空间,打造一支政治立场坚定、规模结构合理、素质能力过硬、育人水平高超的高校辅导员队伍。立足配备选聘增效,按照专职为主、专兼结合、数量充足、素质优良的原则,严格落实专职辅导员事业编制身份,制订专职辅导员选苗育苗专项培养方案,将专职辅导员选苗育苗人才储备纳入学校辅导员队伍建设整体规划;立足培训培养赋能,能够围绕政治能力、教育能力、管理能力和自身建设等重点内容,聚焦辅导员主要工作职责,从学生思想引导、行为教导、学业辅导、心理疏导、就业指导等方面,提升辅导员核心素质能力,能够设立辅导员培训专项经费,结合本校学科特色与学生特点,分层组织开展贴合实际、务实管用的全覆盖培训,细化不同工作年限辅导员培训内容,实施分群体精准培训;立足发展晋升渠道畅通,实现达到初、中级职称条件的辅导员应评尽评,成绩突出的专职辅导员可评聘正高级专业技术岗位,优化专职辅导员专业技术岗位结构;立足激励保障提质,能够针对辅导员不同发展阶段特征,结合不同岗位和不同职级实际,建立健全系统化、差异化、科学化的辅导员考评机制。

7. 国家安全教育精品项目(2025 年新增)

以推进总体国家安全观进教材、进课堂、进头脑为目标引领,构建全覆盖、高质量、有特色的高等学校国家安全教育体系，引导大学生牢固树立大安全理念，增强国家安全意识。围绕讲授《国家安全教育大学生读本》，开发有关课件，录制线上课程，分析相关案例，建设好国家安全教育公共基础课程及相应体系。紧密结合当前国家安全形势任务，精心组织策划国家安全教育活动，以点带面加强引领示范，发挥媒体矩阵作用，强化正向引领和全域传播。精心组织国家安全教育实践活动，形成安全教育实践品牌。充分发挥学科和人才优势，组建总体国家安全观宣讲团，组织相关师生深入校园、社区、单位等开展宣讲，提升实践育人和服务社会的能力。

8. 育人共同体精品项目（2025 年新增）

坚持校内校外一体、线上线下融合，推进多元育人主体共同参与、多方育人资源系统集成、多维育人载体有机融合，创新打造深度贯通、同题共答的育人共同体，推动形成更具针对性实效性的思政工作新范式、新样态。要聚焦落实好立德树人根本任务，充分发挥高校、政府、行业、企业、科研院所等不同主体之间的育人作用，找准衔接点、互补点，建立常态化协同机制，通过各主体间的互学互鉴、互联互通，建立起更深层次的交流合作，统筹安排系列育人行动。优化原有育人载体、渠道和项目，深化校内外、各环节资源的开发利用，搭建协同育人平台，推动思想政治教育工作多领域拓展、全方位覆盖。

三、高校思想政治工作精品项目申报书的撰写技巧

通过对比 2022 年、2023 年、2024 年和 2025 年教育部相关申报书可知，高校思想政治工作精品项目申报书每年均有一定变化，但核心内容没有太大变化，申报书主体分为三个部分，一是项目前期基础，二是建设预期，三是条件保障。在参考陕西科技大学李萌研究观点的基础上，下面内容均以湖南省 2023 年立项精品项目《依托学科竞赛和创新项目的科研育人实践探索》为例，只就项目前期基础和项目提升规划进行详细解读（项目团队和条件保障较为简单，不作分析）。

（一）"前期基础"的撰写技巧

2023 年申报书的项目前期基础主要包括"已实施情况""项目特色""育人实效""推广价值"四个方面的内容。2024—2025 年申报书的项目前期基础主要包括"载体平台""体制机制""形成的突出成效""广泛影响"四个方面的内容。大致分析可知，这两年申报书项目研究前期基础的内容体例大致相同，只是提法略有差异。即"已实施情况"改为"载体平台"，"项目特色"改为"机制体制"，"育人实效"对应"形成的突出成效"，"推广价值"对应"广泛影响"。

1."已实施情况"的撰写技巧

"已实施情况"是指该实践项目当前实施的状况、遇到的问题，以及取得的前期成果等，撰写时可以主要围绕选题背景和项目实施的基本思路、措施及取得的前期成果等方面进行撰写。

○ 范例

本项目依托学科竞赛和创新项目(含国省校级创新创业训练项目、省级创新创业平台本科生专项项目、校级本科生专项科研项目等，下同)，探索和实践科研育人新模式。项目实施开始于 2017 年，于 2021 年获得吉首大学校级精品项目立项并得以推广，已由早前仅在吉首大学土木工程与建筑学院实施扩大延伸到全校区，并紧密结合吉首大学美术学院、土木工程与建筑学院等多个创新工作室，通过学科竞赛和创新项目两大抓手，积极建设"喜言大学声"科研育人精品工作室，开设"喜言大学声"公众号、视频号和 B 站等外宣平台，通过"线下讲座沙龙+线上直播分享+组织开展实践"等诸多形式，积极开展科研育人实践探索。党的二十大报告指出要深入实施创新驱动发展战略，不断完善科技创新体系，优化国家科研机构，加强国际化科研环境建设。同时，《高校思想政治工作质量提升工程实施纲要》指出了科研育人的重要性，由此可知，当前探索科研育人的创新实践路径是时代所需。随着 1989 年"挑战杯"全国大学生课外学术科技作品竞赛、2012 年大学生创新创业训练计划项目和 2015 年"互联网+"大学生创新创业大赛的开始实施，学科竞赛和创新项目不但促进了高校科研活动的开展，而且带动了大学生科研创新和成果转化，还成为科研育人的重要载体。

这一板块介绍了当前已实施情况，当然从 2024 年申报书当中可知，这一部分内容已转变为载体平台，因而应该从载体平台方面进行撰写，不能简单地只是论述基于什么样的载体和形式，而是要进一步引申出基于不同载体平台的内涵特征。如此，载体平台便被赋予鲜活的表征，脱离冷冰冰的物理概念，也区隔大同小异的依托方式，更能突出项目的特点。

2."项目特色"的撰写技巧

"项目特色"一般而言可以分为品牌特色、机制体制特色、实践特色、育人特色、成果特色及创新特色等。考虑到撰写项目申报书的实际情况和相关内容的兼容特征，一般而言可以综合撰写。比如从机制体制、工作理念、实践方式、队伍能力等方面进行撰写。再比如从提高认识、过程实践、问题解决、成果总结、形成机制、经验推广等方面进行撰写。

○ 范例

依托学科竞赛和创新项目的科研育人实践项目探索中，通过学科竞赛和创新项目的深度认识、团队组建、参与申报、过程实践、成果总结、经验推广等过程，积极引导和指导广大学生参加学科竞赛或申报创新项目，并在这些过程中不断发挥党组织领导力、提升思政话语力、加强师生创新力，将科研与育人完美融合，进而达到科研育人的成效。一是夯实和发挥基层党支部在科研育人中的组织力，二是构建和筑牢思政教育在科研育人中的话语力，三是抓紧和掌握意识形态在科研育人中的领导力，四是坚持和加强双创项目在科研育人中的创新力，五是把握和实施学科竞赛在科研育人中的生产力。

但总体来说，2024 年申报书当中已经将项目特色改变成机制体制，因而在参考范例的基础上，应该重点从机制体制方面进行深入分析和撰写，可以分层分类、系统常态地体现工作的体系和架构。可以围绕载体、效果、作用，机制、体系、结构，要素、组合、体例等进行着笔。比如，类似"鱼骨图""一体两翼""四梁八柱""对称结构"等，可以借用形象的图景进行分解，也可以从不同角度、不同类别进行综合。

3."育人实效"的撰写技巧

"育人实效"可以对应项目的突出成效，但育人实效到底要写什么、写多少，这是申报书的难点之一。我们可以结合师生满意度、参与度，受教育效果，家长、媒体、同行评价情况，项目所获荣誉，以及工作成果等方面的内容进行撰写，用具体数据进行说明，横纵向对比强调优势，一定要写相关领导的工作肯定，这是强化内容的直接体现。对于媒体报道，则应该凸显的是层次和类别以及影响效果，如果有高层次的报道，要具体列举，如果较少，可以用概括性的表述进行总结，类似"×等多少媒体的报道，关注人数×人"等。

写这一部分内容，还有一个误区是容易写成流水账，我们要理清基本的层次和逻辑，比如满意度、影响力和关注度，相关内容应相互对应。

> ○ **范例**
>
> 项目实施以来，帮助指导学生团队47个，以土木工程与建筑学院和美术学院为例，两院本科生近5年来主持大学生创新创业项目和其他各类科研课题190余项，参与发明专利70余项，学生以第一作者身份发表学术论文160余篇，获得科研奖励10余项；积极组织各级学科竞赛，两院每年获得各级各类学科竞赛奖项400余人次，累计2000余人次，近5年来考取研究生继续深造的学生中有超95%的曾参加各级学科竞赛或主持参与创新项目。同时，学生的科研意识、学习成绩、综合能力和感恩意识等都有一定的提升。

4."推广价值"的撰写技巧

"推广价值"可以对应"广泛影响"，主要体现在该项目推广价值的大小，可以从校内推广价值、校外推广价值这一思路撰写。

> ○ **范例**
>
> 该项目实施的校内推广价值：一方面可以极大地提升学生积极性与主动性，让学生参与学科竞赛、各类赛事和创新创业项目等科研项目，将日常学习、科学研究和社会实践相结合，提高学生学科竞赛水平、科学研究能力、专业知识素养与思想品德素质；另一方面可以提升学校的科研育人成效与影响力，达到在学科竞赛和创新项目中提升学生的思想水平、道德情操、学业成绩与综合素质的目的。该项目实施的校外推广价值：一方面促进高校协同育人与资源共享。本项目可加强与其他高校的交流与合作，实现资源共享与协同育人，高校间可联合开展科研项目与学科竞赛，优化教育资源配置，提升整体科研育人水平，推动区域教育协同发展。另一方面提升学校社会影响力，服务社会，做出贡献。项目的推广有助于提升社会认可度，通过培养高素质创新人才，推动科技成果的转化与应用，学校能够更好地服务社会和区域经济发展，为社会做出更大贡献。

(二)"建设预期"的撰写技巧

2023 年申报书中项目提升规划主要包括"建设目标""推进方案""重点举措"等内容。2024—2025 年申报书中的建设预期主要包括"实施规划""重点难点突破""育人实效提升""成果转化推广"等内容。对比可知,"建设目标"和"推进方案"改为"实施规划"和"重点难点突破","育人实效提升"与"成果转化推广"等为新增内容。

1. "建设目标"的撰写技巧

"建设目标"是实施规划的一部分,主要包括工作体系构建、项目实施创新、育人品牌创建和成果转化推广等方面的预期目标。我们可以从工作体系、体制机制、团队建设、形式创新和育人品牌等方面进行深化。

> ○**范例**
>
> (1)工作体系构建目标:紧紧围绕立德树人的根本目标,遵循高等教育发展规律,着力把科研育人工作贯穿教育教学全过程,深入推进"三全育人"工作体系,形成科研育人长效机制。
>
> (2)项目实施创新目标:一是营造科研育人氛围。项目通过各类学科竞赛和创新项目的多次宣传宣讲,为科研育人营造良好氛围,每年线上线下宣传宣讲不低于 50 次。二是引导学生参与科研。鼓励对学科竞赛和创新项目感兴趣的本科生尽早参与课题,在参与中培养学生良好的科学素养和研究创新能力,积极引导和指导广大学生参加学科竞赛或申报创新项目,每年度预期指导科研兴趣学生 2100 人次,指导参与学科竞赛学生 500 人次,指导参与创新项目学生 200 人次。三是加强项目团队建设。以学科竞赛和创新项目为引导,加强项目团队建设。有计划、有步骤地吸引更多的高水平学科带头人加入项目进行指导,并注重后备人才培育和中青年科研教师培养,提升团队合力和成效,并积极指导各师生学科竞赛或科研项目团队,预期指导师生团队不低于 100 个。
>
> (3)育人品牌创建目标:努力建设喜言大学声科研育人精品工作室,通过学科竞赛和创新项目两大抓手、线下讲座沙龙+线上直播分享+组织实践开展三大形式,积极形成育人品牌。
>
> (4)成果与转化推广目标:依托学科竞赛平台和创新项目平台进行科研育人项目,要求在学科竞赛与创新项目中提升学生的思想水平、道德情操、学业成绩与综合素质,达到育人实效;努力实现成果转化与推广,以产生更大的作用。

2. "推进方案"的撰写技巧

"推进方案"是实施规划的某一个部分,可以从团队建设、运行机制、形式创新、注重效益和效果等方面进行撰写。

○范例

（1）完善高水平团队建设。

以习近平新时代中国特色社会主义思想为指导，深入贯彻落实全国高校思想政治工作会议精神和《高校思想政治工作质量提升工程实施纲要》，紧紧围绕立德树人这一主线，按照"坚持两个导向、明确四大功能定位、力求突破五大成果"的基本思路（图1），完善团队组织结构（表1）。

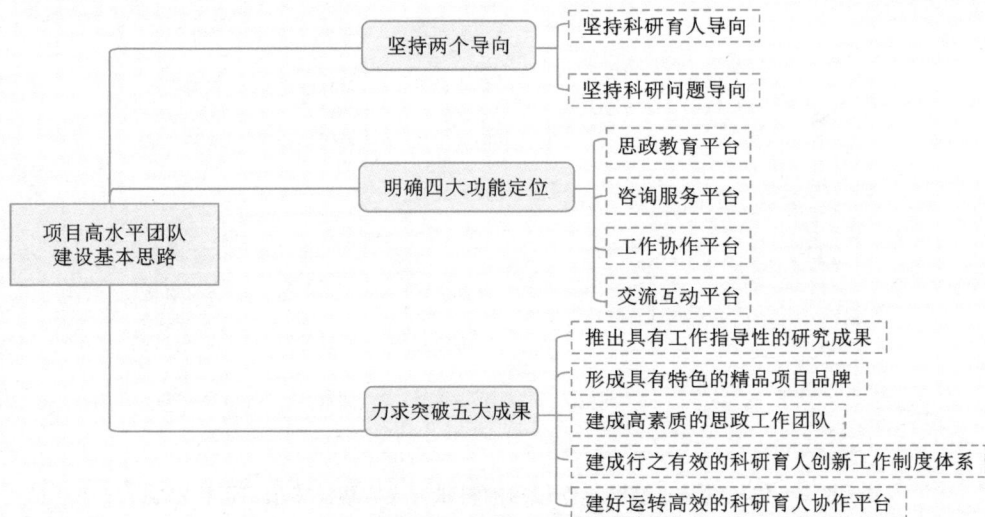

图1　项目高水平团队建设基本思路

表1　项目团队组织结构

学学部	论文撰写组	学科竞赛组	专利申请组	课题申报组	学术沙龙组	工作案例组	学习总结组	成果推广组
友友部	选题策划组	直播开展组	直播运营组	直播总结组	短视频策划组	短视频拍摄组	短视频发布组	公众号运营组

团队坚持科研育人导向、坚持科研问题导向；明确该建设项目是学校的思政教育平台、咨询服务平台、工作协作平台、交流互动平台等四大功能定位，力求实现推出具有工作指导性的研究成果、形成具有特色的精品项目品牌、建成高素质的思政工作团队、建成行之有效的科研育人创新工作制度体系、建好运转高效的科研育人协作平台等五大成果的突破。围绕提升团队成员的专业技能的目标，通过培训、沙龙和工作坊的方式，以科研育人等为主题内容开展活动，致力于师生科研育人共同体模式的团队建设。

（2）创新项目运行机制。

依托团队现有成员和工作室前期师生团队，形成团队内科研育人和团队外科研育人宣讲指导两个主要运行机制。具体而言，团队内科研育人运行机制是指通过结合实际，采取"招募选拔—分类组队—交流培训—科研训练—目标确定—竞赛参加—项目申报—科研实践—成果总结—表彰反馈"的机制进行，团队外科研育人宣讲指导运行机制采取"前期调研—确定主题—专家对接—宣讲宣传—明确目标—直播答疑—线下指导—经验总结—分享推广"的形式进行(图2)，二者均以美术学院和土建学院为基础，进一步吸引全校对科研感兴趣的老师和学生加入团队，扩大团队影响力，并不断推广宣传，创新本项目的运行机制。

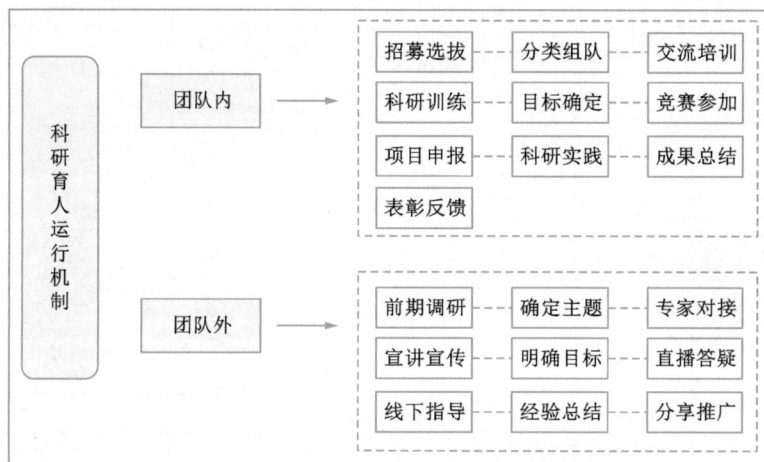

图2 依托学科竞赛和创新项目的科研育人实践探索项目运行机制

(3)构建"三位一体"形式。

构建线上、线下、实践"三位一体"的科研育人形式，通过"线下讲座沙龙+线上直播分享+组织实践开展"搭建科研育人知识网，全员全方位全过程地实现综合赋能。

(4)实现"两大抓手"效益。

项目依托学科竞赛和科研项目而展开，学校每年确定了挑战杯、"互联网+"大赛等近200项比赛为学科竞赛，设立了国家级、省级、校级创新创业训练项目，省级创新创业平台本科生专项及校级本科生专项科研项目等，旨在提升学生科研能力。项目紧紧依托学科竞赛和创新项目这"两大抓手"，在学科竞赛指导和创新项目指导的过程中，实现"两大抓手"的科研育人效益。

(5)注重"四大结合"效果。

一是理论和实践相结合。通过不断地实践，形成相应的科研育人理论体系，用以指导实践。二是工作交流与研讨培训相结合。在项目实施遇到困难时，及时进行工作交流和研讨，总结经验，不断完善。三是典型宣传和工作案例推广相结合。及时发现在学科竞赛和创新项目方面先进典型个人团队，并大力宣传，以形成榜样导向作用，同时将其总结成新的工作案例进行推广。四是学科竞赛指导与大创项目指导相结合。在项目开展过程中，积极指导学生的学科竞赛和大创项目，并解决一些共性问题。

3."重点举措"的撰写技巧

"重点举措"可以对应重点难点突破,从各个不同侧面进行重点难点举措的撰写。

○ **范例**

党的二十大以来,科研育人实践得到各高等学校的不断探索。在科研育人工作中,要时刻注重加强党的二十大精神学习,发挥其在高校科研育人中的引领作用。本项目立足三全育人体系,紧密结合"六个一"重点目标举措(图1),以提升科研育人成效。

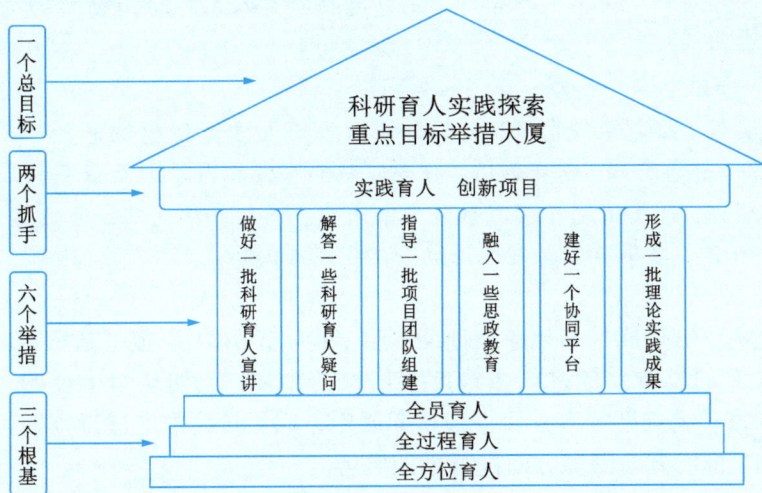

图1　依托学科竞赛和创新项目的科研育人实践探索重点举措

(1)做好一批科研育人宣讲。

通过"喜言大学声"微信公众号和视频号等,积极做好科研育人工作宣传,尤其是结合党的二十大精神,加强对学科竞赛与创新项目的宣传宣讲工作,将学科竞赛和创新项目的各类信息或总结以文字、图片或视频的形式进行详细的宣传和宣讲,增加学科竞赛与创新项目的知识普及,让更多学生产生科研兴趣。

(2)解答一些科研育人疑问。

通过线下交流或线上直播等方式,收集学科竞赛与创新项目的主要问题,并做详细的解答,同时针对有科研兴趣的学生解答学科竞赛和创新项目的团队组建、参与申报、过程实践、成果总结、经验推广等过程中的各类问题。

(3)指导一批项目团队组建。

发挥大学生党员同志的先锋模范作用,以点带面,带动身边的同学积极投身学科竞赛,加强科研学习的同时,提高自己的思想政治素养,指导组建一批科研项目团队,更好地开展好科研育人工作。

（4）融入一些思政教育。

创新开展形式多样、方法灵活的科研活动，如课堂讲授、网上指导、校外调查等，认真学习党的二十大精神，并寓思想政治教育于学科竞赛和创新创业项目，达到科研育人的目的。

（5）建好一个协同平台。

项目要走出"孤立、分散、封闭"的现状，走向"开放、集成、高效"大格局，必须构建好协同创新机制。通过努力建设喜言大学声科研育人精品工作室，汇集和凝聚学校党建工作教师、专任教师、辅导员等精英，构建起科研育人工作协同创新的平台，使科研育人工作形成合力。

（6）形成一批理论实践成果。

根据项目实践，围绕学科竞赛和创新创业项目给大学生理想信念、价值养成、勤学苦练、意志品质、科学思维、创新创造、社会实践和责任担当等方面带来的改变，开展调研并形成调研报告，开展研究并撰写系列学术文章，预期每年团队成员发表理论文章或工作案例 10~30 篇，指导学生发表理论成果不少于 50 篇。

"育人实效提升"与"成果转化建设预期"等内容为 2024 年申报书新增内容，申报者可以从育人成效提升的具体预期进行多维度多层次的预期，比如从学生反响、教育效果评价、社会反映和家长满意度等多方面进行预期展望。成果转化推广建设预期可以从成果的类型、转化方向、推广方向等多方面进行预期展望。

为了更好地给大家申报提供便利，笔者整理了 2022—2024 年教育部高校思想政治工作精品项目名单，供读者参考借鉴。

2022—2024年教育部高校思想政治工作精品项目名单

第三节　高校思想政治工作中青年骨干项目解析与申报

一、高校思想政治工作中青年骨干项目解析

根据 2024—2025 年《高校思想政治工作质量提升综合改革与精品建设项目申报说明》可知：高校思想政治工作中青年骨干项目旨在以习近平新时代中国特色社会主义思想为指导，引导和鼓励高校青年思想政治工作干部注重理论水平和素质能力的提升，注重探索、创新理论研究和实践工作模式，培养一支政治素质过硬、理论功底扎实、工作业绩突出、作风务实清廉的高校思想政治工作骨干队伍。当前高校思想政治工作中青年骨干项目共计 7 批，具体如表 3-8 所示。

表 3-8　教育部 2019—2024 年高校思想政治工作中青年骨干项目名单

2019 年（第一批）	2019 年（第二批）	2020 年	2021 年	2022 年	2023 年	2024 年
于成文（北京科技大学）	马晓琳（山东大学）	王长华（华中师范大学）	丁闽江（福建中医药大学）	王银思（燕山大学）	王娜（东北师范大学）	王静（南京航空航天大学）
朱丹（云南大学）	孔国庆（南阳师范学院）	王洛忠（北京师范大学）	孔祥慧（辽宁石油化工大学）	王淑娉（浙江师范大学）	尹兆华（北京科技大学）	王宝鑫（东北师范大学）
沈千帆（北京工业大学）	王晓丽（华南理工大学）	李亚员（东北师范大学）	艾楚君（长沙理工大学）	刘雅然（华中科技大学）	刘岩（河北北方学院）	刘国权（哈尔滨师范大学）
陈小花（广东技术师范学院）	刘志（东北师范大学）	张家玮（天津师范大学）	司文超（武汉大学）	李青山（沈阳工业大学）	武国剑（合肥工业大学）	孙楚航（西南大学）
徐川（南京航空航天大学）	李萌（陕西科技大学）	范蕊（山东大学）	朱斌（杭州电子科技大学）	李前进（南京师范大学）	姜玉原（东北大学）	李刁（华中师范大学）

续表3-8

2019 年（第一批）	2019 年（第二批）	2020 年	2021 年	2022 年	2023 年	2024 年
凌晓明（重庆大学）	林立涛（上海交通大学）	饶先发（江西理工大学）	朱文凯（西安电子科技大学）	杨子强（中国人民大学）	贾启君（天津大学）	吴昊（重庆大学）
覃川（清华大学）	周远（西安交通大学）	钱云光（电子科技大学）	陈科（重庆大学）	周小李（怀化学院）	贾绘泽（山西师范大学）	宋晓东（北京航空航天大学）
鲁良（湖南师范大学）	胡杨（中南大学）	董卓宁（北京航空航天大学）	侍旭（南京航空航天大学）	祝鑫（华中农业大学）	曹海燕（东南大学）	赵岑（清华大学）
蓝晓霞（北京交通大学）	胡建军（西南大学）	温小平（海南大学）	柏路（东北师范大学）	姚崇（陕西师范大学）	隋璐璐（北京师范大学）	雷洪峰（中央财经大学）
蔡文成（兰州大学）	靳敏（武汉理工大学）	蔡立强（华侨大学）	侯士兵（上海交通大学）	陶好飞（对外经济贸易大学）	靳戈（北京大学）	蔺伟（北京理工大学）

高校思想政治工作队伍均可以申报该项目，具体包括高校分管校领导、党委工作部门干部、共青团干部、辅导员、心理健康教育教师、网络文化建设管理干部等人员，应当专职从事高校思想政治工作满 8 年，入选年龄不超过 45 周岁。申报人及团队应当能够承担理论研究、团队建设和成果转化等主要任务。

（一）理论研究方面

要围绕高校思想政治工作领域的重点难点问题提供解决思路、对新时代人工智能等带来的影响提供应对方案、为有效解决当代大学生的真问题提供意见建议，不断创新方法、手段和载体，形成高校思想政治工作的理论成果、先进经验和典型做法。

（二）团队建设方面

结合工作重点和研究方向，组建 10 人以上的工作团队或研究团队，培育具有丰富实践经验、较高理论水平的后备力量。

（三）成果转化方面

提交高校思想政治工作重点难点问题工作研究报告或政策咨询报告至少 1 份，编写著作或通俗理论读物，牵头开展具有引领示范作用的典型工作 1~2 项。

二、高校思想政治工作中青年骨干项目申报书的撰写技巧

高校思想政治工作中青年骨干项目申报材料包含《申报书》A、B 两表，A 表包含基本情况和推荐意见两部分，B 表包含现有工作基础、未来规划和条件保障三个部分。A 表要如实、准确反映申请人的基本情况，B 表文字表述中不得透露任何有关高校、团队和个人的信息。例如，填写 A 表时，需要详细列举个人的学术背景、科研经历，以及所取得的成就和荣誉，并确保所有信息真实无误。而在填写 B 表时，需要注意文字表述，避免透露个人身份和所属团队的具体信息，比如可以使用"本研究团队""所在高校"等词汇来代替具体的名称。为了便于读者受到更大的启发，现将 B 表中的现有工作基础和未来规划的撰写技巧进行探讨。

(一)"现有工作基础"的撰写技巧

"现有工作基础"这部分应包含工作实绩、五年工作获奖励情况、近五年工作代表性成果等内容。工作实绩撰写又根据申报人在制度体系建设、工作设计、内容形式拓展、手段载体丰富、方法路径创新等方面取得的典型经验及育人实效进行详细的剖析。辅导员的工作实绩可以指个人在项目中承担的职责和取得的成绩，甚至是工作内容形式的拓展，新工作方式方法手段、新载体平台的利用，以及新方法的创新等；工作获奖励情况可以包括国家级、省级的各类奖励，如果没有省级以上奖励，也不妨放一些市级校级奖励，或者是各级各类学术会议上的优秀论文奖等；而近五年工作代表性成果可以涉及发表的高水平论文、专利申请和技术转化成果等，如果没有高水平代表作，就不妨写其他的各级各类成果，如网络文化文章成果、工作案例成果、教学视频成果等，这些都可以作为现有工作基础的内容。

(二)"未来规划"的撰写技巧

这部分包含理论研究、团队建设、成果转化、申报优势等几方面内容。

(1)理论研究方面包括研究主题、前期基础和未来规划，需要围绕高校思想政治工作领域的重点难点问题提供解决思路、对新时代人工智能等带来的影响提供应对方案、为有效解决当代大学生的真问题提供意见建议，例如可以详细描述申请人将要开展的真问题调研方案甚至是理论研究方向、研究主题、研究目标和研究详细规划等。

(2)在团队建设方面可以包括团队成员、建设思路及预期效果，如团队成员成长计划、团队建设的具体方案以及团队建设的预期效果等，但切记申报团队建设材料中不得直接或间接透露任何有关高校、团队和个人的信息。

(3)成果转化方面包括预计成果、转化形式及预期效果。转化形式包括调研报告或政策咨询报告、高水平著作或通俗理论读物、典型工作案例和成效突出的育人载体及活动，例如可以具体讲述预期研究成果的社会效益和应用前景，转化形式的多样性，以提升影响力。

(4)申报优势包含申报人所具备的优势和特色两个方面，可以分别强调申报人在某一领域的专业优势、实践优势和个人特色等。

第四节　高校思想政治工作网络教育名师项目解析与申报

一、高校思想政治工作高校网络教育名师项目解析

根据 2024—2025 年《高校思想政治工作质量提升综合改革与精品建设项目申报说明》可知：高校思想政治工作高校网络教育名师项目是旨在以习近平新时代中国特色社会主义思想为指引，围绕落实立德树人根本任务，进一步加强网上正面宣传，培育积极健康、向上向善的网络文化，为广大网民努力营造一个风清气正的网络空间而设置的项目。

申报对象主要面向全国各高校在编在岗教职员工，包括思想政治工作干部、党务工作干部和专业课教师等。2024 年具体要求有：

（1）申报人政治素质过硬、理论功底扎实、网络育人成效明显、作风务实清廉。申报人及团队能够承担理论宣传教育、网络热点阐释、网络作品创作、网络人才培养、网络阵地建设等任务。

（2）创作的网络文化作品引发高校师生较大量的关注、转发、评论，有效发挥滋养人心、凝聚力量的积极作用；经常性组织开展网络文化建设讲座、网络文明素养教育等相关活动。

（3）长期活跃在互联网上，针对重大理论问题、热点问题及时回应师生关切，撰写网络文章；建设或负责的网络平台有长期稳定的流量，有较大数量的关注群体。

（4）具有较强的理论研究能力，能够运用马克思主义理论的立场、观点和方法分析问题，将道理讲清讲透；能够围绕网络教育工作开展研究，形成系列研究成果。

2025 年具体要求有：申报对象主要面向全国各高校在编在岗教职员工，包括思想政治工作干部、党务工作干部和专业课教师等。要求政治素质过硬、理论功底扎实、网络育人成效明显、作风务实清廉。

申报人及团队应该能够承担理论宣传教育、网络热点阐释、网络作品创作、网络人才培养、网络阵地建设等任务。要突出示范引领，培育支持期内，要创作具有一定传播度和影响力的不同形式的网络作品 10 件以上，每年到高校开展网络培训、主题报告等 4 次以上。要强化成果转化，培育支持期内，要提交高质量的高校网络思政工作调研报告或政策咨询报告至少 1 份，牵头开展具有引领示范作用的典型工作 1~2 项。

二、高校思想政治工作高校网络教育名师项目的申报技巧

高校网络教育名师项目申报材料包含《申报书》A、B 两表，A 表要如实、准确反映团队基本情况，B 表文字表述中不得透露高校、团队和个人相关信息。A 表包含基本情况和推荐意见两部分，B 表包含前期工作基础(近五年)、未来三年工作规划、申报优势和条件保障四个部分。

(一)"前期工作基础"(近五年)的撰写

前期工作基础包括理论宣传教育、网络热点阐释、网络作品创作、网络人才培养、网络阵地建设、网络机制研究等六个方面。

(1)理论宣传教育需要围绕学习贯彻习近平新时代中国特色社会主义思想主题教育、社会主义核心价值观宣传教育和"四史"宣传教育，面向高校师生开展的理论宣讲、学习研讨情况等方面进行撰写，如理论宣讲和学习研讨的具体计划等。

(2)网络热点阐释是指围绕师生关注的热点难点问题进行宣传阐释的情况，可具体列举 2~3 个工作案例进行阐释。

(3)网络作品创作需要说清网络作品的数量、形式、获奖等情况，以及反映传播度及影响力的数据指标情况，重点突出主要代表网络作品的数据指标等情况。

(4)网络人才培养是指围绕网络队伍建设和网络人才培养开展的研究、课程、讲座、培训情况，带领和指导师生参与网络文化活动的情况进行撰写，这里不仅可以撰写团队老师的网络文化活动情况，还可以对学生参与的网络文化活动进行撰写。

(5)网络阵地建设是指围绕负责或参与的各类网络教育平台在制度体系建设、内容形式拓展、方法路径创新等方面取得的典型经验及工作实效进行撰写。

(6)网络机制研究分为主持/参与课题情况、发表论文/著作情况、成果应用情况三方面进行具体撰写，尤其是成果应用情况可以撰写研究成果被政府、学校、企业等相关机构采用，或作为典型案例推广的情况。

(二)"未来三年工作规划"的撰写

未来三年工作规划主要包括工作重点、建设思路、进度安排、预期成果等方面内容。未来三年工作重点可以围绕自己的项目目标，将工作重点的理论学习、理论宣讲和工作实践等方面进行详细规划，也可以就机制建设、履职尽责、思政宣讲、舆论引导和成果成效等多个具体方面进行规划。

(三)"申报优势"的撰写

申报优势主要撰写申报人所具备的优势和特色等，这需要根据申报者的自身优势与特色进行撰写。

第五节　高校辅导员名师工作室项目解析与申报

一、高校辅导员名师工作室项目解析

根据 2024—2025 年《高校思想政治工作质量提升综合改革与精品建设项目申报说明》可知：高校辅导员名师工作室是以提升辅导员育人能力、促进辅导员成长发展为主线，充分发挥先进典型的示范引领和辐射带动作用，创新打造全国辅导员学习成长"共同体"，构建前辈领航、朋辈互助、同行交流平台的实践项目。当前，仅在 2024 年立项了 80 个全国高校辅导员名师工作室，表 3-9 为部分名单。

教育部2024年度高校辅导员名师工作室名单

表 3-9　教育部 2024 年度高校辅导员名师工作室名单（部分）

序号	姓名	学校名称	工作室名称
1	丁健龙	浙江树人学院	高校智慧思政工作室
2	于 磊	石河子大学	壹小家辅导员工作室
3	于涵宇	湖南大学	"廿几青春"辅导员工作室
4	马 军	南华大学	"同心圆梦"辅导员名师工作室
5	王 晶	华侨大学	"生涯创新试验田"王晶生涯工作室
6	王 强	郑州航空工业管理学院	"润心工匠"辅导员素质能力提升工作室
7	王宇伟	南京大学	"满天星"辅导员实践育人能力提升工作室
8	王栋梁	华北电力大学	"梁师益友"职业生涯发展工作室
9	王银思	燕山大学	王银思工作室
10	孔祥慧	辽宁石油化工大学	新时代雷锋精神种子培育工作室
11	左红梅	扬州大学	"红梅引航"辅导员工作室
12	付妍妍	江西师范大学	红色青春工作室
13	付秋静	云南大学	思向云端——云南大学辅导员网络思政工作室
14	冯 妍	太原理工大学	"向善"党团班级建设辅导员工作室
15	尼加提·艾买提	中南财经政法大学	美美中南民族团结教育工作室
16	曲文泉	辽宁科技大学	"暖风"辅导员工作室

工作室实施主持人负责制,聚焦辅导员履职尽责、成长发展需要,制订工作室成员学习成长计划,能够指导和帮助工作室成员在建设周期内实现学习成长目标;紧紧围绕工作室建设主题,深化理论研究及实践探索,产出一批具有较强针对性与实效性的工作指南、案例或视频;能够依托高校辅导员队伍能力大数据赋能平台,吸纳更多优秀辅导员加入工作室建设,深化拓展工作室建设成效,强化示范带动作用,能够通过举办辅导员工作热点难点问题研讨会、编写工作指南、积极参与全国高校思想政治工作骨干示范培训班等广泛宣传推广工作成果和典型经验,辐射带动辅导员队伍高质量发展。

二、高校辅导员名师工作室项目的申报技巧

高校辅导员名师工作室申报材料包含《申报书》A、B 两表,A 表要如实、准确反映团队基本情况,B 表文字表述中不得透露高校、团队和个人相关信息。A 表包含基本情况和推荐意见两部分,B 表包含现有工作基础、未来规划和条件保障三个部分,现结合陕西科技大学李萌的部分观点,将 B 表中的现有工作基础和未来规划的撰写技巧进行探讨。

(一)"现有工作基础"的撰写

现有工作基础主要从工作室建设情况、主持人近五年工作获奖励情况、工作室近五年工作代表性成果三个方面进行撰写。工作室建设情况的撰写要求为:包括但不限于与工作室建设方向相关的工作基础、研究基础、队伍基础等,因而还可以撰写与工作室建设方向相关的其他方面的基础。主持人近五年工作获奖情况可将主持人近五年工作所获奖励如实撰写进去。工作室近五年工作的代表性成果包括具有较强针对性与实效性的工作指南、案例或视频等。

这里要求的是从与工作室相关的工作基础、研究基础和队伍基础三个方面进行撰写。但是,这三个基础内容前面有一句前提性提示:包括但不限于。这就是说,这三个方面是基础性模块,是必选内容,在此基础上,可以结合工作室建设的特色,进一步完善。具体而言,工作基础要突出基于辅导员工作室这一阵地,打造了哪些基础性平台,出台了哪些制度性成果,开展了哪些活动,培育了哪些品牌。研究基础要聚焦理论宣传阐释、课程内容建设和研究成果等几个方面。队伍基础主要是团队建设方略、载体、机制和成效,可以结合上述内容进一步凝练标题。

我们以某辅导员名师工作室的现有基础部分材料为例,进行列举,主要与大家分享一下有关的逻辑结构。

○ **范例**

1. 主持人影响力突出,基础平台成熟完善
(1) 基础条件过硬。
(2) 设施条件完备。
(3) 领导关怀肯定。

2. 工作团队实力雄厚，宣传阐释能力过硬
(1) 团队结构完整、实力过硬。
(2) 宣传阐释能力突出、效果明显。
(3) 活动组织精心优良、反响突出。
3. 行动研究特色鲜明，工作成果被广泛应用
(1) 行动研究成果显著。
(2) 网络研究实效明显。
(3) 理论研究特色鲜明。

同时，现有工作基础部分还有专门的一块表格填写要求，这一部分是具体的量化呈现部分，包括工作获奖励情况以及代表性成果，让申报人就已有的工作情况进行梳理和总结，一般限于近五年的工作成果。这里有一个小的技巧，并非一定按照时间正序或者倒序排列，可以按照获奖的等级由大到小排列，以突出最优势的部分。

(二)"未来规划"的撰写

未来规划包含工作室成员学习成长计划、大数据赋能应用、申报优势等三个方面。工作室成员学习成长计划包括但不限于指导和帮助工作室成员在建设周期内实现的学习成长目标、培养思路及预期效果。这里也有一个明确的说明：包括但不限于指导和帮助工作室成员在建设周期内实现的学习成长目标、培养思路及预期效果。学习成长目标主要是队伍学习培养的做法和预计成效，比如：未来规划是打造辅导员专业发展的"孵化器"，可以按照知识结构和能力结构两个方面撰写；是设计辅导员分阶培养的"课程单"，可以按照订单式课程学习和针对性提升辅导两项内容撰写；是建成辅导员行动研究的"精品库"，可以按照系统化驱动科学研究、实战化搭建研究平台两个板块撰写；是提升辅导员精准赋能的"技能力"，可以按照提供精准画像辅助、提供精准施策指导两个部分来呈现。

大数据赋能应用这一块是辅导员名师工作室的新设板块，很多省级工作室撰写时并未涉及，包括应用平台、应用方式及预期效果三个方面。在撰写时，应该突出依托什么平台优势，采用什么技术手段，开展什么样的教育内容，如何结合辅导员工作室的已有技术和辅导员工作的特点需求实现精准赋能。申报优势主要包括工作室所具备的优势和特色等。

第 四 章

高校辅导员工作案例的撰写与推广

第一节 高校辅导员工作案例的基本知识

一、高校辅导员工作案例的内涵

(一)高校辅导员工作案例的背景

现代辅导员工作制度在我国确立和发展已有七十余年历史,几乎与新中国高等教育的产生同步。它随着高等教育的发展而进步,并在新时代新环境中的学生工作实践中不断完善。实践证明,一支理论水平高、专业素养优、职业能力强的辅导员队伍,是高校完成立德树人根本任务、培养德智体美劳全面发展的社会主义建设者和接班人的重要力量。随着高校教育的不断改革和发展,辅导员的工作也面临着新的挑战。

辅导员的工作对象是大学生,工作职责指向"九大育人",核心工作任务是思想政治教育。无论从工作对象还是工作内容上看,辅导员的工作都有着多样性、复杂性、多变性的特点。习近平总书记在全国高校思想政治工作会议上强调,要因事而化、因时而进、因势而新,这是新任务、新时期、新形势下高校思想政治工作的总要求。然而不可否认,在国际形势风云变幻、现代化社会发展进程高速发展、人工智能时代到来等背景的影响下,当前高校思想政治教育有一定的滞后性,尤其是思想政治教育者的素质和运用方法能力的滞后。辅导员工作想要取得实效以及突出的育人成果,就必须做到与时俱进,不断掌握科学的思想政治教育方法。辅导员需在工作中将工作内容和工作对象作为研究对象,用科学的研究方法和谨慎的研究态度,来总结、分析、归纳、提炼实践工作的成果,既成为工作的实践者,又成为工作的研究者。

然而,在过去相当长的一段时间里,辅导员工作被视为"万金油""灭火器",不少辅导员沉浸于每天处理不完的事务性工作当中,消耗了大量的工作时间而难以做到"抬头看路"。不仅如此,有的辅导员由于缺乏必要的理论研究和知识储备,无法及时精准地把握学生工作中出现的新思潮新问题,影响了日常工作的效率与效度。

为了解决这一突出矛盾,许多研究者对此进行了研究与探索。经过多年的实践,我们认识到案例研究具有很强的实用性、科学性、推广性,既能实现理论和实践的紧密联系与有效衔接,也符合辅导员日常工作特点。"工作案例"既有生动、具体的生活特征,也有抽象、概括的规律性和理论性特征。然而正是其具有矛盾特殊性的特点,有效地破解了辅导员工作实践和科学研究之间的瓶颈性问题,架起了从理论到实践的桥梁,有效解决了辅导员日常工作中普遍存在的理论和实践"两张皮"的现象。辅导员以日常工作中遇到的大学生成长过程中出现的典型问题为切入点，通过案例的形式记录问题出现的全过程以及学生的思想、心理和行为变化。辅导员通过深入分析其深层原因，有针对性地提出切实可行的解决办法和措施，帮助大学生成长成才，在育人环节做到因地制宜、因材施教。

（二）高校辅导员工作案例的内涵

辅导员通过案例发现的普遍规律，进一步帮助辅导员加深了对教育对象的认识，对学生成长规律的把握，使得辅导员的日常工作更具规律性、实效性、针对性。同时，它隶属于思想政治教育的方法论范畴，具有科学性、有效性、可操作性、可借鉴性和可推广性的特点，既可以敦促辅导员不断反思日常工作实践，学习理论知识，提高研究能力，又可以给其他辅导员借鉴、启发与反思。辅导员在工作的过程中做好工作案例的学习和研究，能够帮助其更加快速地走好职业化、专业化、专家化的职业成长道路。

高校辅导员工作案例研究不仅是个别典型案例的展示，还是将科学的工作方法与有效的工作思路应用到辅导员的日常工作当中，以帮助辅导员了解大学生的群体特点和个性特征，并形成相应的工作理论和方法。这就要求辅导员在撰写或开展工作案例研究的时候，一方面要重视学生个体行为事件的个别性和特殊性，收集大量的资料并关注、捕捉细节，探寻深层次的原因，了解其与其他事件、现象的内在联系，对事件、现象的主客观环境、行为进行评估，获得隐性的知识和体验，进而指导实践工作。另一方面，我们也应该认识到辅导员工作案例撰写或研究的思维本质是由点及面，由特殊到普通，要善于通过案例本身获得"举一反三""见树木又见森林"的方法，探寻此类学生或者处理此类事件的共性特征及一般规律，把生动的事实经验上升为理性思维，凝练出具有可复制性、可推广性的理论概念或工作规律。

整体而言，辅导员在工作案例研究中选择的案例来源于真实事件，全面客观真实地呈现了大学生发展过程中存在的问题。进行辅导员工作案例研究可以帮助辅导员加深对教育对象的认识，对学生成长成才规律的凝练，使得思想政治教育更加有的放矢。辅导员在对案例的多重解读、分析、凝练、归纳中，也能逐渐形成理论自觉，架构起自己的知识体系和方法论，在日后的工作实践中吸取教训，总结经验，创新工作方式方法，增强思想政治教育工作的有效性。与此同时，我们也应该认识到案例研究有一定的局限性，一是从个性到共性的过程，需要有海量的实证案例，这对于主要依托辅导员工作实践开展的案例研究局限性不言而喻；二是案例研究的描述、解释和评估都带有一定的主观性，在某种程度上削弱了研究的客观性。

辅导员工作案例的内涵主要指案例所涉及的核心内容和要素，包括一系列相关的问题和挑战、情境和目标以及工作效果。通过分析和研究这些要素，辅导员能够更好地理解和应对各种复杂的工作情况。

首先，辅导员工作案例的内涵包括一系列问题和挑战，如学生学习困难、心理问题、职业规划等。这些问题需要辅导员通过案例分析和经验学习，找到最佳的解决方案，提供有针对性的辅导和支持。辅导员还需要面对各种困难和挑战，如沟通效果不佳、工作压力大等。通过对工作案例的研究和总结，辅导员可以积累经验，提升工作能力。

其次，辅导员工作案例的内涵包括实际的情境和背景。辅导员工作案例常常涉及具体的工作情境和背景，如学生的家庭环境、学校的教育理念等。辅导员需要根据这些具体的情境和背景，采取相应的辅导策略和方法，提供个性化的辅导。这也就需要辅导员通过了解工作案例，去研究和分析这些情境和背景，更好地把握案例中的要点和关键，从而更有效地解决问题。

再次，辅导员工作案例的内涵还包括辅导的目标和效果。通过工作案例的分析和评估，辅导员可以评估自己的工作效果，检验自己的辅导策略和方法是否有效。同时，辅导员还可以从案例中总结出一系列的辅导经验，为今后的工作提供指导和参考。

综上所述，高校辅导员工作案例的内涵可以归纳为：围绕大学生思想政治教育和成长成才过程中出现的典型问题，通过记录问题的全过程及其背后的思想、心理和行为变化，深入分析问题的成因，并提出切实可行的解决办法和措施，以帮助学生解决实际问题并促进其全面发展。这一过程不仅有助于辅导员更好地理解教育对象和学生成长规律，提升工作的规律性、实效性和针对性，还具有科学性、有效性、可操作性、可借鉴性和可推广性，能够为其他辅导员提供理论指导和实践参考，推动辅导员职业化、专业化和专家化发展。

二、高校辅导员工作案例的作用

（一）高校辅导员工作案例能够提供实践经验和理论指导

通过具体案例的分析与阐释，辅导员们可以获得丰富的实际操作经验，了解在实际工作中遇到的问题和挑战，并掌握解决这些问题和挑战的方法。同时，案例还能与相关的理论知识相结合，帮助辅导员更好地理解和应用相关理论，从而提升自己的专业素养和解决问题的能力。

（二）高校辅导员工作案例能够提供科学的思维方式和方法

每个案例都是一个独立的实例，通过分析解决问题的思路和方法，辅导员可以培养系统思维能力和问题解决能力。辅导员可以借鉴和参考案例中的解决方案，并将其运用到其他类似的问题中，提高问题解决的有效性和科学性。

（三）高校辅导员工作案例能够促进辅导员之间的交流与分享

辅导员工作案例的编写和分享有助于辅导员之间相互了解，交流经验和探讨解决问题的方法，共同面对工作中的挑战和压力。同时，这种交流与分享也能促进辅导员之间的合作，形成良好的工作氛围和团队合作精神。

（四）高校辅导员工作案例有助于提升辅导员的专业形象和影响力

通过编写、分享和应用案例，辅导员们能够在工作中积累宝贵的经验，从而在同行中脱颖而出，并树立起专业领域的权威形象。辅导员专业形象和影响力的提升，将有助于吸引更多的学生和同行的关注，形成典型示范效应。

（五）高校辅导员工作案例有助于推动工作创新

辅导员工作案例的撰写要求辅导员对实践进行深入反思和总结，从中发现问题并提出解决方案。这有助于推动工作的创新和发展，为今后的工作提供新的思路和方法。

三、高校辅导员工作案例研究的基本原则

案例研究的基本原则是辅导员在从事案例研究的过程中必须遵守的法则和标准，原则的确立对于科学研究具有重要的指导作用。具体而言，高校辅导员工作案例研究应遵循以下六个基本原则。

1. 真实性原则

保证案例的真实性是辅导员在进行案例研究时必须遵循的首要原则。辅导员工作案例与我们通常意义上所说的教学案例有较大的不同，后者往往是经过教学者的加工形成的，旨在贯彻教师的主观意图，并不要求完全还原案例的真实面貌，甚至允许虚构。实际上，为了更加形象生动、典型有效地传递教育内容，这种编写案例的方式在案例教学中是允许的，而且经常被采用。但当案例作为一种研究工具被运用到案例研究法中来时，研究者必须保证它是真实的、现实存在的。辅导员在案例选取、分析和解释的过程中都要确保真实性。首先，选取的案例必须是现实生活中真实发生的教育活动，不能凭空设想或者编造。其次，分析和解释案例应以客观事实为依据，避免因个人主观意愿而损害案例研究的客观性和真实性。

2. 典型性原则

当前，每名高校辅导员平均带 150~200 名学生，如果每年每名学生身上只发生一件典型性事件的话，辅导员每隔 1~2 天就会遇到一个工作案例。因此，如何在纷繁复杂的学生问题事件中挑选典型案例并进行个性化呈现和研究，成为辅导员工作案例研究的关键。首先，辅导员选取的案例应具有典型性和代表性，通过对该典型案例的分析能够得出一些有启发性的结论和启示。其次，辅导员对案例的分析要体现个性化。在案例研究中，个性化的细节描写很重要，正是这些个性化的细节才能彰显出工作案例的典型性和代表性，案例阅读者正是通过这些细节来了解和把握工作案例的真实过程，进而理解分析案例的内涵和实质，概括得出案例研究的结论。工作案例描写的个性化主要体现在两个方面：一是完整地体现出案例发生当时的情境和当事人的主观想法；二是客观地反映出当事人所具有的社会本质特征。客观地讲，人的行为与他的个性、思维和人生观密切相关，而当时所处的家庭及社会环境，往往是影响他的思维及观念形成的重要因素。因此，辅导员在研究过程中要及时对案例选取进行记录，通过着力描写其特有的思想、品质、行为、习惯等个性特征，概括出同一时代青年人的共同思想特质和行为特点，并提出有针对性、可行性和可推广的工作方法。

3. 科学性原则

长久以来，辅导员工作常被误解为仅凭经验，缺乏技巧，辅导员工作研究也一直停留

在经验总结的层面。尤其是案例研究，许多研究者认为案例研究缺乏必要的可信度与科学性，属于经验性研究。但是，在实际应用中，作为一种经验性的研究方法，案例研究的可信度和有效性取决于研究者自身的研究能力，包括选择研究主题的能力、设计研究过程的能力、收集资料和数据处理的能力、运用已有的理论知识和适当的分析方法得出正确的研究结论的能力等。辅导员在案例研究的过程中要时刻保证研究的科学性、严谨性。一是要有坚实的理论基础。辅导员在开展案例研究前要认真学习、积累资料，对研究问题有一定程度的认识和理解，形成规范、严谨的研究设计。二是要保持客观、中立的态度。中立化立场的尺度相当难掌握，辅导员无论是在描述自己亲身经历的案例，还是在某种观点的支配下挑选出工作案例，其中都已经隐含了辅导员的观点。这也就要求辅导员应尽可能客观地选材，公允地叙述，以免影响读者的分析和判断。主观性的决策和解析尽可能避免在分析案例的时候使用，从而给读者留下思考和分析的空间。

4. 前瞻性原则

做案例研究要具有一定的预见能力，能通过对现有案例的分析研究准确判断可能发生的事件，把握并准确预测思想政治教育环境和对象的变化规律，使案例具有较强的使用价值。辅导员在案例选取和分析的过程中，要时刻关注前沿理论和学生动态，要对动态发展和研究效果有一定的前瞻性。而要做到前瞻，首先就要能准确把握思想政治教育规律，了解思想政治教育工作发展趋势，在充分的理论研究基础上，开展辅导员工作案例研究。此外，还要全面把握学生的整体状况。案例研究并不是对某一案例本身进行研究，而是对其所处的环境因素、情境特征、学生状况等多项因素进行研究。所以在案例研究的过程中，要注意把握案例的时效性和完整性，全面、客观、及时地反映事实现状，以保证有效地应对当前的问题。同时研究者也要善于收集思想政治教育工作相关信息，关注国内外高校思想政治工作新举措、新特点，并与党和国家思想政治教育工作重点相结合，确保在案例研究过程中具备正确的政治方向。

5. 系统性原则

辅导员工作案例研究应遵循系统论观点，将大学生思想政治教育工作作为一个整体、动态的综合系统加以考察，主要体现在整体性、层次结构性、动态性、环境适应性上。大学生正处在成长的关键时期，世界观、人生观、价值观都在不断地成长变化过程中，辅导员不能孤立地进行个案研究，而是要充分了解并考虑到案例产生的背景、环境、案例研究对象的身心素质等因素，将案例纳入整个思想政治教育系统中进行研究，避免产生片面和偏激的研究结论。把握系统性原则首先要做好案例研究前的资料收集工作，完整全面地再现案例的整体环境背景和发生过程，保证解决方案的准确科学；其次，辅导员在分析案例的过程中要全面科学地审视每个影响因素所发挥的不同作用，因人而异、因地制宜；最后，辅导员在提出解决方案时要将案例放回到思想政治教育系统中，充分论证方案的可信度及可行性。

6. 伦理道德原则

从客观身份上来讲，辅导员作为研究者与其他研究者有所不同，辅导员相对于研究对象——学生来讲，是老师、长辈。普通的研究者均要通过多方面的努力才能进入研究现场开展研究。但是辅导员对于学生而言有自然的约束力，他们可以依靠行政力量进行案例研究。但是，这并不符合案例研究的伦理道德原则，并容易将研究引向误区。因此，辅导员在案例研究的过程中要注意以下事项。

（1）要让学生在自愿的前提下参与案例研究。辅导员在开展研究之前要征求学生同意，并将研究的意义、原则、步骤及时间界限等向学生讲清楚，征得学生的同意和支持。如果学生不同意参与研究，辅导员不得通过任何行政手段勉强学生参与。

（2）要保护隐私，即对学生的一些私密信息保密。由于案例研究的客观需要，辅导员往往要对研究对象的生活细节进行详细深入的描述，以使读者清晰地了解和认识研究案例的背景。因此，为了保护案例涉及学生实际利益的隐私问题，避免造成不必要的伤害或负面影响，辅导员必须对学生的相关资料进行处理。比如，不使用真实的姓名、地点和时间等，除非研究对象愿意公开他们的实际资料。

（3）要从人格上真诚对待学生。在研究的过程中，辅导员要充分理解和尊重学生的行为表现和客观要求，不能藐视甚至斥责学生的一些不良的思维方式和生活习惯，而要在尊重学生的基础上给予有针对性的指导意见，帮助其更好地成长成才。

四、高校辅导员工作案例的基本类型

1. 从基本理论上划分

案例研究可以从研究任务、案例数量、研究内容、收集方法、分析方法等多个维度划分出不同的类型。如果从案例研究的基本理论方面进行分析，可以分为探索性、描述性、解释性、评价性四个类型。

（1）探索性案例研究。

探索性案例研究是在确定研究问题和研究假设之前，凭借研究者的直觉进行现场调研、收集资料、形成案例，然后再根据这样的案例来确定研究问题和理论假设。这一类型的案例研究的主要目的在于定义将要研究（不一定是案例研究）的问题和假设，或判断预定研究方案的可行性，它的缺点是缺乏系统的理论体系作为支撑。

（2）描述性案例研究。

描述性案例研究是通过对一个人物、一个组织的生命历程、焦点事件以及过程进行深度描述，以坚实的经验事实为支撑，形成主要的理论观点或者检验理论假设。描述性案例研究侧重于描述，研究者往往根据既有的理论研究框架对事件进行详细的描述，其任务是讲故事或者画图画。

（3）解释性案例研究。

解释性案例研究侧重于阐释不同研究变量之间的相关性或者因果关系，目的在于检验理论。

（4）评价性案例研究。

评价性案例研究是指研究者对研究的案例提出自己的意见和看法。这类案例研究侧重于阐释研究者的理论主张和意见观点。

辅导员的工作案例一般都是个案研究，个案研究是思想政治教育学研究的重要基础。

如果没有真实的学生个案，辅导员的工作案例就会失去研究的可靠性。在撰写和开展辅导员工作案例研究的过程中，可以将调查法、经验法、实践法等密切联系起来，相互配合使用。辅导员工作案例可以是辅导员尝试探索工作中的新方法和新理论时进行有目的、有计划的探索性研究，在研究中不断修正假设，寻求规律；也必然包含描述性、解释性研究，对案例事件进行翔实描述和科学剖析，从而达到理论指导工作实践的目的；还可以是为证明某一方法或理论的科学性而进行的例证型研究；以及为检验某一固有理论或方法而设计场景进行的实验型研究。

2. 从工作内容上分类

根据《普通高等学校辅导员队伍建设规定》《高等学校辅导员职业能力标准（暂行）》等文件，聚焦大学生成长成才过程中的常见问题，根据辅导员的基本工作内容，可以将辅导员工作案例分为六个类型：

（1）思想引领类。

党的二十大报告指出，"育人的根本在于立德"，并要求"深化爱国主义、集体主义、社会主义教育，着力培养担当民族复兴大任的时代新人"。思想引领是指"运用启发、动员、教育、监督、批评等方式，把大学生的思想和行为引导到符合社会发展要求的方向上来，形成正确的思想品德的一项工作"。在新的时代背景下，辅导员着力通过习近平新时代中国特色社会主义思想铸魂育人，根据大学生思想现状和成长规律，破解高校思想政治教育工作的难点和重点，聚焦学生思想发展中的典型问题进行深入分析。

这类案例主要从强化理想信念、价值引领、责任担当三个层面出发，针对大学生群体中可能存在的理想信念缺失、人生态度扭曲、国家民族认同感不强、品行不端等问题，引导青年学生领悟新时代党的创新理论的真理魅力和实践伟力，把社会主义核心价值观同青年学生的学习生活、成长成才紧密结合起来，引导学生立大志、明大德、成大才、担大任，努力成为堪当民族复兴重任的时代新人，让青春在为祖国、为民族、为人民、为人类的不懈奋斗中绽放绚丽之花。

（2）学业指导类。

学业问题是辅导员经常处理的一类问题。学习是大学生在校期间的主责主业，是大学生获取专业知识、学习职业技能、全面发展的重要途径。学业指导的主要目的是帮助大学生培养良好的学习习惯，明确学习目标，激发学习动力，培养创新能力，做好学业生涯规划，提高学习的效率与质量。辅导员应引导大学生努力做到"知学、好学、乐学"，正确认识当今世界百年未有之大变局与新一轮科技革命产业变革加速演进的时代背景，主动加快知识更新、优化知识结构、拓宽眼界和视野，增强本领，在未来激烈的人才竞争中赢得主动、赢得优势。

在处理这类案例的时候，辅导员应该注意区分不同专业学生的专业特点，把握大学学习教育的阶段性特征，充分发挥辅导员、专业教师、学生骨干的联动作用，结合高校学业指导工作中的学习方法不当、学习态度不端正、学习进度不符合预期、缺乏学习动力等问题，给予不同类型的学生有针对性的学业指导与帮扶。辅导员既要帮助大学生看到"躺平"风气的不良影响，也要正确认识"内卷"，科学地规划好自己的大学学习生涯，增长才干。在处理学业指导类案例的时候，辅导员要结合学生的专业特点、学习规律、个性特征等，巧妙运用自身的专业知识，运用科学的教育教学方法与教育艺术，有效激发学生的自主学习意识，不仅要授人以鱼，更要授人以渔。

（3）生活辅导类。

大学是个小社会，不仅存在着几乎所有的社会形态，而且也存在着不同类型的社会矛盾。对于大部分刚刚离开家庭生活，独自面对大学校园生活的大学生而言，生活辅导类问题也是他们在步入大学时经常遇见的困扰。学生可能会感到困惑和无助，因此他们需要辅导员的指导和支持。

高校辅导员在处理此类问题的时候，要充分认识到对于"05后"大学生而言，他们成长在快速变化且充满各种诱惑与挑战的时代，见证着社会迅速变迁对人们的价值观念、行为取向、消费观念、人际关系、生活质量等诸多方面的影响，表现出了与之前大学生以及其他同龄人群的不同的思想特点、行为特征和生活困惑。因此，在处理此类个案的过程中，辅导员一方面要准确把握大学生生活辅导类个案多样化、个性化、阶段性、群体性、时代性的特征，针对大学生在高校学习生活中遇到的社会交往问题、情感恋爱问题以及休闲消费等问题提供解决问题的技巧与方案。另一方面，辅导员也要善于发现学生行为表象与内在心理需求之间的逻辑关系，及时淘汰陈旧的、过时的观念和内容，将符合社会发展的新观念、新行为吸纳到研究范围中来，用客观、科学和发展的眼光来看待学生生活领域的各种新问题，引导和帮助大学生树立正确的价值观和形成良好的生活方式。

（4）心理辅导类。

良好的心理品质是大学生成长成才的重要基础，也是培养大学生良好的思想政治素质的基础前提。中共中央、国务院发布的《关于进一步加强和改进大学生思想政治教育的意见》中明确指出，要重视心理健康教育，根据大学生的身心发展特点和教育规律，注重培养大学生良好的心理品质和自尊、自爱、自律、自强的优良品格，增强大学生克服困难、经受考验、承受挫折的能力。高校辅导员作为大学生思想政治教育的骨干力量，大学生健康成长的知心朋友和引路人，应当具备一定的心理育人的能力，成为大学生心理健康的关怀者。

近年来，高校大学生心理辅导类个案主要分为障碍性心理问题（如人格障碍、神经症等）、发展性心理问题（如适应困难、学习问题、社交障碍、神经抑郁、网络成瘾、恋爱问题、人际关系、职业发展问题等）两种类型。高校辅导员在处理学生心理问题时，可以运用谈心谈话的技巧，引导学生正确认识问题所在，寻找解决问题的有效办法。在这个过程中，应注意以下几点：一是既要关注到学生个体的独特性、年龄阶段的特征并深入分析探究问题产生的根源，同时也要在处理过程中遵循综合分析的原则，善于分辨学生的身心问题，能透过问题的表象看到本质，抓住主要矛盾和根源性问题，对学生进行引导；二是要遵循学生心理问题的动态性原则，用变化和发展的观点看待学生，注意把握学生的心理轨迹，做出科学的判断和预测；三是在处理学生心理问题的时候，要遵守保密性原则，与学生建立良好的关系。但是在必要的时候要根据情况突破保密原则，及时将相关的情况跟所在院（系）主管学生工作的领导和学校的心理咨询中心进行汇报和沟通，并做好家校协同，获取相应的指导和支持。

（5）就业指导类。

习近平总书记一直非常关心大学生的就业问题，指出高校毕业生等青年是全社会最富有活力、最具有创造性的群体，也是推动创新发展的生力军，是国家宝贵的人才资源，是推动高质量发展的重要支撑，是建设中国式现代化的重要力量。他们的就业关系民生福祉、经济发展和国家未来，并要求为青年铺路搭桥，提供更大发展空间，支持青年在创新创业的奋斗人生中出彩圆梦。面对严峻的就业形势和国家的殷切希望，指导学生科学地做好职业生涯规划，端正择业心态，掌握就业技巧是辅导员日常工作的重要内容之一。就业指导是为学生的成长成才服务的，是与学生的思想引领、学业指导、生活辅导、心理辅导等密切相关的。

辅导员就业指导工作包括就业政策的宣讲、职业生涯规划辅导、就业指导辅导、就业创业指导等内容。它既是大学生人生教育的重要内容，也是思想政治教育的重要渠道。目前，大学生就业问题主要集中在就业观念、就业心理、就业技巧、就业能力、就业安全、职场适应、创业能力等方面。辅导员要在日常工作之余积极学习国家关于就业工作的重要方针、政策和文件，掌握一定的就业指导理论，提高自己的生涯辅导和就业指导的技能。在开展就业指导的过程中，辅导员要注意学生个体的差异性和生涯发展的阶段性，结合学生的个性特点、专业背景、家庭背景、性格特点、就业能力、职业目标给予有针对性的就业指导。

（6）日常管理类。

教育部《普通高等学校辅导员队伍建设规定》明确指出，高校辅导员的工作要求和基本职责是加强学生班级建设和管理、了解和掌握高校学生思想政治状况，针对学生关心的热点、焦点问题，及时进行教育和引导，化解矛盾冲突，参与处理有关突发事件，维护好校园安全和稳定。实际上，日常管理类案例也是辅导员工作的主要内容之一。一般而言，它包括了班级管理、党团组织建设、校园文化建设、安全稳定工作、学生干部培养、评优评奖与资助工作、学生违纪处理等。日常管理工作是辅导员每天都会处理的工作。

对于辅导员而言，在处理此类工作时，首先要把握不同类型工作业务的特点、内在的工作逻辑，进而掌握其高效工作的客观规律。一方面，要针对新的形势变化和教育主体的新特点，研究开展业务工作的新规律、新方法和新载体，创新工作的新模式和新方法。另一方面，也要注重各项业务工作的规范性和程序性，做到依法依规、合理处置。要注重管理工作的程序性、公开性、公正性和透明性，保证学生的合法权益不受损。同时，辅导员要有系统思维去开展日常管理工作，注意整合优势资源，从班级、学院、学校等多个环节去分析研究，依据各项管理制度，运用科学的教育管理方法对各类复杂的事件进行有效的处理，把握事件的主要矛盾，掌握教育教学的基本规律，提高日常管理工作的效能。

3. 案例选择的基本技巧

工作案例撰写是辅导员的"内家功夫"或"看家本领"，它体现了辅导员的素质能力和业务水平。在撰写工作案例的时候，辅导员既要掌握不同类型工作案例的工作原则、基本内容、工作特点等关键要素，也要了解案例选择的基本技巧。

（1）注重案例的代表性和典型性。

选择的案例应该能够代表辅导员工作的某一方面的典型情况或问题，以便让读者产生共鸣和理解。优秀的工作案例往往具有群体特征，能反映社会关切，具有敏感性和典型性，是思想政治工作的生动体现。

（2）注重案例的实际情况和真实性。

选择的案例应该基于辅导员工作的实际情况，并确保内容的真实性，避免夸大其词。好的工作案例离不开日常工作的总结和复盘，和艺术灵感的发掘一样：来源于生活又高于生活。通过对日常工作的梳理，我们可以积累有益的经验，并汲取必要的教训。

（3）注重案例的可读性和吸引力。

选择的案例应该具有可读性和吸引力，能够让读者产生兴趣和好奇心，同时要避免过于复杂或晦涩难懂的情况。优秀的工作案例是有章可循的、有灵魂或生命力的，我们要学会提炼特色亮点，并赋予其可复制和可推广的价值意义。

（4）注重案例的多样性和丰富性。

选择的案例应该涵盖辅导员工作的不同方面和场景，包括不同类型的学生、问题、困难和解决方案等，以便展示辅导员工作的多样性和丰富性。

（5）注重案例的启发性和教育性。

选择的案例应该具有一定的启发性和教育性，能够让读者从中学习到一些经验和知识，从而在实际工作中能够有所借鉴和运用。

第二节　高校辅导员工作案例的撰写思路

一、高校辅导员工作案例的理论逻辑与写作思路

1. 理论逻辑

（1）突出问题导向。

辅导员在挑选工作案例研究的问题时，一定要注意到日常思政工作中遇到的真问题。比如，如何帮助学生应对成长成才、择业交友、健康生活等方面的实际问题；如何妥善处理学生突发失联、陷入非法校园贷等复杂事件；如何引导学生正确认识时代责任和历史使命、深化爱国主义情感、坚定制度自信等。同时，案例行文要开门见山、直奔主题，既阐明问题处理的原则，也总结同类事件的普遍规律，既讲究方式方法，也分析政策依据。案例应是同类案例或专项工作的规律性总结，为辅导员处理同类案例及相关业务工作提供满满"干货"。

（2）掌握规律性。

目前，很多省份、高校每年都会组织辅导员工作案例大赛，参赛辅导员人数与日俱增。然而，并不是每位辅导员投稿的案例都能够"中标"，也不是每位"中标"的辅导员都能够在赛事中拿到好的成绩。仔细分析下来，差别往往就在"思考"二字上面。系统总结与思考缺乏，对规律性、前沿性问题研究与探索不够，实践成果理论深化不足，行动转化成效不明显等是制约辅导员撰写优质工作案例的重要因素。要想缩小学科背景与专业化要求的差距、缓和事务性工作与专业化要求之间的矛盾，辅导员应该在工作之余潜下心来做好理论学习与规律探究，熟悉新时代学生的心理特征与行为特点，既能够"融入"学生圈层中，又能"跳出"圈层把握表象背后的问题本质，探索出具有可推广性的有效解决同类问题的工作规律、思路与方法。只有这样，才能撰写出高质量的辅导员工作案例。

（3）优化实践成果。

高校辅导员作为学生工作的实务工作者，身处大学生思想政治教育的真实情境之中，最了解大学生思想政治观念的发展动态及教育过程中的困难、问题和需求，还能有效获取真实的教育信息。这些都为深入开展行动研究奠定了基础。如果辅导员在进行案例写作时，精选出了有代表性的典型案例，提出了有可推广性、可复制性、科学有效的解决办法和思路，那么案例写作就已经成功了一大半。接下来要做的，就是"反思案例"。辅导员应在案例的反思与总结阶段，用科学研究的逻辑指导事务工作，把事务工作视为研究活动来进行反思和提升，找准实践与理论的结合点，优化实践成果。重点关注以下两个方面：

一是加强比较研究。例如，当前辅导员对网络思政的研究开展得如火如荼，不少辅导员发表了相关的论文。但是深入分析他们的研究成果，会发现同质性较强，研究的视角较为单一，思考问题的广度和深度较为局限，缺乏创新性，可推广的价值不强。若能加强调查分析，通过引入跨学科的方法和多角度的视野，可以有效提高研究的深度和广度。例如，结合心理学、教育学以及信息技术的最新成果，探讨网络环境下学生行为的新特点及其对思想政治教育的影响，将有助于开拓研究的新领域，提升理论研究的创新性和实践指导的价值。

二是思考目标定位。不论是哪个模块的学生工作，都不是建设一块"自留地"，而是要耕耘好一片"责任田"。随着高校思想政治工作体系的构建、"三全育人"等研究的日益深入，高校辅导员应该如何明确工作定位、挖掘育人元素、规划育人路径。这些都是重要的现实课题。

高校学生工作既要讲究微观探讨，也要注重宏观把握。要达到这样的境界和格局，势必需要加强研读与思考的结合、理论与实践的互动、历史与未来的联通。这就需要广大辅导员在基层创新、局部探索的基础上，继续找准切入的维度和具体角度，学会从历史的变化、现实的要求、国际的比较中进行整体性、全方位的工作研究，在借鉴历史中行稳致远，在立足现实中面向未来，在守正创新中把握规律。

2. 写作思路

辅导员工作案例撰写的思路如下：

（1）确定案例主题。

案例主题可以是辅导员工作中遇到的一个具体问题、一次成功的实践或一次有意义的经历。应确保主题明确且具有代表性，能够反映辅导员工作的特点和实践。

（2）收集案例素材。

可以通过回顾自身工作、采访相关人员、查阅相关资料等方式，收集与案例相关的素材。这些素材可能包括学生的情况、问题的表现、采取的措施、解决的方案等。应确保素材真实可靠，能够为案例提供有力支撑。

（3）分析案例问题。

对收集到的素材进行分析，明确案例中涉及的问题或挑战。这可以包括问题的性质、产生的原因、对学生的影响等。通过分析问题，为解决问题提供线索和思路。

（4）制订解决方案。

根据问题分析的结果，制订解决问题的方案。方案应包括具体措施、预期效果和实施时间等内容。应确保方案具有针对性和可操作性，能够有效解决问题。

（5）实施解决方案。

按照制订的方案，采取实际行动解决问题。在实施过程中，需要密切关注学生的反应和实际效果，并及时调整方案。同时，要注意收集相关数据和资料，以便对解决方案的效果进行评估。

（6）评估解决方案。

对实施的解决方案进行评估，分析其效果和不足之处。如果效果良好，可以总结经验并进行推广；如果效果不佳，可以反思原因并进行改进。应确保解决方案既有针对性，又有实效性。

（7）撰写案例内容。

根据以上步骤撰写辅导员工作案例的内容。在撰写时，需要注意逻辑清晰、条理分明，让读者能够掌握案例的全貌和关键点。同时，要使用客观、准确的语言，避免主观臆断和夸大其词。

总之，辅导员工作案例的撰写需要遵循一定的逻辑和思路，以确保案例的真实性和可信度。通过撰写案例，可以总结经验、交流心得，促进辅导员工作的提质增效。

高校辅导员工作是一份需要全情投入、持续奋斗、久久为功的事业，要有甘坐冷板凳、敢下苦功夫的意志。但是，把冷板凳坐热不是苦熬苦等，而是以时间为刻度，以自主和创新为根本，以情怀和责任为动力，不断书写自身本领的新高度。练就一身硬功夫，成功自然来敲门。

二、高校辅导员工作案例的撰写文风及叙述风格

1. 撰写文风

辅导员工作案例的撰写应注意使用准确、客观、简明的语言，避免使用主观臆断和夸大其词的表述方式。同时，应使用通俗易懂的文字，避免使用过于专业或晦涩难懂的术语，使读者能够轻松理解案例的内容。此外，应注意保持文风的一致性，避免出现前后矛盾或风格迥异的表述方式，以确保案例的整体性和可信度。

2. 叙述风格

（1）直接叙述。

直接叙述通常采用第一人称或第三人称叙述，直接描述事件的发生、发展和结果。它具有简洁明了、客观真实的特点，适用于撰写工作案例、报告、总结等正式文体。在直接叙述中，可以运用时间、地点、人物、事件等要素，按照一定的逻辑顺序进行描述。

（2）描写叙述。

描写侧重于描绘事件的细节、场景和人物形象，通过形象的描写来展现事件的发展过程和情感体验。它适用于撰写一些具有情感色彩的工作案例。在描写叙述中，可以运用肖像描写、语言描写、心理描写等手法来表现人物形象和情感的变化。

（3）互动叙述。

互动叙述侧重于描述人物之间的对话、交流和互动，通过对话来展现人物性格、情感和事件的发展。它适用于撰写需要展示互动过程的工作案例。在互动叙述中，可以运用对话形式展现人物之间的交流和冲突，以推动事件发展。

（4）反思叙述。

反思叙述侧重于对事件进行反思和总结，通过反思来展现人物内心世界和事件的深层意义。它适用于撰写一些具有深刻思考和反思价值的工作案例，如对某一项政策或实践的反思等。在反思叙述中，可以运用内心独白、反思性思考等元素展现作者的思考和感悟。

无论采取哪种叙述风格，都应注意以下几点：

一是保持客观真实。在撰写工作案例时，要尽可能保持客观真实的态度，避免夸大或

歪曲事实。同时，要采用可靠的数据和资料来支持自己的观点和论述。

二是突出表达重点。在工作案例中，需要突出重点和核心内容，避免面面俱到。同时，要围绕主题展开叙述，使读者能够更好地理解和掌握案例的核心要点。

三是注重案例细节。在叙述工作案例时，需要注意细节的描述和刻画，使读者能够更加清晰地了解事件的发生和发展过程。同时，细节的描述也有助于增强案例的可信度和说服力。

四是体现情感色彩。在叙述工作案例时，可以适当体现情感色彩和情感表达，使读者能够更加深入地了解人物的情感体验和情感变化。这有助于增强案例的感染力和可读性。

五是灵活运用语言技巧。在叙述工作案例时，可以运用一些语言技巧来增强叙述效果，如运用比喻、拟人、排比等修辞手法来形象地描述事件和场景；运用幽默的语言风格来表达情感和态度；运用引言、格言等语言元素来增强论述的说服力。

总之，撰写辅导员工作案例需要采取合适的叙事风格和语言技巧来展现事件的实际情况和发展过程。同时，需要注意客观真实、突出重点、注重细节、体现情感色彩和运用语言技巧等方面的问题，以提高案例的可读性和可信度。

三、高校辅导员工作案例注释与参考文献的添加

辅导员工作案例中注释和参考文献的添加是一个非常必要的工作，也是提升其学术价值、增强成果推广效果的重要一环。总体上，这一过程可以通过以下五个方面来实现：添加必要注释、引用权威参考文献、遵循学术规范与标准、建立参考文献数据库、注意学术诚信。

1. 添加必要注释

在辅导员工作案例中，可以添加注释来解释一些特定情境、背景信息或专业术语。注释内容可以是对案例中涉及的理论、方法、观点或数据的解释和说明，以及对某些特定情境的描述和解析。注释可以帮助读者更好地理解和分析案例，同时也可以提高案例的学术价值。

2. 引用权威参考文献

在辅导员工作案例中，可以引用相关的权威参考文献来支持案例的论述和观点。这些参考文献可以是相关的研究论文、书籍、报告或官方文件等。通过引用参考文献，可以增强案例的说服力和可信度，进一步提升案例的学术价值。

3. 遵循学术规范与标准

在添加注释和参考文献时，需要遵循学术规范和标准，包括引用格式的要求、文献类型的分类和排版要求等。这些规范和标准可以参照国际或国内的学术规范指南，以确保注释和参考文献的准确性和可靠性。

4. 建立参考文献数据库

为了方便查找和使用参考文献，可以建立一套参考文献数据库。将所有引用的文献整理到一个数据库或文档中，并按照主题、作者、出版时间等进行分类和排序。这有助于辅

导员更快地找到所需文献，提高工作效率和质量。

5. 注意学术诚信

在添加注释和参考文献时，需要注意学术诚信原则。引用的文献必须真实可靠，不得抄袭或剽窃他人的成果。同时还需要遵守相关的法律法规和知识产权规定，不得侵犯他人的合法权益。

总之，为辅导员工作案例添加注释和参考文献是提高其学术价值的重要手段之一。通过遵循学术规范和标准、建立参考文献库和注意学术诚信等措施来确保注释和参考文献的准确性和可靠性，从而提高辅导员工作案例的学术价值和可信度。

四、高校辅导员工作案例的相关数据及整理分析

关于如何收集、整理和分析辅导员工作案例的相关数据，如何确定方向，如何制订相关计划，如何实施、整理、撰写报告等有以下几个步骤：

1. 确定数据收集的目标和范围

在开始收集数据之前，需要明确收集的目标和范围。例如，可能需要收集关于辅导员工作案例的种类、数量、时间、地点、对象、结果等方面的数据。同时，还需要确定数据的来源和收集方法。

2. 制订数据收集计划

根据目标和范围，制订详细的数据收集计划。该计划应该包括具体的收集方法、时间表、人员分工和预期的成果。例如，可以采用问卷调查、访谈、观察、档案资料查阅等方法进行收集。

3. 实施数据收集

按照计划进行数据收集，注意保持数据的真实性和完整性。对于一些重要的信息，可以采用录音、录像或记笔记等方式进行记录。同时，还需要对数据进行初步的整理和分析，以便及时调整收集计划和策略。

4. 数据整理和分析

在收集完数据后，需要进行整理和分析。首先，需要对数据进行清洗和整理，祛除无效和错误的数据，确保数据的准确性和可靠性。然后，可以采用定量分析和定性分析方法对数据进行深入分析。例如，可以统计辅导员工作案例的数量和类型，分析其特点和规律；也可以采用文本分析方法对案例进行主题分析和情感分析等。

5. 撰写分析报告

根据分析结果，撰写一份详细的分析报告。该报告应该包括数据的收集情况、整理过程、分析结果、结论和建议等。同时，还需要将分析结果以图、表格等形式进行呈现，以便更好地展示数据的分布和趋势。

6. 发布和使用分析结果

将分析报告发布给相关人员，以便他们了解和分析结果。同时，还可以将分析结果应

用于实际工作中，例如制订更加科学合理的辅导员工作规划和计划，提高辅导员的工作效率和质量等。

总之，收集、整理和分析辅导员工作案例的相关数据是一个复杂而重要的任务。需要明确目标、制订计划、实施收集、整理和分析数据，并最终将分析结果应用于实际工作中。同时，还需要不断改进和完善数据收集和分析的方法和手段，以更好地支持辅导员的工作和学生的发展。

五、高校辅导员工作案例的资源结合与打磨技巧

将辅导员工作案例与其他教育资源相结合可以进一步健全高校的"三全育人"工作体系，提高教育教学的质量和科学性，以下是笔者总结的辅导员工作案例撰写与运用的思路方法。

(一) 资源结合方式

1. 与课程资源相结合

辅导员工作案例可以作为课程资源的一部分，纳入课程教学中。例如，在讲授职业规划、社交技巧、心理辅导等方面的课程时，可以将一些典型的工作案例作为实例，帮助学生更好地理解和掌握相关知识。同时，辅导员还可以根据学生的实际情况和需要，结合课程内容设计一些具有针对性的工作案例，以增强教学效果。

在"三全育人"体系建设的过程中，辅导员与专业教师之间的协作显得尤为重要。双方共同致力于案例教学材料的开发，确保所选案例既符合教学大纲的要求，又与学生的现实生活紧密相连。这种合作模式不仅能够丰富教学资源，提升学生的学习积极性，而且对于辅导员的专业成长和教学技能的提升具有显著的促进作用。通过与任课教师的深入交流与合作，辅导员能够更准确地掌握课程的核心内容和教学规范，进而将实际工作中的案例有效地融入教学活动之中，实现理论知识与实践应用的有机结合。

2. 与实践环节相结合

就像医生拥有临床案例、律师拥有法律案例、工程师拥有工程案例一样，辅导员也必须拥有大量的教育案例。辅导员的案例知识来源于实践经验。辅导员的最大财富就是掌握大量具体而又生动的思想政治教育事件，拥有宝贵的教育实践经验，将这些工作案例收集整理、归类分析，可以为思想政治教育工作提供更真实且具有针对性的解决方案。

辅导员工作案例可以作为实践环节的素材和背景，为学生提供更真实的实践场景。例如，在组织学生进行心理情景剧表演时，可以选取一些真实的心理问题案例，让学生模拟解决实际问题的方法和过程。这不仅可以加深学生对心理问题的认识和理解，还可以提高他们解决实际问题的能力。又如，辅导员工作案例亦可用于模拟面试、职业规划讲座等活动中。通过模拟真实的职场环境，使学生能够亲身体验求职面试的过程，感受职场竞争的压力与挑战，从而激发其学习动力，提升其职业素养与综合能力。同时，辅导员可结合自身工作经验，为学生提供个性化的职业规划建议与指导，帮助其更好地认识自我，明确职

业目标，制订切实可行的职业发展计划。

案例研究能帮助辅导员主动提高反思能力，能够有助于辅导员在繁忙的事务性工作之中不断复盘，完善工作思路，积累丰富的工作经验，在日后的工作中遇到类似的事情能够迎刃而解。再遇到类似的事件时，可以采用更加准确、迅速、理性的解决措施。同时，一位辅导员的优秀案例容易引起处于相同职业背景的其他辅导员的共鸣，激起其他辅导员思考和判断该辅导员的具体做法和得出的总结是否得当，换位思考假如自己处于该情景中将会怎样做、怎样想，反思自己在以往的类似情景中是如何做的，与该辅导员相比较有什么优点和不足。若能善于运用前人的研究成果并将其整合到自己的实践工作中，进一步打磨加工和凝练提升，便能不断推动学生工作理论体系和实践研究的发展。

3. 与网络资源相结合

辅导员工作案例可与网络资源融合，构建在线平台或数字化资源库，以便学生和教师便捷地查询和利用。例如，可以创建一个辅导员工作案例库，对搜集并整理的案例进行归类和编排，并配备搜索功能与在线阅读器等工具，便于师生检索和应用。此外，将一些优秀案例转化为视频或音频等多媒体形式，上传至在线平台，以供更广泛的群体学习和交流。

为了进一步提升学习效果，在线平台还可以定期举办线上研讨会和工作坊，邀请校内外专家和优秀辅导员分享经验，进行案例分析，解答学生和辅导员的疑问。通过这些活动，不仅能够拓宽师生的视野，还能激发他们的思考和创新能力。通过与网络资源的紧密结合，辅导员工作案例的价值和影响力将得到更大程度的发挥，不仅限于校内，还能辐射到更广泛的教育领域，形成资源共享、互助共赢的良好局面。

4. 与校内外资源相结合

辅导员工作案例可以与校内其他资源相结合，如学生组织、社团、校医院等，共同为学生提供更全面的教育服务。例如，可以与校内的心理健康机构或组织合作，共同开展心理辅导和心理健康教育活动，将辅导员的工作案例与专业机构的服务相结合，提高服务的针对性和有效性。同时，辅导员还可以与校内的职业规划中心、就业指导部门等紧密合作，共同举办职业规划讲座、模拟面试等活动，将辅导员的工作案例融入其中，为学生提供更加贴近实际的职业规划和就业指导。

同时，辅导员工作案例也可以与校外资源相结合，如与实习单位、就业服务中心、社会公益组织、红色育人基地等建立合作关系，共同推动学生的社会实践和职业发展。通过与实习单位的合作，辅导员可以推荐优秀的学生参与实习，并借助实习单位的真实工作环境，收集更多的工作案例，为学生提供更丰富的实践经验和职业发展建议；与就业服务中心的合作，则可以帮助辅导员更好地了解当前的就业市场和用人单位的需求，为学生提供更精准的就业指导和服务。此外，与社会公益组织的合作，不仅可以为学生提供参与社会公益活动的机会，还能培养他们的社会责任感和公民意识；与红色教育基地合作，则能够让学生亲身感受革命历史，传承红色基因，增强他们的爱国情怀和民族精神。

在与校内外资源合作的过程中，辅导员需注重资源整合和共享，确保合作项目的质量和效果，同时积极争取校内外各方的支持和参与，共同促进学生的全面发展。同时，要确保资源的互补性和协同性，避免资源的重复和浪费；要加强与学生的沟通和交流，了解他们的需求和反馈，及时调整和优化资源结合的方式和内容。只有这样，才能更好地发挥辅导员工作案例的价值和作用，为学生的全面发展和成长提供有力的支持和保障。

（二）案例打磨技巧

辅导员工作案例的特点是总结提炼工作经验，宣传推广学生工作创新实践取得的优秀成果，能够发挥交流借鉴、示范带动作用，共同提升思想政治工作的质量和水平。当前辅导员撰写学生工作案例还存在几类典型的问题，有的是太高不实，缺少具体的做法和基于一定维度的有参考借鉴意义的实践经验总结，有的是过于具体，缺少一定抽象化的凝练，如何在这两个维度之间把握一种平衡，成为影响质量的关键。

学生工作案例一般是在某一个工作专项和工作领域内形成的经验型的工作成果，一般应包括四个方面：基本情况，简要介绍创新案例提出的背景情况等；主要做法，着重介绍特色经验做法；工作成效，反映工作创新取得的成效等；工作启示，提炼概括具有普遍性的经验启示。当辅导员撰写完工作案例的时候，一定要注重做好以下几方面的打磨工作：

一是要学会引用习近平总书记关于教育的重要论述、重要文件和重要讲话精神，或者与案例相关的上级重要文件和会议的精神。这是由宏观到具体的写作方法，就是体现如何把中央的决策部署或重要的文件精神转化为具体落实的实际工作。在转换的过程中，一定要厘清内在的写作逻辑，做到条理清晰，按照"何以为据（讲话、文件精神）——何以落实（措施、品牌）——有何特色（成效）"逐层撰写。

二是要紧密围绕案例本身进行分析，分析过程有理有据，条理清晰。写案例核心是解决问题和矛盾，那就要对案例相关的问题背景进行分析，找到目前的难点和痛点。以问题为导向，先论述清楚主要矛盾（主要措施），再论述次要矛盾（次要措施），逻辑一定要清晰，切莫混作一谈。这里可以采取"优中有忧"的写法，既要体现已有的工作成果，也要分析其中隐藏的问题难题。在撰写案例的时候，应注意使用简洁明了的语言，避免使用过多的行业术语和复杂的概念、描述具体的工作场景和过程、使用生动的例子和形象的描写、确保叙述方式的连贯性和逻辑性等方法。要注意叙述方式与主题的关联性，避免偏离主题或跳跃话题的情况。

另外，要注重用数据说话，用事实支撑，避免泛泛而谈，空而无物。在撰写工作案例时，应尽可能收集并呈现具体的数据和事实，以证明案例的可行性和有效性。例如，可以列出某项工作举措实施前后的数据对比，或者提供学生反馈、用人单位评价等具体事实，来增强案例的说服力和可信度。同时，要注重对数据的分析和解读，揭示数据背后的深层含义和规律，以更好地指导实际工作。

三是应致力于提炼经验与做法，彰显案例的特色及工作成效。在撰写工作案例时，辅导员必须始终以问题为导向，深入剖析案例，严谨总结工作经验。此外，应善于从典型案例中提炼出普遍规律，洞察细微之处，将案例中的个别现象或事件转化为常规的、持久的工作规律，将表面现象提升为理论经验，实现从具体到抽象、从表象到本质、从浅显到深入的拓展。这是案例写作成功的关键，也是作者判断力、辨别力、执行力和远见卓识的集中体现。

同时，辅导员还应熟练运用修辞手法，最好能在标题中提炼出精辟的语句，随后阐述具体的做法。或者采用对仗的结构，确保不同小标题之间的表达方式、体例保持一致，使人一目了然，清晰易懂。当然，如果能在案例中通过图表、表格或模型的方式阐述主要工作经验，构建工作模型，将使案例更具说服力和实用性，进一步提升案例的价值和影响力。例如，可以通过构建工作流程图或思维导图，直观地展示案例中的主要工作流程和关键环节，帮助读者更好地理解和把握案例的核心内容。同时，结合具体的工作场景和实际情况，提炼出具有创新性和可操作性的工作方法和技巧，为其他辅导员提供可借鉴的实践经验。

四是务必审慎核查文本格式，恪守学术规范。在撰写辅导员工作案例时，须留意文字的连贯与流畅，避免采用生僻词汇或过于复杂的句式结构。应尽可能使用简洁明了的语言来表达意图。文本格式是案例专业性与规范性的体现，它关系到案例的可读性与传播效果。在审阅文本格式时，辅导员应关注字体、字号、段落布局、标题层级等排版细节，确保案例整体布局美观、结构清晰。在撰写案例过程中，必须确保所引用的数据和信息的准确性，包括引用文献、描述实验结果、分析数据等。同时，应严格遵循学术规范，对引用的文献和数据进行准确标注，避免抄袭和剽窃行为。确保内容的原创性，并适当引用相关文献。这有助于维护学术道德和信誉，增强案例的可信度和可靠性。

此外，还需细致检查案例中的错别字、语法错误以及标点符号的不当使用等低级语法错误，这些问题虽小，却往往影响案例的质量与形象。因此，辅导员在撰写和润色工作案例时，必须认真对待文本格式和学术规范，确保案例的专业性、规范性和可读性。

六、高校辅导员工作案例的出版要求与注意事项

（一）内容要求

出版辅导员工作案例时，内容的质量和真实性是首要考虑的因素。案例应当基于真实的辅导员工作经历，反映实际工作中的问题和挑战。虽然为了保护隐私，可以对某些细节进行适当调整，但案例的核心内容必须真实可靠，不能虚构或夸大。真实性是案例价值的基础，只有真实的案例才能为其他辅导员提供切实可行的参考和借鉴。

案例的撰写应注重凸显典型性。辅导员在工作中会遇到各种各样的问题，但并非所有问题都适合作为案例出版。选择的案例应当具有代表性，能够反映辅导员工作中的常见问题或典型挑战。例如，学生心理问题、学业困难、人际关系冲突、职业规划困惑等，都是辅导员工作中常见的主题。通过典型案例的分享，可以帮助其他辅导员在面对类似问题时，找到解决问题的思路和方法。通过精心挑选和深入分析这些典型案例，可以为辅导员们提供一个丰富的学习资源库。

此外，案例应当经过严格审核，避免含有偏见或误导性的内容。通过这些方式，辅导员工作案例能够成为引导、教育和启发同行的有力工具。在撰写案例时，应当注重对问题的分析和反思，总结出有效的处理方法和策略。通过案例的分享，可以帮助其他辅导员提升工作能力，避免类似的错误，提高工作效率。

（二）结构要求

一个完整的案例应当包括背景介绍、问题描述、处理过程、结果和反思等部分。背景介绍可以帮助读者了解案例发生的环境和条件；问题描述应当详细说明遇到的挑战和困难；处理过程应当清晰地展示辅导员采取的措施和步骤；结果和反思部分则应当总结处理的效果，并提出改进建议。只有完整的案例，才能为读者提供全面的参考和借鉴。

在撰写辅导员工作案例时，结构的设计是非常重要的。一个清晰、逻辑严谨的结构，可以帮助读者更好地理解案例的内容和价值。首先，案例的标题应当简洁明了，能够突出案例的核心内容。标题是读者对案例的第一印象，一个好的标题可以吸引读者的注意力，激发他们的阅读兴趣。

背景介绍是案例的开篇部分，应当简要描述案例发生的背景和环境。例如，学生的基本情况、问题的起因、相关的社会环境等。背景介绍的目的是为读者提供一个全面的背景信息，帮助他们更好地理解案例的来龙去脉。背景介绍应当简洁明了，避免过多的细节描述，以免影响读者的阅读体验。

问题描述是案例的核心部分之一，应当详细说明辅导员在工作中遇到的具体问题或挑战。问题描述应当具体、清晰，避免模糊不清或过于笼统地描述。例如，如果案例涉及学生的心理问题，应当详细描述学生的心理状态、行为表现、问题的严重程度等。通过详细的问题描述，可以帮助读者更好地理解案例的复杂性和挑战性。

处理过程是案例的另一个核心部分，应当详细描述辅导员在处理问题时所采取的措施和步骤。处理过程应当逻辑清晰、步骤明确，避免跳跃式的描述。例如，如果辅导员通过与学生谈话、与家长沟通、寻求专业帮助等方式解决问题，应当详细描述每一个步骤的具体内容和实施过程。通过详细的处理过程描述，可以为读者提供具体的操作指南和参考。

结果和反思是案例的结尾部分，应当总结处理的结果，并提出反思和改进建议。结果部分应当客观、真实，避免夸大或美化处理效果。反思部分则应当深入分析处理过程中的成功经验和失败教训，提出改进建议和未来工作的方向。通过结果和反思，可以帮助读者从案例中汲取经验，提升自己的工作能力。

（三）格式要求

在出版辅导员工作案例时，格式的规范性也是非常重要的。一个规范的格式，不仅可以提高案例的可读性，还可以提升案例的专业性和权威性。首先，案例的字数应当控制在2000字至5000字之间，具体字数要求可以根据出版机构的规定进行调整。字数过少可能导致内容不够详细，字数过多则可能影响读者的阅读体验。

语言的使用也是格式要求中的重要部分。案例的语言应当简洁、规范，避免使用口语化或过于随意的表达方式。辅导员工作案例是一种专业性较强的文本，语言应当严谨、准确，避免使用模糊或不明确的词汇。例如，在描述学生的心理状态时，应当使用专业的心理学术语，避免使用过于主观或情绪化的语言。

引用和参考文献的使用也是格式要求中的重要部分。如果在案例中引用了其他文献或研究成果，应当注明出处，并遵循学术规范。引用和参考文献的使用，不仅可以提高案例的权威性和可信度，还可以为读者提供进一步阅读和研究的参考。引用和参考文献的格式应当统一，通常可以采用 APA、MLA 或 Chicago 等常用的引用格式。

此外，案例的排版和格式也应当符合出版机构的要求。例如，字体、字号、行距、段落格式等，都应当按照出版机构的规定进行调整。一个规范的排版和格式，不仅可以提高案例的可读性，还可以提升案例的专业性和权威性。在提交案例之前，应当仔细检查格式是否符合要求，避免因为格式问题而影响案例的出版。

（四）隐私保护

在出版辅导员工作案例时，隐私保护是一个非常重要的伦理问题。辅导员在工作中接触到的学生信息和个案情况，往往涉及个人隐私和敏感信息。因此，在撰写和出版案例时，必须严格遵守隐私保护的原则，确保学生和家长的隐私不被泄露。

首先，案例中的个人信息应当进行匿名化处理。学生的姓名、学号、家庭背景等个人信息，应当使用化名或代号代替，避免直接使用真实信息。例如，可以使用"学生 A""学生 B"等代号来代替学生的真实姓名。此外，案例中的其他敏感信息，如学生的心理状态、家庭情况、学业成绩等，也应当进行适当的处理，避免泄露学生的隐私。

其次，在涉及敏感信息的案例中，应当获得当事人的知情同意。知情同意是隐私保护的基本原则之一，意味着在出版案例之前，应当向学生和家长说明案例的内容和用途，并获得他们的同意。如果学生或家长不同意公开案例，应当尊重他们的意愿，避免强行出版。知情同意不仅是伦理要求，也是法律要求，违反知情同意原则可能导致法律纠纷。隐私保护不仅是伦理要求，也是辅导员职业道德的重要组成部分。通过严格的隐私保护措施，可以确保案例的出版不会对学生和家长造成负面影响。

最后，出版机构也应当制定严格的隐私保护政策，确保案例的出版符合隐私保护的要求。出版机构应当对案例进行严格的审核，确保案例中的个人信息和敏感信息得到妥善处理。通过严格的隐私保护措施，可以确保案例的出版既能够为其他辅导员提供参考和借鉴，又不会侵犯学生和家长的隐私权。

（五）版权与授权

在出版辅导员工作案例时，版权和授权问题也是需要特别注意的。版权是作者对其作品享有的法律权利，包括复制权、发行权、改编权等。在出版案例之前，作者应当明确版权的归属，并签署相关的授权协议，确保案例的出版符合法律规定。

首先，作者应当明确案例的版权归属。通常情况下，案例的版权归作者所有，但在某些情况下，版权可能归出版机构或学校所有。例如，如果案例是在学校或机构的支持下完成的，版权可能归学校或机构所有。因此，在出版案例之前，作者应当与学校或机构协商，明确版权的归属，避免因为版权问题而产生纠纷。

其次，作者应当签署授权协议，允许出版机构使用和发布案例。授权协议是作者与出版机构之间的法律合同，明确双方的权利和义务。授权协议通常包括案例的使用范围、使用期限、稿酬等内容。作者应当仔细阅读授权协议，确保自己的权益得到保障。例如，作者可以要求出版机构在案例出版后支付一定的稿酬，或者要求出版机构在案例再版时通知作者。

此外，作者还应当注意案例的原创性问题。案例应当是作者的原创作品，不能抄袭或剽窃他人的作品。如果案例中引用了其他文献或研究成果，应当注明出处，并遵循学术规范。原创性是案例出版的基本要求，抄袭或剽窃不仅会影响案例的质量，还可能导致法律纠纷。

最后，作者还应当注意案例的时效性问题。辅导员工作案例应当反映当前辅导员工作中的实际问题，避免使用过时的案例。时效性是案例价值的重要保障，过时的案例可能无法为其他辅导员提供有效的参考和借鉴。因此，在撰写和出版案例时，作者应当选择最新的、具有代表性的案例，确保案例的时效性和实用性。

（六）提交与审核

在完成辅导员工作案例的撰写后，提交和审核是出版过程中的重要环节。提交和审核的质量，直接影响案例的出版效果和读者的阅读体验。因此，作者应当严格按照出版机构的要求，完成案例的提交和审核工作。

首先，作者应当按照出版机构的要求，选择合适的提交方式。通常情况下，出版机构会要求作者提交电子版或纸质版的案例。电子版提交通常通过电子邮件或在线投稿系统完成，纸质版提交则通过邮寄或直接送达完成。作者应当仔细阅读出版机构的提交指南，确保提交的案例符合要求。例如，出版机构可能要求案例的格式、字数、排版等符合特定的要求，作者应当严格按照要求进行调整。

其次，案例的审核流程也是非常重要的。通常情况下，案例的审核流程包括初审、复审和终审等环节。初审主要是对案例的基本内容进行审核，确保案例符合出版机构的基本要求。复审则是对案例的学术质量和专业性进行审核，确保案例具有较高的学术价值和实用性。终审则是对案例的整体质量进行审核，确保案例符合出版机构的出版标准。作者应当积极配合出版机构的审核工作，及时回复审核意见，并根据审核意见进行修改和完善。

（七）出版渠道

在完成辅导员工作案例的撰写和审核后，选择合适的出版渠道也是非常重要的。出版渠道的选择，直接影响案例的传播效果和读者的阅读体验。首先，学术期刊是一个常见的出版渠道。学术期刊通常具有较高的学术权威性和专业性，适合发表具有较高学术价值的辅导员工作案例。作者可以选择与辅导员工作相关的学术期刊，提交案例进行评审和出版。

其次，书籍出版也是一个常见的出版渠道。书籍出版通常适用于较为系统、全面的辅导员工作案例集。作者可以将多个案例整理成册，出版成书籍。书籍出版不仅可以提高案例的传播效果，还可以为作者带来一定的稿酬和声誉。因此，作者可以选择与出版机构合作，出版辅导员工作案例集。

此外，网络平台也是一个重要的出版渠道。随着互联网的发展，越来越多的教育类网站和平台开始接受辅导员工作案例的投稿。网络平台具有传播速度快、覆盖面广的优势，可以帮助案例迅速传播到更多的读者手中。作者可以选择知名的教育类网站或平台，提交案例进行出版。

最后，作者还可以选择通过学校或机构的内部出版物进行出版。许多学校和机构都有自己的内部出版物，如校刊、院刊等。这些内部出版物通常具有较高的针对性和实用性，适合发表与本校或本机构相关的辅导员工作案例。通过内部出版物进行出版，不仅可以提高案例的传播效果，还可以为学校和机构提供有价值的参考和借鉴。

总之，选择合适的出版渠道，可以帮助案例更好地传播和推广，为更多的辅导员提供参考和借鉴。作者应当根据案例的特点和出版机构的要求，选择合适的出版渠道，确保案例的出版效果和读者的阅读体验。

第三节 高校辅导员工作案例获奖作品详解

一、命名技巧

撰写辅导员工作案例，其实也是运用系统思维进行思考的过程。辅导员将日常工作中遇到的典型案例进行充分概括，结合思想政治教育的基本原则、理论，选择合适的、科学的工作方法，以达到解惑和育人的目的。

要写出一份好的工作案例，首先要学会给案例起一个能够吸人眼球的名字，这是提升案例质量的第一步。俗话说，"题好文一半"，好的题目能够起到画龙点睛的作用，能够直接吸引读者的注意力。一般而言，工作案例的命名技巧主要为以下五个"巧用"。

（一）巧用数字

数字与生俱来带有归纳属性，不仅能够直观体现严谨，更高度凝练了内核，让读者一目了然。一般来说，辅导员用数字对案例进行命名，主要采用三种方式：

1. 第一种：数字+功能

（1）"五个结合"提升研究生党建工作成效的实践探索。

（2）创新"1+2+4"实践育人模式，探索构建创新创业教育新生态。

（3）构建"454 式"党史学习教育体系，推动党史学习教育"常修课"不断创新。

（4）"135 哆咪嗦"学生党建工作模式的探索与实践。

（5）"九个易"引领云上党史学习教育新潮流。

（6）稳稳的饭碗 暖暖的人心——"三早三心三聚焦"赋能更加充分更高质量就业。

（7）靶向"四个铸就"，打造"四个工程"，走好学史育人之路。

2. 第二种：数字+问题

（1）学生失联怎么办？5 个关键建议要牢记。

（2）学生党员积极性不高怎么办？这 4 类关键问题务必要重视。

3. 第三是数字+数字

（1）"00 后"对话 00 后老兵大思政格局下"365"红色文化育人实践。

（2）突出学校管理"四导向"，平息实习危机"三风波"——以某校学生小 A 的实习风波为例。

（3）开展"三求"计划，发挥"三个效应"。

（4）构建"六位一体"—"五味药方"素养模型，助力拔尖创新型卓越医生培养。

（5）把握 4 类重点人群，用好 8 项制度举措，全力帮扶毕业生就业。

（6）三大主线确保全员覆盖，四大抓手推动学思践悟——学生思政教育"微阵地"模式探索。

在这类案例的命名中，数字往往代表了辅导员在日常工作中的创新探索或工作举措，或者在工作中发现的核心问题，数字在案例的撰写过程中充当了"主线"的角色。在这类案例的撰写过程中，辅导员应对自己负责的工作进行全面复盘和高度凝练，总结出来的工作特色必须和模块工作的特点相契合。

（二）巧用对仗式

对仗式的表述方式也是辅导员常用的案例命名方式，有着广泛的应用空间。所谓对仗，就是将一个完整的句子分成两个部分，读起来朗朗上口、严谨工整、特色鲜明、美观大方。例如：

（1）用梦逐梦，让梦筑梦。

（2）创新载体学党史，知行合一育新人。

（3）构筑学生学习发展共同体，提升思想政治工作亲和力。

（4）同心筑梦育新人，"易"展风采谱新章。

（5）"五育并举"暖心领航，"立德树人"共助成长。

（三）巧用句式表达

巧用句式表达就是通过借用有名的诗句、名言、台词、电视剧的名称等，或者形象地利用比喻、拟人等手法，或者利用设问句的表述方式，生动地展示案例内容，激发读者的阅读欲望，例如：

1. 第一种：利用有名的诗句、电视剧的名称或台词等

（1）从"热辣滚烫"看青年如何绽放青春梦想。

（2）专业化若在久长时，努力岂在朝朝暮暮。

（3）等闲识得东风面，学风建设显成效。

（4）雪中送炭三九暖，松柏常青耐岁寒。

（5）"易"百天遇见不一样的自己。

（6）孤"芳"不自赏。

（7）从"破茧"到"成蝶"，"一体五边形"构建就业育人新模式。

2. 第二种：利用暗喻或者隐喻等修辞手法

（1）让"石榴花"在粤港澳大湾区灿烂绽放。

（2）"懒惰羊"变形记。

（3）为心灵戴上"口罩"。

（4）巧用"沉默的螺旋"，深植思政内核，奏响网络文化育人主旋律。

（5）用"伐树"助人，借实践铸己。

（6）"栗子"成长计划。

（7）"患阳"又"幻阳"，"羊群"之中如何自处。

3. 第三种：利用疑问句或设问句，与读者进行对话

（1）亲爱的同学，你究竟有几重迷茫？

（2）是馅饼还是陷阱？

（3）毕业生荣誉证书造假如何应对？

（4）女生失恋"网暴"前男友，辅导员如何应对？

4. 第四种：让题目来讲故事，吸引读者的注意力

（1）一台摔落的电脑，偶然与必然。

（2）"乌龙事件"中的暖暖师生情。

（3）让我陪你走过每一个难熬的黑夜。

（4）咳嗽声中的故事。

（5）"情""理"之中的六毛钱班费。

（四）巧用思政热点难点

难点即问题，热点即焦点，以问题或焦点为关键词，能够有效地吸引读者的注意力。例如：

（1）EDG夺冠引起了个别学生的非理性庆祝，辅导员应如何应对？

（2）守正创新，AI助力非遗传承——"大思政"视域下新工科学院专业赋能大学生社会实践的探索与思考。

（3）"精密智控、暖心关爱"，打赢校园疫情遭遇战。

（4）挖掘积极样态，创造思政教育"新国潮"——记一个关于"青年亚文化破茧之旅"的案例。

（5）警惕后疫情时代高校学生的犬儒主义倾向——一则旷课学生案例的教育与反思。

（6）从指尖到心间：标本兼治破舆情——一例抖音"网红"引发的舆情危机处理与思考。

（五）巧用可迁移的成功经验

巧用可迁移的成功经验即以可迁移、可复制的成功经验的形式为整篇案例内容"盖棺定论"，奠定案例的观点和表达核心，直接明了，迅速吸引对话题感兴趣的受众。例如：

（1）"写、诵、讲、绎"——浸润红色经典，培育明德青年。

（2）巧用"1册3时5组"端正大学生入党动机。

（3）"微·书·声"——"公读共听"微信公众号网络思政教育工作案例。

（4）经济困难外衣下的"迫"与"破"——新时代"枫桥经验"绘就助困育人的"枫"景。

（5）以画为桥，启智润心——运用原生艺术疗法促进负性情绪改善的案例报告。

（6）从"课程育人小课堂"到"课外实践大课堂"——新时代卓越新闻传播人才培养"立体化""沉浸式"课程思政新模式。

二、案例示范

在撰写案例的时候，有的辅导员倾向于撰写学生成长成才过程中的各类典型问题；有的则倾向于撰写自己在围绕"九大职责"开展各类育人工作、活动中形成的先进经验或优秀案例。由于写作内容不同，两种案例在案例概述（做法简介）、案例分析（实施过程、主要做法、具体措施）、案例启示环节略有不同。

1. 案例类型一：学生个案

在撰写学生个案的时候，辅导员应准确描述问题案例，包括事件发生的时间、地点和主要经过，辅导员所选的问题或疑难个案应具有一定的代表性和普适性。

在准备撰写该类个案的时候，辅导员要充分了解教育对象的个性特征、家庭背景、亲子关系、社会关系、在校表现等基本情况。既要明确学生遇到的主要问题、问题的性质及其严重程度，也要深入分析和挖掘学生问题背后的表层原因和深层原因，并梳理好解决问题的思路。

○ **范例**

小Z，男，22岁，公共管理学院大三男生，广东人，体育爱好者、创业爱好者，家庭经济较为殷实，目前家庭父母是离异再婚的，母亲带他与继父结婚，并有一个异父异母的哥哥。

小Z并不喜欢目前的专业，学习成绩不理想，有较多的不及格科目，很快面临补考。辅导员找他谈话多次，但是改善效果不明显。有一天晚上，舍友告知辅导员，小Z已经失踪3天了。舍友翻看他宿舍床上的东西时，发现他的床上乱七八糟，有一些他人银行卡和身份证的复印件，并有一份公司法人证明的文件。该公司的法人就是小Z，舍友通过"天眼查"查询，确认小Z确实是该公司的法定代表人。此外，床上还有很多小Z各个银行的银行卡、生活必需品。小Z除了手机，什么都没有带。

得知情况后，辅导员及时联系学生家长，家长告知小Z没有回家，几番在亲友中寻找，均无果。辅导员第一时间上报学院党总支副书记，正在准备报案时，舍友告知小Z已经回到宿舍，在床上休息。

辅导员建议舍长留一个舍友等待小Z起床，邀请其余舍友到办公室了解小Z近期的情况。舍友反映，小Z入学以后，对本专业的学习就不感兴趣，经常在社会上找创业机会，希望能够快速地致富。最重要的原因是，他哥哥是北京大学的毕业生，有份非常体面的工作，小Z非常渴望能够在家庭中证明自己。基于以上原因，小Z经常在宿舍发表创业的想法，但是同宿舍的同学只想好好完成本科学业。在没有得到舍友的回应后，他很少在宿舍交流，转向校外寻求"合伙人"，并为此旷课多次，成绩不理想。然而，创业之路筚路蓝缕，小Z失败了很多次，在无助之余便经常到网吧打网游，经常彻夜不回。

随后，辅导员联系了小Z的母亲，了解了他在家庭的表现以及与家人的沟通交流情况。根据深入了解，小Z与继父没有什么交流，与母亲关系虽然密切，但是也没有深层次的交流。母亲知道小 Z 在高中曾经有抑郁史，但没有服药，目前在当创业公司的法人，但是对其长期旷课、成绩不理想的事情并不知情。

在小 Z 睡醒之后，辅导员与其进行了深入的谈心谈话。在谈话中，辅导员更多地运用了共情技术、倾听技术，与小 Z 建立情感链接，鼓励他表达自己内心深处的想法。谈话结束后，辅导员整理出以下信息点：

①小 Z 的职业生涯规划缺失，职业目标与自身能力不匹配；

②小 Z 的学业生涯规划缺失，有多门课不及格，补考在即，面临毕业危机；

③小 Z 的亲子关系和人际关系处理不当；

④小 Z 内心深处非常想通过在短时间内"成大事"，跟哥哥比肩，在家庭中获得重视；

⑤小 Z 确实曾经有过抑郁史，高中曾经有过自杀念头，自行就医吃药后基本康复，但是仍容易出现抑郁情绪；

⑥小 Z 的创业公司是在社会上认识"朋友"的诱导下注册成立的，但是小 Z 对于自己需为此承担的法律风险并不知情，幸好目前尚未有任何纠纷，也没有经济负债；

⑦在压力特别大的时候，小 Z 会去网吧玩 3 天以上的游戏，直到精疲力竭时才会回学校；

⑧小 Z 的身体素质特别棒，目前是校运动队成员；

⑨小 Z 毕业后有入伍的愿望。

我们观察到，学生个案往往是会随着时间的推移和主客观环境的变化而动态发展的。很多个案问题不是辅导员通过一两次的工作就能够解决的，大多是跟进了两三年。学生因为成长环境、教育背景、个性特征、亲子关系等问题，本身就是一个"多重矛盾体"。在遇到这类个案的时候，不少辅导员往往会觉得非常棘手，需要花大量的时间和精力去陪伴学生的成长，尽可能帮助学生解决困难。这就需要辅导员在日常工作中积累丰富的工作经验，在日常工作中加强对学生的关心和帮助，建立良好的链接，成为学生的"知心朋友"，同时培养贴心的学生干部，保持良好的家校沟通关系。

2. 案例类型二：精品活动、项目类

辅导员在描述该类精品活动或项目的时候，要写清楚精品活动、项目的背景、政策依据、思路设计以及取得的育人成果。因此，应选择辅导员在实际工作中思路清晰、方法成熟、已探索出工作规律，有 3 年左右的实践基础，且形成了个人工作品牌，具有良好社会效应和可推广性的案例。

○**范例**

案例背景

冰心曾说"爱在左，同情在右，走在生命路的两旁，随时撒种，随时开花……踏着荆棘，不觉得痛苦，有泪可落，也不是悲凉"；王秀瑛说"护士必须有一颗同情的心和一双愿意工作的手"。这些名家名言都诠释了作为一位合格的护理工作者，不仅需要精湛的

技术，还需要良好的人文素养。人文素养最好的养成方法就是陶冶情感。适时、及时和随时的情感陶冶需要一种快捷有效的育人模式。构建的"互联网+护理"人文育人模式延伸到了学生成长的全过程中，打通了护理人文育人的"最后一公里"。

设计思路

在"互联网+教育"背景下，依托"微信公众号""易班""网络直播"等新媒体平台和技术，设计以各类主题活动为载体的人文育人实践，采用线上线下、传统与创新相融合渗透的混合式育人模式，构建一个中心、二类专业指导、三型人才培养目标、四个实践平台、五类护理人文主题的育人模式。通过人文引领教育青年，人文传播感化青年，人文实践历练青年，人文服务凝聚青年，人文创新培养青年，不断加强对学生人文营养供应，人文知识供给，人文实践供求，人文服务供需，精心培育护理人文，解答"学生之惑"，将"护理人文"的种子播撒到每个学生的心中，打造多元文化融合、多种要素汇聚、多方主体协同、多媒介全程育人的护理人文育人网络生态圈。

三、案例分析技巧（实施过程、主要做法、具体措施）

案例分析环节是决定一份案例质量高低的关键所在。许多辅导员实践经验非常丰富，但是缺乏将工作经验转换为案例的经历。往往存在以下问题：一是表述逻辑混乱，对所描写的个案分析不透彻，没有抓住问题的主要矛盾；二是过多地谈论理念和感受，缺乏对案例进行的系统性的总结；三是工作方法运用不当，或者工作方法比较陈旧，不适合目前大学生的心理状况和行为特征；四是没有系统观念，对案例缺乏全局性的思考，存在"头痛医头""脚痛医脚"的现象。

之所以写得不清楚，最本质的原因在于没有思考清楚学生个案的核心问题。如果连内核都不准确，调整语句或者句式就没有意义。那么如何才能够想清楚呢？那就要用逻辑思维去分析问题，找到导致学生困境的主客观原因，这些原因应建立在因果关系分析的基础上。从案例的整体写作逻辑上看，一般都遵循"寻找案例关键点—得出案例本质—厘清主客观矛盾—提出解决思路—论述实施办法—总结经验启示"。其中，核心要点就是对案例进行全面客观的分析，在学生众多的行为特点和客观现象中抓住主要矛盾。

1. 案例类型一：学生个案

案例分析方法有很多，比较常用的主要有两个：一个是按照事件轻重缓急来分析，用"5W1H"（事件、地点、人物、起因、经过、结果）进行剖析，并按照 WHY、WHAT、HOW 的逻辑顺序进行分析；另一个是金字塔逻辑分析公式：论点、结论先论证、以下证上、归类分组、对比、逻辑递进。我们在写案例之前要先确定研究方法，再进行逻辑分析，而不是直接归纳甚至仅凭经验揣测就得出结论。

在这个过程中，辅导员要结合相关教育理论，深入分析问题产生的深层次原因；要对问题的产生和学生的心理做深入研究，并提供相应的理论依据；要写清实际处理情况（或教育过程），并总结得失，提出处理此类情况的共性思路和育人智慧，体现辅导员的教育理念、职业素养和业务能力。在介绍解决问题的策略、方法和实际处理情况时，应有具体的工作措施和切实可行的实施策略，具有可操作、可复制、可推广的共性。

○范例

一、案例解决思路

经过对各方信息的综合判断，辅导员对小 Z 的情况进行了深入分析，认为小 Z 目前的情况存在着 6 个方面的问题。以此为基础，辅导员形成了帮扶小 Z 的工作思路（图 1）。

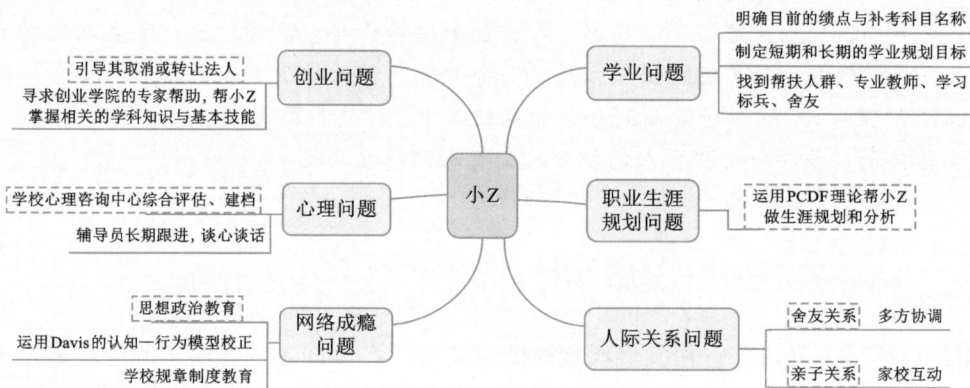

图 1　帮扶小 Z 的工作思路图

二、案例帮扶措施

根据分析结果，辅导员按照主次要矛盾和轻重缓急的顺序，多方协同，激发学生自我调整的内动力。经过综合评判，小 Z 面临 6 个迫切需要解决的问题，但是经过仔细分析，其实核心问题一共是 2 个——心理问题与职业生涯规划问题，并以此为 2 个核心，衍生出其余 4 个问题（图 2）。

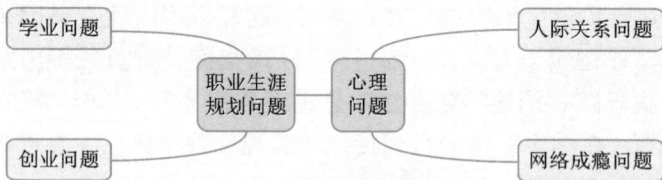

图 2　小 Z 面临问题的分析图

（一）科学运用 CIP 理论，解决学业规划迷茫和生涯规划迷茫问题

1. 运用 CIP 理论。职业信息处理（cognitive information processing, CIP）理论起始于 20 世纪 90 年代初的美国佛罗里达州立大学，由 Sampson、Peterson、Reardon 提出。该理论认为生涯选择源于认知过程和情感过程的交互作用，是一种相当复杂的决策活动。它认为生涯成熟取决于个人的决策能力，而这一能力又取决于个人的知识和认知操作的有效性。

通俗地说，CIP 理论模型就是"知己知彼，决策行动"。具体而言，CIP 理论包括知识领域、决策技能领域、执行加工领域三个层级（图 3）：

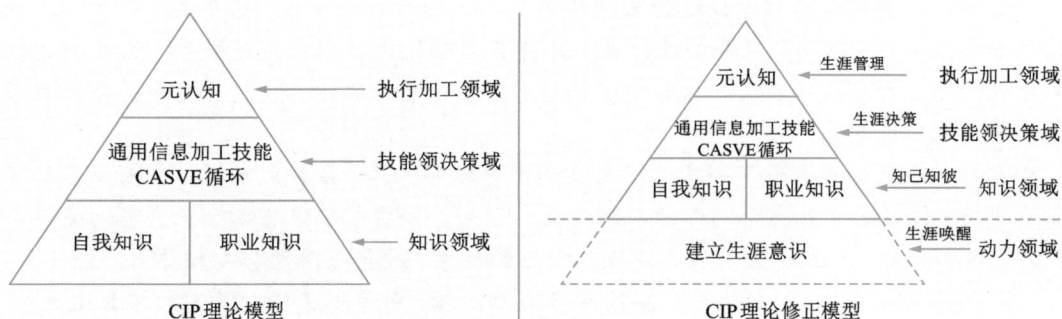

图3　CIP理论模型和CIP理论修正模型

针对小Z遇到的问题，需要先帮助他建立生涯意识（CIP理论修正模型），然后通过对内探索、对外探索，实现"知己知彼"，然后通过CASVE循环，形成元认知，采取可行性的措施决策行动。

辅导员为小Z做了三次生涯规划访谈，通过使用标准化测评、卡牌进行了兴趣探索；通过成就事件、技能卡牌进行了能力探索；通过分类卡和发展清单进行了价值观探索；通过人物访谈和信息搜索进行了对外探索，然后通过运用CASVE循环的匹配探索，推断出未来比较适合小Z的是金融类的行业、销售类的行业，或者依据他的个人愿景应征入伍。

通过测评，小Z明白了自己的能力与创业并不匹配，遂放弃了未来往创业的方向发展。经过辅导员的引导，他也明白了现阶段担任"法人"的不理智性和存在的法律风险，答应即刻与"合伙人"沟通，处理好"法人"的转移问题。

2.科学确定学业生涯目标。在完成了生涯规划之后，最迫切需要解决的问题就是确定大学期间切实可行的学业生涯目标，主要是通过即将面临的多门补考。如果补考都没通过，就会形成新的压力源。

为了解决这个问题，辅导员迅速地找到主管教学工作的副院长，陈明原因，取得支持，联系到了相应科目的专业课教师，给小Z"开小灶"，帮助其解决学科学习中的难点。同时，辅导员还找了班级中的学生党员干部，针对小Z的难点科目进行帮扶。

补考结束后，小Z在辅导员的指导下，结合职业生涯规划的目标，确定了短期、中期、长期学业发展目标和具体的学习计划。

（二）科学评估心理状态，家校协同建立情感支持，戒除网络游戏瘾，回归正常的学习生活

在这个案例中，最让人揪心的就是小Z和家人表示，他在高中的时候曾经有过抑郁症，并且险些实施自杀行为。虽然他考上大学后，症状缓解已经不需要服药，但是在重重压力下已经出现了明显的抑郁情绪。为了解决这个问题，辅导员采取了以下四项措施：

1.引导小Z到学校心理咨询中心进行评估。经过学校心理咨询中心教师的科学评估，判断小Z已经出现了情绪低落、思维缓慢、语言动作减少和迟缓等症状，但是情况较轻，尚不需服药，但应定期回访。

2. 邀请小 Z 的母亲到学校进行家校协同。小 Z 的母亲到校后，辅导员将小 Z 的在校情况和学业成绩、情绪状况告知其母亲，并与其母亲达成共识，共同引导、监督小 Z 执行学业计划。母亲还答应会积极与小 Z 沟通，给予他更多的情感支持，逐渐引导他放下要和哥哥比较的想法。

3. 针对小 Z 的宿舍做了一次人际关系的团体辅导，引导宿舍成员对小 Z 有更多的了解和支持，修复小 Z 在宿舍内部的人际关系。同时，辅导员私下告知舍长，密切关注小 Z 的表现和行动，如果小 Z 再次出现夜不归宿的现象，要第一时间告知辅导员。

4. 利用 Davis 的认知行为理论解决网络成瘾问题，引导小 Z 回归正常的学业生涯。

Davis 认为网络成瘾行为是一系列原因导致的，并且这些原因需要密切关联才会导致网络成瘾的现象。小 Z 出现依赖网络游戏的行为，从家庭方面来看，其家庭经济条件虽然良好，但其母亲再婚后在小 Z 的重要成长阶段忽视了陪伴他，并且未曾跟小 Z 进行过深层次的沟通。从人生选择上看，小 Z 按部就班地读大学，在读大学的过程却迷失了学习目标和生活方向；再加上现实中与同龄人缺乏沟通，不能适应现实的集体生活，在与人相处的过程中矛盾增多。因此，小 Z 每次面临巨大压力时，便沉溺于网络游戏中，生活节奏与生物钟彻底被打乱。他白天上课时在课室里昏昏欲睡，或者选择逃课，学业成绩也一塌糊涂。

针对 Davis 的认知—行为模型理论的原理，辅导员抓住"病原""情境线索"两端，一方面分别与小 Z 和他母亲深度沟通，引导她掌握与 20 岁左右的年轻人沟通交流的方式与技巧，帮助小 Z 理解母亲的不易、艰辛和对他从未变过的爱，帮助二人加强亲子关系，提供正向的情感支持；另一方面，辅导员给小 Z 安排了一份学生助理的工作，让他在课余时间都到学院来，多与老师和优秀的学生骨干交流，也让舍友在宿舍里增加对他的帮助和监督，一起引导他积极参与校园文化活动，增强"情境线索"的正向引导。

（三）干预结果

在采取了以上措施后，小 Z 在专业课教师、学生党员和学习标兵的帮助下，顺利地通过了所有科目的补考，并根据测评结果确定了职业生涯规划发展的短、中、长期目标和切实可行的学业计划。他在学校心理咨询师的帮助下，打开心扉，和母亲有了更多的深层次交流，改善了亲子关系，也增强了与宿舍同学的交流与连接。在辅导员老师的帮助下，他在担任学生助理的期间，参与了不少的校园文化生活，接触了许多优秀的大学生，更加深刻地理解了"快速致富"是不可能的。只有先确定适合自己的奋斗目标，锲而不舍地努力与付出，不断提升专业素养与综合能力，未来才会是"生涯愿景"而不是"南柯一梦"。

小 Z 在毕业时，被银行录用。在收到应征入伍的通知后，他成功通过了重重考核，最终被选入武警部队。在新冠疫情防控中，他与同伴一起成为"逆行者"，奔赴抗疫一线，将青春的篇章写在祖国大地上。

2. 案例类型二：精品活动、项目类

精品活动、项目类案例的撰写可以按照案例的实施过程、主要做法、具体措施、实施成效进行构思。在写作的时候，可以遵循"思想为王、内容为先、方法为要、体系为纲"的原则，既要突出案例的实施思路、方法措施与特点，展现辅导员在精品活动、项目设计与执行过程中的智慧，也要突出案例开展后的育人成效，尤其是其社会效应和可推广价值。简而言之，就是要把握好"三个过程"。

（1）设计过程。辅导员必须建立系统思维，所设计的子项目、子活动虽可以多样化，但是必须紧紧围绕着精品活动、项目的总体目标，不能给读者留下"眼花缭乱"的印象。同时，所设计的活动载体、途径以及措施，必须符合当下大学生的行为特点和心理特征，使得教育效果取得实效，不流于形式，真正做到入脑、入心、入魂。

（2）执行过程。在开展该类项目、活动的建设过程中，辅导员要通过不断地学习、实践与交流，围绕项目重点认真加强理论研究，把理论创新与工作实践结合起来，用理论指导工作实践，用实践推进理论创新。同时，注重通过实践不断完善项目、活动的品牌体系，实现样态优化，使得项目有内涵、有格局、有定位、有创意，且形式多样、载体丰富、有温度、有成效。

（3）写作过程。辅导员要特别注意做好案例的顶层设计，做好总结归纳，特色凝练，做好案例的谋篇布局。为了提升案例的表现效果，在案例的写作过程中也可以特别重视修辞手法的使用。"对仗"是辅导员在案例分析环节常用的修辞手法。对仗标题不仅用在主标题上，而且也可以用到分段的小标题上。具体而言，可以采用以下几个方法写好对仗类题目。

一是递进式。比如，"拼劲、闯劲、韧劲、巧劲"；"出了题""解了题""答了题"；提升认识—强化能力—聚焦重点—真抓实干；使"植树"成为"造林"；试点"申报书"细化为改革"施工图"；制度设计落地为重点举措和攻坚行动；把"一时"的经验巩固为"一直"的模式；等等。按照这样的递进顺序来写，体现由浅入深的逻辑。

二是并列式。比如，按照"上下前后左右"等同一空间维度来撰写案例小标题，要体现同一个维度层次的不同板块，但是这些板块之间的作用是不同的。比如，全员参与、全时贯穿、全域协同，横向融通、综合融入、开放融合，纵到底、横到边、全覆盖等。

三是转折式。重点可以按照"优中有忧"的写法，在突出案例成绩的同时，找到一些问题和不足。比如，"有覆盖但引领力不够，有布局但渗透力不强，有联动但互通性不足"等。

○**范例**

"互联网+护理"人文育人模式，采用线上有指引和线下有实践，传统与创新融合渗透的混合式育人模式，打造一个集文化、实践育人于一体的综合性育人场域，实现线上线下相结合，有效实现认知性引导和实践性锻炼，实践出"线上有人文思想的引领，线下有人文实践对接"的虚实共生的人文育人模式。

1. 线上：充分发挥手机微信APP、易班、学习通等电脑和移动智能终端设备学习功能，实现人文教育的互动性、即时性，突破时间和空间局限，提高护理人文素质教育的针对性和实效性，扩大覆盖面和影响力。

（1）构建线上主题人文教育模式。创建"聆听诗的声音""医卫学子筑梦青春"等护理人文微信公众平台和易班社区推广，打造人文育人网络新阵地。创建了"学姐的故事""学姐说实习""最美天使""天使情怀""人文微课堂""师说心语"等栏目，目前"聆听诗的声音"护理微信公众号已发送原创内容300余篇，吸粉4000余人，单篇推文最高浏览量达到4000人次；网络直播点赞数单次达10000人次；讨论留言达3000条。

（2）开通每周日的"小莉有约，与你有约"网络直播，以座谈形式，邀请抗疫英雄、学姐、教授等做客直播间，开展"师说心语"等活动，进行网上互动、答疑解惑。而今年，作为湖南省在疫情特殊时期中开学的第一所高校，为了丰富大学生的精神生活，又推出了"爱上'悦'读"直播栏目，每周推出学生们喜欢的书籍并开展美文朗读和读书感悟直播活动，给青年提供人文营养。直播打开次数达146823人次。

（3）编著《守望精神家园——礼敬中华优秀传统文化》校本教材。制作了家国情怀、社会关爱、人格修养三大主题下的"医者仁心、苍生为本""医乃仁术、芳垂万世"等人文网络微课堂，成为主题班会和课程育人的重要资源。

2.线下：依托李莉辅导员名师工作室设计了护理人文精神、护理人文思想、护理人文知识、护理人文技能的实践项目。

工作室积极探索以辅导员为主体引领学生成长的新媒体育人模式，不断从理念创新、队伍建设、组织机构设置、制度建设等方面理顺工作机制，从育人形象、呈现方式、育人手段、内容建设等方面建立健全网络育人机制，充分挖掘辅导员作为网络育人队伍开展网络思想政治教育的优势，坚持网络育人与日常育人工作相结合，与提升网络引导能力相结合，与培养学生网络素养教育相结合，并以跨界、协同、融合等互联网思维实现其与其他网络平台的互联互通、共建共享，弥补辅导员开展网络思想政治教育的短板，做到在满足学生需求的同时实现对学生的思想引领，在人文素质的养成的育人合力中真正让思想政治工作"做到家"入心田。

以李莉辅导员名师工作室为中心，实施二类指导（学生思想政治教育实践指导和护理人文实践指导），培养三型（创新阳光型、复合专业型、应用拓展型）护理人才，依托四个平台（社区人文素质教育实践基地、班级人文素质提升互助小组、学校第二课堂、人文素质教育教学网络微课），制定五类护理人文素质主题（遵循人文精神、理解人文思想、具备人文知识，掌握人文技能、养成人文实践）。

（1）在情景演绎中领悟人文精神。

结合学校的百年办学历史，与学生一起自编自导自演《百年传承》《爱的传递》等系列大型情景剧，在情境中生动诠释了医学前辈的大爱无疆、救死扶伤的科学求真的医学人文精神；组织开展5.12护士授帽、医学生宣誓等极富仪式感的活动。

在护士节，邀请了学校优秀毕业生刘红莲、胡佩、罗晨阳、肖艳超对2018级即将去实习的护理学子们进行授帽，让同学们感受到专业的价值，坚定职业信念。此次活动得到了湖南省教育电视台频道、湖南职教网、湘潭文体频道等媒体的报道。

（2）在榜样学习中理解人文思想。

收集优秀毕业生在临床工作和抗疫中的典型事迹，整理成册，拟编撰以"聆听花开的声音"为名的读本。在2020年开学之初，以抗疫英雄报告会的方式开讲了这个特殊学期的思想政治教育第一课，有4位我校优秀的最美逆行者与学生们一起分享他们的抗疫故事。此次报告通过易班平台直播，不仅在特殊学期给学生上了一堂深刻的思想政治教育课，生动演绎了共产党员的初心和使命，同时更加坚定了医学生对救死扶伤的深刻理解，强化了护理人文思想。

(3)在活动参与中学习人文知识。

开展了《天使飞翔，人文铸魂》《礼敬中华优秀传统文化》《青春印记》《爱上"悦"读》、湖南省大学生微电影等人文主题教育成果展示活动，每个学生必须完成好个人或团队合作相关任务，自主开展相关座谈、讨论、演讲、论坛、写作、微视频制作等活动。

(4)在社会实践中掌握人文技能。

依托社区、公益机构、养老医院、学校创业孵化基地等单位，建设社区医疗人文实践活动基地，构建了科普教学、志愿服务、老年关爱、创新创业四类人文实践项目，开展社区人文实践调研、医院患者满意度调查、公益志愿服务等活动和学生暑期科技文化卫生"三下乡""四进社区"等社会实践项目。进行了"护理专业学生人文现状与对策"调研，撰写了1.5万字的调研报告，参加了学校第九届大学生科技学术"挑战杯"竞赛并获三等奖。

翟紫忱团队的爱儿孕婴健康照护咨询公司参加2018年湖南省黄炎培职业教育创业规划大赛获优胜奖，该公司于2018年11月经学校审核通过已入驻学校的创业孵化基地，正式挂牌并进行了工商注册运营。

(5)在行为举止中养成人文习惯。

编写了含二维码终端的《沟通和礼仪训练手册》视频教材，制作"一举一动总关情"礼仪训练系列微课；自主编排了礼仪操，纳入护理专业学生入学和日常行为规范训练的专项课程，成为学生第二课堂加分项目。同时每年在新生第一学期组织"文明医卫人，礼仪我先行"礼仪操大赛，让"人人知礼仪，个个懂礼节"深入学生的日常学习和生活中。

(6)育人成果丰硕。

通过"互联网+护理"人文育人体系构建，培养了一批有信仰、有能力、敢担当、有情怀的医卫学生，涌现了一批在全国、全省职业技能大赛上获奖的学生。

四、案例启示的撰写技巧

高校思想政治工作旨在育人，人在这个过程中不仅是主体，也是本体、是目的，更是关键所在。如果辅导员开展的教育引导工作，做不到解决学生的思想问题和学生个体成长与发展过程中的实际问题相结合，仅仅解决了表层问题，而没有抓住问题的根源，就意味着放弃了教育工作中的主体、对象和目标，难以将工作深入学生内心，难以获得学生对工作的认同。因此，辅导员在处理完个案后，一定要进行复盘，反思自己的工作是否确实围绕着学生的成长困惑，是否解决了学生的疑难问题，是否得到了学生的认同，是否切实驱动了学生本人进行自我关照，认识到了问题所在，或找到了解决问题的方法，并且能通过这个经历遇见更好的自己。

在案例撰写的过程中,辅导员在案例启示环节一般存在以下四个不足:一是提出的改进措施与案例本身缺乏实际的逻辑关系,不知道从哪里搬来一大段"万金油"般的表述,缺乏针对性。二是思考角度比较局限,不够全面,解决措施力度不足,没有系统意识、就事论事,没有延展性。三是没有抓住主要矛盾,案例处理过程及其反思阶段,均没有看到辅导员的工作对"人"产生了什么影响,体现不出案例工作的效度。四是案例反思没有探索学生工作的内在规律、就事论事,工作方法、措施陈旧,难以体现辅导员的思考过程,缺乏可推广性和借鉴意义。

那么,一份好的案例启示应该如何撰写呢?基于育人的角度,笔者认为应该围绕以下四个方面进行撰写:

一是抓住案例本身的主要矛盾。我们在做案例启示时,措施中关注的重点一定是案例本身的问题。比如学生遭受网络诈骗引发危机,核心在于辅导员如何解决当下的危机。学生逃课、与专业教师争吵,核心是保证课堂有序的前提下,对学生进行思想教育和正确引导。简而言之,就是要解决当前的事件,并加强对当事人的教育,这是案例要重点检验的实践办法和能力。切勿轻描淡写,把重点转移到大多数人的教育管理上,那便偏离了案例启示的初衷。即启示环节的第一层思考路径,是针对工作漏洞的反思,进而由漏洞反思制度规范,由个别问题思考一般问题,由浅层次的认识问题教育上升到拷问理想信念教育。

二是体现对案例的全面思考。这是探索启示的第二层。仍以学生受到网络诈骗为例,你还会从哪几个方面思考启示?笔者认为应坚持个体教育与集体教育相结合,充分利用榜样教育的力量。思想政治教育中的典型既有正面典型,也有负面典型。学生的错误思想和行为往往构成负面典型。我们要能从表象挖掘到核心,由个别上升到一般,筛查并挖掘学生群体中的隐患,加强深层次思想认识的引导,做到理论灌输与典型示范相结合。所以,案例启示的思考路径应该从这个方面切入:从漏洞中思考建设,做到举一反三。

三是体现思想政治教育工作的效度。青年大学生处于特殊的生理阶段和心理阶段,尤其是面对世界的深刻复杂变化,面对信息时代各种思潮的相互激荡,面对纷繁多变、鱼龙混杂、泥沙俱下的社会现象,面对学业、情感、职业选择等多方面的考量,他们可能会感到疑惑、彷徨、失落。这是正常的人生经历。所以第三层切入应该从这个角度出发,正视问题,思考让规律性和目的性相统一的方法,引导学生学会思考、善于分析、正确抉择,做到稳重自持、从容自信、坚定自励。这个时候,第三层启示就要基于案例而升华了,把案例当成解剖麻雀的一个切点,思考其背后的总开关问题。工作案例的撰写,一定要掌握核心问题,就是要有育人效度。

四是体现辅导员的思考力。辅导员选择的工作案例,应该在某一工作领域有一定的代表性。有可能是一直存在,但一直未能得到妥善解决的普遍问题;也有可能是过去没有,但是现在正逐步成为突出矛盾的。不论选择哪一种类型的问题,都要牢记大学生思想政治教育是一个动态发展的过程,思政工作者在开展育人工作时要做到因事而化、因时而进、因势而新。辅导员在撰写案例分析的时候,要着力体现自己的思考能力,或能迅速抓住在新的主客观环境下呈现的新问题的核心矛盾,或用新思路为思政工作中原先存在的问题带来新的解决措施。

○**范例一**

一、找准关键点，聚焦问题本质，多方协同形成最大合力

小 Z 的个案之所以能够被成功解决，在于辅导员老师经过多方信息的搜集与综合分析，找准了 2 个核心问题："职业生涯规划问题"与"心理问题"。这 2 个核心问题交互作用，相互影响，并由此产生了"学业问题""网络成瘾问题""创业问题""人际关系问题"4 个衍生问题。

为了解决 2 个核心问题和 4 个衍生问题，辅导员老师运用了 CIP 理论和 Davis 的认知—行为模型理论的技巧与方法，在家长、学校心理咨询中心、学院领导、专业课教师、舍友、学生党员干部的多方共同努力下，按照轻重缓急，制定了具体可操作的帮扶措施，最终顺利帮助小 Z 建立了适合他的生涯规划目标，解决了学业困难，修复了亲子关系，戒除了网络游戏的瘾，主动参与校园文化生活，培育了积极向上的心理特征，也通过努力实现了人生价值。

二、建立健全摸排体系，建立危机预警机制，做到关口前移

高校辅导员的工作涵盖了"九大职责"，专项工作任务重，日常事务性工作非常细碎烦琐，如果没有建立起科学的摸排体系和危机预警机制，学生管理工作不仅会对辅导员本身产生巨大的心理压力，而且会使辅导员如履薄冰，不知道哪里会"爆雷"。

所以，高校辅导员在开展日常学生管理工作的时候，应当建立"班级干部—学生党员—舍长—心理委员"的摸排体系，并通过不同场合不同角度不断加强对这支学生干部队伍的培养，普及心理健康知识和危机识别技巧，建立自己管理班级的危机预警机制，做到关口前移。

在本案例中，如果学生干部能够更早地与辅导员取得联系，提前告知小 Z 的异常表现，就不会出现其几天几夜都不归宿的情况，辅导员也能够提前采取工作措施，避免或减少次生问题的产生。

三、不断加强理论学习，增强业务素养，做到精准育人

辅导员是高校思想政治工作的一支非常重要的骨干力量，党和国家一直非常重视这支队伍的建设，并要求队伍做到"政治要强、情怀要深、思维要新、视野要广"，只有这样，才能承担"承担伟大工程的施工员、伟大事业的质检员、伟大斗争的战斗员、伟大梦想的服务员"的历史责任。

面对这种情况，势必要求新时代的辅导员不忘初心，不断加强理论学习，提升理论素养与职业技能，将工作做细做实，走专家化、专业化的道路。辅导员不能满足于完成日常的事务性工作，要善于结合工作实际，科学运用思想政治教育及其相关学科的理论方法与实践技巧，针对学生存在的问题做好个性化的帮扶与引导，准确施策，精准育人。只有这样，才能够在学生工作中做到晓之以理，动之以情，从根本上解决问题，从而实现为党育人，为国育才的教育目的。

范例二

（一）特色亮点

1. 借助新媒体平台，构建"互联网+护理"人文素质育人模式

通过互联网平台，形成了全员全方位全过程的"人文育人"环境，打造了独具特色的护理人文育人实践品牌，给学生营造了积极向善、清朗的人文网络空间；形成了"传承医学人文精神、融入人才培养、培育匠心人才、促进内涵发展"的长效机制，为医学人文实践提供了较为系统化的解决方案，形成了可借鉴、可复制、可推广的实践模式。

2. 以主题活动为载体，探索医学人文育人新途径、新方法

以五类主题活动为载体，开展线上线下人文教育和实践活动，解决了高职护理学生在校期间课上的教学呈单班、单课程、单时段的碎片化、片段化的教育，课下的教育呈单一性、单向性、单时效性的问题，学生运用所学的人文知识和技能，有效解决在生活和职场中的人际交往、学习、就业等相关问题，增加了学生生活的幸福感及职场的竞争力。

（二）经验启示

大学生思想政治教育与人文素质教育都以立德树人为根本任务，两者是相通的，可以互相促进。在"互联网+"背景下，充分挖掘和优化整合医学生的人文素质教育下的思政教育资源，需要找到符合时代特征、医卫学子特色、校园特性、青年特点的方式方法。

高校辅导员作为思想政治教育的实施者，在工作中结合学生思想实际和学生专业特点，构建"互联网+护理"人文育人实践项目，将人文实践教育活动贯穿学生的各环节，形成一体化育人合力、一体化育人载体、一体化育人保障，优化内容供给、改进工作方法、创新工作载体，构筑了师生成长发展共同体，使人文教育与思政教育、专业教育保持连贯性和持续性融合，达到全员全过程全方位的育人大格局。

（三）有关建议

（1）将"互联网+护理"人文教育与护理专业课程教学相融合，形成课上课下融会贯通的人文教育格局。

（2）深入挖掘护理人文育人元素，优化人文教育资源，拓展人文育人渠道，提升"互联网+护理"人文育人模式的影响力。

第四节　高校辅导员工作案例的推广

一、高校辅导员工作案例的推广策略

高校辅导员工作案例的推广策略，可以大致分为建立良好的撰写与推广机制、加强培训与学习、建立并利用数字化平台和媒体资源等方法。具体而言：

1. 建立良好的撰写与推广机制

高校应建立良好的辅导员工作案例撰写与推广机制，鼓励和支持辅导员开展工作案例的撰写和分享工作。同时，应建立健全工作案例评审和发布流程，确保工作案例的质量和有效性。此外，还应建立激励机制，对优秀的工作案例作者进行表彰和奖励。

2. 加强培训与学习

高校应加强对辅导员的培训和学习，提高其在工作案例撰写和推广方面的能力和水平。可以邀请专家学者进行授课和指导，组织辅导员进行交流研讨和分享经验，以促进培训和学习活动的开展。

3. 建立并利用数字化平台和媒体资源

在互联网时代背景下，社会上任何个人的力量都是单薄的，做事要与他人合作，建立与他人的联系，在团结合作的基础上再去想方法。同样，尽最大可能争取更多人的支持将会是获得成功的保障。故要充分利用数字化平台和媒体资源来不断扩大高校辅导员工作案例撰写与推广的影响力。例如，可以创建微信公众号和新浪微博等账号来积极发布和宣传最新的关于高校辅导员工作案例的信息资源；制作相关视频供其他人学习和研究；创建属于自己的网站，公开地呈现一些优质的高校辅导员工作案例，便于更多的人去了解和学习。除此之外，也可以在校园内发放宣传单或者张贴海报来宣传高校辅导员工作案例的内容，进而促进更多的人去关注和学习。

二、高校辅导员工作案例的推广流程

都说学术界有一个大圈子，那么在圈内确定合适的受众群体并推广辅导员工作案例是一大要点。合适的受众必定是对某一类研究有了解、兴趣与需求的，如下是一些确定合适的受众群体并推广辅导员工作案例的流程。

1.确定目标受众

在推广辅导员工作案例时，需要明确目标受众是谁，即哪些人群会对这些案例感兴趣。例如，可以是辅导员、学生、家长、教育机构等。通过确定目标受众，可以更好地了解他们的需求和特点，制订更有针对性的推广计划。

2.了解受众的需求和特点

在确定目标受众后，需要深入了解他们的需求和特点，包括他们的教育背景、职业需求、兴趣爱好等。通过了解这些信息，可以有针对性地选择案例类型、语言风格和传播渠道等，提高推广的有效性和受众的接受度。

3.选择合适的传播渠道

在推广辅导员工作案例时，需要选择合适的传播渠道，以便更有效地将信息传递给目标受众。例如，可以通过校园广播、海报宣传、社交媒体、网络平台等多种渠道进行传播。在选择传播渠道时，需要考虑目标受众的接受度和使用习惯，以确保推广效果最大化。

4.制订有针对性的推广计划

根据目标受众的需求和特点，可以制订有针对性的推广计划。例如，可以采取讲座、研讨会、工作坊等形式，邀请辅导员或其他专业人士进行讲解和分享；也可以制作宣传视频或图文资料，通过社交媒体或网络平台进行传播；还可以与相关机构或组织合作，共同推广辅导员工作案例。

5.评估推广效果

在推广辅导员工作案例的过程中，需要定期评估推广效果，以便及时调整推广计划和策略。可以通过收集反馈、统计数据、分析效果等方式进行评估。评估结果可以作为改进推广计划和方法的依据，提高推广效果和受众接受度。

总之，确定合适的受众群体是推广辅导员工作案例的关键之一。需要通过深入了解目标受众的需求和特点，选择合适的传播渠道和制订有针对性的推广计划来提高推广效果和受众接受度。同时还需要定期评估推广效果并不断改进推广计划和方法，以更好地满足受众需求和提高推广效果。

三、高校辅导员工作案例的质量提升

根据反馈和评价来改进辅导员工作案例的写作质量也是研究工作的关键，做研究并非山中修行，两耳不闻窗外事的埋头苦干并非良计，适当听取意见才为上策，以下是一些相关的步骤。

1.收集反馈和评价

通过多种途径收集来自学生、辅导员、教育机构等受众的反馈和评价，包括对案例的实用性、针对性、可读性等方面的评价。可以采取问卷调查、访谈、在线评论等方式进行收集。

2.分析反馈和评价

对于收集到的反馈和评价，需要进行深入的分析和研究。可以统计数据、归纳总结、分析案例的特点和不足之处等。通过分析，可以了解受众的需求和期望，发现案例中存在的问题和不足之处。

3.改进撰写策略

根据反馈和评价，可以有针对性地改进辅导员工作案例的撰写策略。例如，调整案例的类型和主题，改进案例的语言风格和表达方式，增加案例的实用性和可操作性等。同时还可以加强对案例撰写规范和标准的培训，提高辅导员的案例撰写能力和水平。

4.定期总结和反思

对于每次撰写和推广辅导员工作案例的过程和结果，需要进行定期总结和反思。可以总结成功的经验和不足之处，提出改进措施和建议，为今后的撰写和推广工作提供经验和借鉴。

5.建立持续改进机制

为了确保辅导员工作案例的持续改进和优化，可以建立一套持续改进机制，包括定期收集和分析反馈和评价、制订改进计划和措施、跟踪执行情况等。通过持续改进机制，可以不断提高辅导员工作案例的质量和效果，满足受众的需求和期望。

总之，根据反馈和评价来改进和优化辅导员工作案例的撰写和推广策略，需要建立一套有效的机制和流程。通过收集、分析反馈和评价、有针对性地改进撰写策略和优化推广策略，提高案例的质量和效果，满足受众的需求和期望。同时，还需要不断总结和反思，建立持续改进机制等手段，不断提高辅导员工作案例的学术价值和实用性，从而更好地支持辅导员的工作和学生的发展。

第 五 章

高校辅导员学术成果的
实施与转化

第一节　高校辅导员撰写学术论文的意义

在新时代的高等教育发展浪潮中，高校辅导员的角色日益重要，他们不仅是学生日常管理的组织者，更是思想政治教育的引领者和实践者。党的二十大报告明确提出，教育、科技、人才是全面建设社会主义现代化国家的基础性、战略性支撑。在这一背景下，高校辅导员作为高校思想政治教育的骨干力量，肩负着为中国式现代化厚植思想基础、凝心聚力、培养德才兼备人才的重要使命。教育部颁布的《普通高等学校辅导员队伍建设规定》也明确要求辅导员"积极参与校内外思想政治教育课题或项目研究"。这表明新时代对高校辅导员的理论和实践研究能力提出了更高要求，撰写学术论文成为辅导员专业化、职业化建设的重要内容。同时随着高校思想政治教育工作的不断深化和拓展，辅导员撰写学术论文的意义愈发凸显。

（一）提升辅导员专业素养与理论水平

学术论文是辅导员对思想政治教育理论与实践问题进行深入研究和系统总结的成果体现。撰写学术论文要求辅导员广泛阅读相关文献，深入学习马克思主义理论、思想政治教育学、心理学、教育学等多学科知识，这有助于辅导员构建坚实的理论基础，提升自身的专业素养。通过不断学习和研究，辅导员能够更好地把握思想政治教育的规律和特点，从而在工作中更加科学、有效地开展思想政治教育工作，为学生的成长成才提供更有力的理论支持和思想引领。

（二）促进辅导员工作实践创新与改进

撰写学术论文的过程是辅导员对自身工作实践进行反思和总结的过程。在论文撰写中，辅导员需要深入分析工作中遇到的问题，探索解决问题的新思路、新方法和新途径。这种研究性的思考和探索能够激发辅导员的创新意识，推动工作实践的创新与改进。例如，通过研究学生的思想动态和行为特点，辅导员可以设计出更具针对性和实效性的教育活动；通过分析工作中的典型案例，辅导员可以总结出更有效的教育策略和方法。这些创新与改进不仅有助于提高辅导员工作的质量和效果，还能为高校思想政治教育工作的发展提供新的思路和经验。

（三）增强辅导员的职业认同感与使命感

学术论文的撰写是辅导员专业能力的重要体现，也是辅导员职业发展的重要途径。通过撰写高质量的学术论文，辅导员能够在专业领域内树立自己的学术形象，提升自己的职业地位和影响力。这不仅有助于增强辅导员的职业认同感和自信心，还能激发辅导员对工作的热情和责任感，使辅导员更加明确自己的职业使命和价值追求。辅导员在撰写学术论文的过程中，能够深刻感受到自己工作的专业性和重要性，从而更加积极地投入到工作中，为培养德智体美劳全面发展的社会主义建设者和接班人贡献力量。

（四）推动高校思想政治教育工作的科学化与规范化

学术论文的撰写能够促进高校思想政治教育工作的科学化与规范化。辅导员在撰写论文时，需要遵循严格的学术规范和研究方法，这有助于提高思想政治教育工作的科学性和严谨性。同时，学术论文的发表和交流也为辅导员提供了一个展示和分享研究成果的平台，通过这种方式，辅导员可以将自己的研究成果与同行进行交流和分享，从而推动高校思想政治教育工作的整体发展。例如，通过学术论文的交流，辅导员可以了解国内外思想政治教育的最新研究成果和实践经验，借鉴先进的教育理念和方法，不断完善和优化自己的工作。这不仅有助于提高辅导员的工作水平，还能推动高校思想政治教育工作的科学化与规范化进程。

（五）提升高校思想政治教育工作的影响力与辐射力

学术论文的发表和传播能够提升高校思想政治教育工作的影响力与辐射力。高质量的学术论文不仅能够在学术界产生一定的影响，还能为社会公众提供对高校思想政治教育工作的深入了解和认识。通过学术论文的传播，高校思想政治教育工作的经验和成果能够得到更广泛的宣传和推广，从而吸引更多的人关注和支持高校思想政治教育工作。此外，学术论文的发表也有助于提升高校的学术声誉和社会影响力，为高校的发展创造良好的外部环境。

（六）促进辅导员与同行的交流与合作

撰写学术论文为辅导员提供了一个与同行进行交流与合作的机会。在论文撰写过程中，辅导员需要查阅大量的文献资料，了解国内外同行的研究成果和实践经验。通过这种方式，辅导员可以与同行建立起广泛的联系和交流渠道，分享彼此的工作经验和研究成果，共同探讨思想政治教育工作中的热点、难点问题。这种交流与合作不仅有助于拓宽辅导员的视野和思路，还能促进高校思想政治教育工作的协同发展。例如，通过参加学术会议、研讨会等活动，辅导员可以与同行面对面地交流和讨论，共同开展理论和实践研究项目和实践活动，从而推动高校思想政治教育工作的整体发展。

（七）培养辅导员的理论和实践研究意识与创新能力

撰写学术论文能够培养辅导员的理论和实践研究意识与创新能力。在论文撰写过程中，辅导员需要不断探索新的研究方法和思路，解决研究中遇到的各种问题。这种研究性的思考和探索有助于培养辅导员的理论和实践研究意识和创新能力，使辅导员能够更加敏锐地发现问题、分析问题和解决问题。同时，学术论文的撰写也要求辅导员具备严谨的逻辑思维能力和扎实的文字表达能力，这有助于提升辅导员的综合素质和专业能力。通过撰写学术论文，辅导员能够逐渐形成自己的理论和实践研究风格和创新思维，为高校思想政治教育工作的发展提供新的思路和方法。

（八）为高校思想政治教育工作提供决策参考

学术论文的撰写能够为高校思想政治教育工作提供决策参考。辅导员在撰写论文时，通过对思想政治教育工作的深入研究和分析，能够提出一些具有前瞻性和可行性的建议和对策。这些研究成果可以为高校领导和相关部门制定思想政治教育工作政策和措施提供重要的参考依据。例如，通过研究学生的思想动态和需求，辅导员可以为高校制订更加科学合理的教育计划和方案提供参考；通过分析思想政治教育工作的现状和问题，辅导员可以为高校改进和完善思想政治教育工作体系提出建议。这有助于提高高校思想政治教育工作的科学性和有效性，为高校的发展提供有力的支持和保障。

总之，在新时代背景下，高校辅导员撰写学术论文具有多方面的重要意义。这不仅有助于提升辅导员的专业素养和工作能力，还能推动高校思想政治教育工作的科学化、规范化和创新发展。因此，辅导员应高度重视学术论文的撰写，积极投身于理论和实践研究工作，不断提升自己的理论和实践研究能力和水平，为高校思想政治教育工作的发展做出更大的贡献。同时，高校也应为辅导员提供更多的理论和实践研究支持和平台，鼓励辅导员开展理论和实践研究工作，促进辅导员队伍的专业化、职业化建设。只有这样，才能更好地落实立德树人根本任务，培养出更多德智体美劳全面发展的社会主义建设者和接班人。

第二节 高校辅导员学术论文的结构与类型

一、学术论文的结构

高校辅导员在进行学术论文撰写前，首先要知道学术论文的结构与组成。学术论文的基本结构一般包括题目、作者及单位、摘要、关键词、引言、正文、结论部分和参考文献等部分。论文的正文是其主体枝干，除了做好这一部分，我们还要重视论文的题目、摘要、图表和参考文献。

(一)题目

学术论文具有传播科研信息、进行学术交流、引导研究课题的作用。学术论文的标题是研究信息的重点，因此标题应准确反映论文的内容，同时为读者提供有价值的研究信息。首先，论文题目至关重要。一个好的题目需要具备四个要素：第一，应该表明研究论文的内容；第二，应该能吸引读者的兴趣；第三，应该反映作者的语气或态度；第四，应该包含所述研究的重要关键词。因此，科研论文的选题非常关键。题目的表述、呈现也是一门技术与艺术。题目表述必须具体、简明、清晰、准确，并具有针对性和可检索性。正文中的一级标题、二级标题、三级标题同样很考究，既是文章的骨骼、脉络，也是作者思想的直接表达。

(二)作者及单位

作者姓名在文题下按序排列，作者单位名称及邮政编码则写在作者姓名的下一行。作者署名顺序应主要按照作者(或单位)在研究中发挥的作用、做出的贡献及承担的责任由大到小依次排列。对于来自不同单位的多位科研工作者，可在其姓名右上角以阿拉伯数字标注，单位名称应按作者顺序进行标注。

(三)摘要

摘要包含了作者解决的问题、选题原因、研究方法或资料、结论以及对存在争议观点的看法。摘要的信息应当与论文主体部分的内容相当，以帮助读者快速掌握文章概貌、要点，甚至决定是否阅读全文。摘要应包括研究目的、研究方法、研究结果和研究结论这四大因素。尽管某些学术期刊对摘要有其他要求，但以上四大因素是大多数期刊的通用要求。

1. 研究目的

研究目的是指简要而准确地描述文章的意义或者是文章将要解决的问题。一般用几句话说明文章的定位，语言要简明扼要，如果有多个研究目的要说明，则选择主要的加以说明。在研究目的中，除非是与本研究相关的，否则要尽量少涉及背景信息。在研究目的的撰写过程中，要尽量减少与标题重复的内容。

2. 研究方法

研究方法主要是描述文章中用到的方法设计、调查问卷表设计和采用的实验手段、调查采用的软件工具等。其中主要包含研究对象的主要特点，取样、分组处理等。社会科学性的文章主要说明采用的普遍方法和统计方法等。

3. 研究结果

研究结果是摘要中的主要部分，也是论文中最应展示的内容。其撰写原则是重点描述本研究的主要结果、创新性发现等。

4. 研究结论

研究结论主要阐述依据研究结果或者调查统计得出的创造性的结论及价值，也可以提出有待解决的研究问题。在结论写作过程中，要注意与研究目的首尾相呼应。

（四）关键词

一般来说，学术论文都要求在摘要下面标出关键词。标出关键词的目的是让论文能够正确地编目，便于做主题索引及电子计算机检索。因此，作者给出的关键词应当简洁、准确，以达到将论文中可供检索的点列出的目的。关键词是专业术语，而不是其他词汇，一般要求列 3~5 个。此外，中英文关键词应该一一对应，分别排在中英文摘要的下方，关键词之间采用"；"或"，"隔开。关键词的选用要能突出论文所研究和讨论的重点内容。应尽量按照国际标准使用关键词，如无法组配则可选用最直接的上位主题词，必要时可选用适当的常用自由词。

（五）引言

引言又称引论或前言，是写在论文正文前面的一段短文，一般不超过 1000 字。它描述该项研究的背景与动向、研究目的（包括思路）、范围、历史、意义、研究问题，起到提纲挈领的作用。引言要切题，起到给读者一些预备知识的作用，并能引人入胜。因此，引言要开门见山、精练且有吸引力，扼要地介绍与论文密切相关的史料，主要讲清楚所研究问题的来源及论文的目的。引言的内容无须在论文中重复，有些辅导员在初次撰写论文时常将引言部分内容和讨论部分重复，这是应当避免的。

（六）正文部分

正文是论文的主体。各种不同类型的论文在正文部分叙述的内容不尽相同，但要写好正文部分，都必须收集充分的材料和论据，然后对材料进行分析、综合、整理，经过概述、判断、推理的逻辑过程，最后得出正确的观点，并以观点为轴心，贯穿全文，用材料说明观点，做到材料与观点的统一。对初学者来说，往往易出现两种问题：一种是只限于表述自己的论点，而缺乏科学的论证，即只有论点，没有材料，缺乏说服力；另一种是罗列大量材料，平铺直叙，看不出其主要论点是什么，出现上述毛病的原因就在于没有能以确凿的论据来说明论点，做到论点与论据的统一。为了科学、准确、生动形象地描述研究成果，提高说服力和可信性，还应减少不必要的文字叙述，如可采用图、表、照片来集中反映数据和关键的情节。当然，选用的图、表、照片也要注意少而精且准确无误。

（七）结论部分

结论部分是作者经过反复研究后形成的总体论点，它是整篇论文的归宿与升华。结论必须指出哪些问题已经解决了，还有什么问题尚待研究。有的是做简单的总结或对结果展开一番讨论；有的提出若干建议；有的不专门写一段结论性的文字，而是把论点分散到整篇文章的各个部分。不论是哪种类型的论文，都必须总结全文，深化主题，揭示规律，而不是正文部分内容的简单重复。写结论必须十分谨慎，措辞严谨，逻辑严密，文字简明具体，不能模棱两可，含糊其词。

（八）参考文献

参考文献是指在研究过程中和论文撰写时参考过的有关文献的目录，必须按照中华人民共和国国家标准《信息与文献　参考文献著录规则》（GB/T 7714—2015）的规定执行。参考文献的意义在于：一是反映作者撰写的论文中涉及的研究内容具有真实有效的科学依据。一篇论文质量的好坏虽不与所参考的文献直接相关，但在论文的撰写过程中，引用与之相关的高质量的文献，使其更加条理清晰，有理有据，会有效提高论文质量。二是体现严肃的科学态度，阐明文中的观点或成果是作者原创，还是借鉴于他人，以免造成麻烦。三是对前人的科学成果表示尊重，同时也指明了引用资料出处，便于检索。论文引用时应仔细校对，切忌出错。

二、学术论文的类型

2017 年《普通高等学校辅导员队伍建设规定》（教育部第 43 号令）（以下简称《规定》）为高校辅导员队伍建设提供了基本政策依据，对辅导员的职业名称、职业定义、职业等级、职业能力特征、基本文化程度、政治面貌要求、培训要求、职业守则、职业知识等都做了具体明确的规定，为辅导员职业发展指明了方向。为了提高高校辅导员职业化、专业化和专家化水平，要求高校辅导员积极开展科研工作，从《规定》中我们可以看到，思想政治教育等相关学科都是高校辅导员科研论文范畴，从横向来说，高校辅导员有基础理论型论文、应用研究型论文、学术争论型论文、调查报告型论文、文献综述型论文五种科研论文类型。理论研究型论文和应用型论文各有其优势，没有绝对的好与坏之分，取决于研究目的、研究领域和个人兴趣。一般来说，理论研究型论文更注重对现有理论的分析、批判和创新，而应用型论文更注重对实际问题的解决和建议。理论研究型论文需要有较强的逻辑思维能力和文献综述能力，而应用型论文则需要有较强的数据收集分析能力和问题解决能力。

(一)基础理论型论文

1.基础理论型论文的内涵及范例

基础理论型论文的研究对象是相关领域的概念、理论,而非实践规律。研究方法主要是在已有相关理论、思想的基础上,综合运用归纳、推演等方式,通过一系列抽象思维获得关于特定主题的认识成果。基础理论型论文要具有相关学科的理论基础,通常不适用于刚刚涉足论文写作的初学者。

○ **范例**

《论思想政治教育中的知识性与价值性》(节选,有删改)

(一)知识的价值性实存

知识是人类在实践中认识客观世界及人类自身的成果。知识的形成有两个必要的条件:一是认识对象——客观事实(事物),二是认识主体——人的参与。两者缺一不可:没有客观事实(事物),知识就是无源之水;而没有人的主体存在和从事认识活动,知识也无从谈起。知识既不是客观事实(事物)本身,也不是人的主观意志本身,而是在两者的相互作用下产生的,它呈现了主客观因素交互影响的特性,使知识必然地具有客观性和主观性两个面相。人们对知识的客观性了然无疑,而对知识的主观性却往往质疑:主观性、价值性因素何以嵌入知识之中?

苏格拉底在关于"什么是知识"的讨论中,提到知识包含的若干要素:真实、信念、理性的解释。苏格拉底并不赞同就此简单地给知识下定义,他认为"正确的信念加上解释还不能被称作知识",但他并没有否认知识内含着这些要素。他曾反诘道:"没有解释和正确的信仰怎么会有知识呢?"既然信念(或者信仰)是知识内含的要素,而信念作为主体"相信"的一种态度,它无疑具有很大的主观性,信念不仅可能基于事物的真相,也可能依傍人自身的生存逻辑(生存状态和利益诉求),由此它就必定包含着主体的情感、意志、欲望等非理性因素。换言之,知识的要素既包含着客观的规定性,也脱不了主观性的成分,不可避免地会受到认识主体自身及其所在社会各种因素的影响和制约。对此,我们尚需进一步从认识论和知识社会学的视域寻求佐证。

从认识论的视角看,知识的形成是人的精神活动的过程,必然受到非理性因素的影响。皮亚杰研究指出,认识的心理发生既不是起因于自我意识的主体,也不是起因于客体,而是起因于主客体之间的相互作用,这种作用发生在主体和客体之间的中途,认识是客体通过主体内部结构的中介作用才被认识的,"依赖于中介物的这种双重的逐步建构"过程。一开始起中介作用的是活动本身,包含着"在全部言语或全部表象性概念之前的感知运动活动"与"由言语和表象性概念形成的活动"两个相继的时期,其间发生了从动作到概念化思维的转变。这一心理过程说明,客体的客观性和真实性并不是镜像式地呈现于人脑中的,而是需要经过主体内部结构的感知和理解过程。这种理解和感知既包含理性的因素,也包含非理性的因素,认识活动不可能如实证主义所要求的,完全摒弃人的情感、信念、意向等主观的精神因素。因此,事实判断不可能完全排除认识主体的主观性，人的"喜好""意愿""评价"等价值性偏向直接影响着其对事实的判断结果。

从知识社会学的视角看，人类的知识从起源到生成和应用，与社会之间都存在着密切的联系。马克斯·舍勒提出和分析了知识形成的社会学起源。他认为，一方面，认识活动具有社会学的现实基础——人类的认识活动起源于自身的内驱力，它与社会的其他现实性因素共同作用于认识活动过程，并由此完成对知识的发现过程。而人类的"内驱力"始终是有价值取向的，并按照某种价值等级体系来实现自身。其核心价值不仅在于追求实用效用的功利取向，更本质上是人类掌控自然与灵魂的双重意志——既体现为征服自然的权力意志，又彰显追求精神自由的价值理念。另一方面，社会历史性因素作为外部力量，也影响着整个认识活动过程和性质。"一般说来，只要一个人是一个社会的'成员'，那么，人类的全部知识就不是经验性知识，而是'先天'知识。""我们"先于"我"存在，"我们"的群体性意识先于"我"的自我意识和自我评价意识而存在，"我们"作为"集体性主体"演绎了人类认识活动的群体属性。申言之，人的认识活动是建立在群体性知识基础上的，群体实存的知识作为"先天"知识指引着人们从事认识活动，并以某种方式决定着社会的本性；基于人们普遍接受的价值观念、伦理、制度、语言、习俗、礼仪等而形成的群体精神，对个体具有约束的作用。"群体精神"，有如黑格尔所意指的"客观化的精神"，体现了公共本质。黑格尔指出，单一的精神力量诚然许可公共本质扩展为它的组成部分，并使每一部分各自独立，但是，"精神同时又是这样一种整体的力量，它重新把这些部分联结为对它们否定着的统一体，它使它们感觉到它们自己没有独立性，并使它们意识到只在整体中它们才有生命"。因而社会群体的本质精神结构和精神特质制约着社会中的个体及其认识活动；群体观念和价值秩序下构成的群体性知识，是人类探索新知识的认识活动的重要价值基础。

知识的社会学起源表明，知识发现源于人类自身的内驱动力，且是在表征群体精神特质的观念指导和价值秩序下形成的。质言之，知识的形成皆发端于人类的情感、意志、物质和精神价值需要，并受制于人类社会共同的价值秩序。

根据以上分析，知识作为一种事实判断，不是事实本身。它受到人类的有限理性、非理性和社会性因素的制约和影响，其生成不可避免地杂糅着主观性和价值性因素，即事实判断本身就内含着价值判断的成分。知识的价值性实存由此得到确证。

（来源：董雅华.论思想政治教育中的知识性与价值性[J].贵州社会科学，2017(2)：12-19.）

基础理论型论文是一种涉及抽象概念、模型和框架的学术性成果。其主要作用在于构建理论框架、提出新概念并促进批判性思维，从而为后续研究奠定学理基础。基础理论型论文旨在推动各学科的知识探索和进步，通常以论证的方式探讨诸如主题相关性、相关领域的前人研究、现有文献中确认存在的问题，以及潜在的解决方案等。如《论思想政治教育中的知识性与价值性》（《贵州社会科学》2017年第2期，作者董雅华）这篇文章，论证了思想政治教育中的知识性与价值性。现实的思想政治教育中存在着知识性与价值性分离的现象，直接影响到思想政治教育的实际效果和目标的达成。通过论证知识性与价值性之间可通约的关系，为其共存于思想政治教育之中提供了基本的学理基础。道德和信仰兼具知识和价值的双重属性，是知识性和价值性共存于思想政治教育之中的内在根据。思想政治教育过程中知识性与价值性的有机融合，有赖于正确的实践理性。

2. 辅导员撰写学术论文可能用到的相关理论基础

理论基础是基础理论型论文的核心，掌握一定的理论是撰写基础理论论文的基础与前提。

①创新扩散理论：创新扩散理论探究了信息随着时间传递给人或组织的过程，这个过程可以带来创新的应用。扩散是一种过程，在这个过程中创新通过沟通渠道，随着时间推移被传递或共享给社会系统中的人们。沟通涉及人们交换和创造信息，从而形成人们对该创新的集体理解。创新扩散理论共分为五个阶段：获知、说服、决策、实施、确认。每个阶段都有其特定的事件、行为及决策的发生，并且后面的阶段只能在前面的阶段完成之后才能发生。

②赋权理论：赋权理论是一种协助个人、家庭、团体和社区获取发展能力的社会工作理论。该理论认为，弱势群体之所以处于弱势状态，是因为缺乏生活能力、表达自我价值的能力、与他人合作的能力和控制公共生活各领域的能力。要改善弱势群体的状况，就必须赋予弱势群体成员各种正面或积极的权力和能力。

③社会认知理论：社会认知理论的基本出发点是，人类活动是由个体行为、个体认知及其他个体特征、个体所处的外部环境这三种因素交互决定的。以上三种因素之间的相互影响既不会同时发生，强度也不尽相同，它们对彼此的影响也不会即刻显现。随着时间的推移，各因素之间的双向作用才会逐渐得以发挥。基于这一理论出发点，人既是环境的塑造者，也是环境作用的产物。

④社会控制理论：赫西于 1969 年提出社会联系理论，他认为人与动物行为无异，都具有犯罪的倾向，因此人需要社会键，又称社会联系来减少人犯罪的倾向。而大多数人之所以未犯罪是因为有社会机制将其控制，例如家庭、学校等。

⑤行动者网络理论：此理论是由法国社会学家卡龙和拉图尔提出的社会学分析方法，该理论研究了人与非人行动者之间相互作用并形成的异性网络，认为科学实践与其社会背景是在同一个过程中产生的，并不具有因果关系，它们相互建构、共同演进，并试图对技术的宏观分析和微观分析进行整合，把技术的社会建构向科学、技术与社会关系建构扩展。

⑥自我决定理论：自我决定理论认为人是积极的有机体，具有先天的心理成长和发展的潜能。自我决定就是一种关于经验选择的潜能，是在充分认识个人需要和环境信息的基础上，个体对行动所做出的自由选择。自我决定的潜能可以引导人们从事感兴趣的、有益于能力发展的行为，这种对自我决定的追求就构成了人类行为的内部动机。

⑦图式理论：在现代图式理论体系中，图式指的是在人的头脑中存在的结构性知识或知识单元，是事物和语言的中介，是一种代表人对世界理解和认识的心理结构网络。即它并不代表客观存在的某一具体事物和事件，而是从许多个体中归纳出来的带有共性和普遍意义的模式。

⑧第三人效应理论：人们在判断大众传播媒介的影响尤其是负面影响之际存在着一种普遍的感知定势，即倾向于认为大众媒介的信息对"我"或"你"未必产生多大影响，然而对

"他"人产生不可估量的影响。由于这种感知定势的作用，大众沟通的影响和效果，通常不是在传媒指向的表面受众中直接发生的，而是通过与他们相关的"第三人"的反应行为实现的。戴维森把这种现象或这种影响机制称为"第三人效应"。

⑨角色分析理论：它是一种试图用人的社会角色属性解释社会心理和行为的产生、发展、变化的社会心理学理论。该理论认为，人们的社会心理和社会行为与他们的社会角色分不开，以及人们对某种角色会有一种公认的期望。米德认为人的社会自我的发展是通过角色采择而达成的。

⑩符号互动理论：符号互动理论把人看作具有象征行为的社会动物，把人类的象征活动看作一个积极的、创造性的过程，是人类创造出来的广泛的文化的一种活动，其认为研究象征行为不仅对揭示人的本质，而且对理解现实的社会生活具有重要的意义。

⑪集体行为理论：集体行为是指在人群聚集的场合下，不受现有社会规范的控制，通常是无明确目的和行动计划的众多人的行为，亦称大众行为或集合行为。集体行为这一概念是由美国社会学家帕克提出的，他认为集体行为是"在集体共同的推动和影响下发生的个人行为，是一种情绪冲动"。人们在参与集体行为时通常表示出对某种行为有一个共同的态度，并表现出类似的行动，这种共同的态度和类似的行动是人在相互交往过程中通过彼此情绪的感染而形成的。此后，集体行为便成为社会学的一个专门术语。

⑫期望理论：期望理论是一种通过考察人们的努力行为与其所获得的最终奖酬之间的因果关系，来说明激励过程，并以选择合适的行为来达到最终的奖酬目标的理论。这种理论认为，当人既有需要，又有达到这个需要的可能，其积极性才高。激励水平取决于期望值和效价的乘积，其公式是：激发力量＝效价×期望值（M＝V×E），M代表激发力量的高低，是指动机的强度，即调动一个人的积极性激发其内在潜力的强度，它表明人们为达到设置的目标而努力的程度；V代表效价，是指目标对于满足个人需要的价值，即一个人对某一结果偏爱的强度（−1≤V≤1）；E代表期望值，是指采取某种行为可能导致的绩效和满足需要的概率，即采取某种行为对实现目标可能性的大小（0≤E≤1）。

⑬社会支持理论：社会支持网络是指由个人之间的接触所构成的关系网，通过这些接触（关系网），个人得以维持其身份，并获得情绪、服务、信息等支持。

⑭生命历程理论：生命历程理论以年龄这一时间要素为主线，从个体生命、社会文化与历史背景三维视角来研究个人在生命跨度中如何扮演社会规定的角色和事件，以促进个人发展。目前，生命历程理论已广泛应用于青年社会化、大学生成长、移民、居住和社会保障等社会问题的研究中。

⑮偏差行为理论：偏差行为指在特定社会中社会成员不同程度地偏离或违反了既有的社会规范的行为，也被称为越轨行为、离轨行为或差异行为等。其从个人的生物性和生理性特征来解释偏差行为发生的原因，假定有些人天生就是不守规矩的，因而要着重于寻找偏差行为者的个人生理特质，尤其强调遗传因素的作用。

⑯解释水平理论：解释水平是指人们编码和解码信息的方式，用来反映心理表征的抽象／具体程度。解释水平理论认为，人对远心理距离的事物会倾向于用高解释水平表征，即用主要、核心、本质、去背景化的特征来表征事物，而对近心理距离的事物则倾向于用低解释水平表征，即用次要、辅助、非本质、边缘化、细节化、背景化的特征来表征事物。

⑰认知发展理论：认知发展理论由著名发展心理学家让·皮亚杰提出。所谓认知发展，是指个体自出生后在适应环境的活动中，对事物的认知及面对问题情境时的思维方式与能力表现，随年龄增长而改变的历程。皮亚杰对认知发展研究的特殊兴趣是出于将儿童的认知发展看作沟通生物学与认识论的桥梁，他认为通过对儿童个体认知发展的了解可以揭示整个人类认识发生的规律，从而建构起他的整个学说"发生认识论"。

⑱共同体理论：共同体是人和社会存在的基本方式，也是人进行社会交往的基本环境。人是一切社会关系的总和，只有在共同体中，个人才能获得全面发展其才能的手段，才可能有个人自由。但是，在资本主义社会中，商品交换成为共同体成员主要的交往活动，追求交换价值成为共同体成员进行物质生产的主要动力。

⑲风险社会理论：风险社会理论是由德国著名社会学家贝克首次系统提出来的理解现代性社会的理论。贝克认为，风险社会的突出特征有两个：一是具有不断扩散的人为不确定性逻辑；二是导致了现有社会结构、制度以及关系向更加复杂、偶然和分裂的状态转变。文化意义上，此理论以道格拉斯和拉什为代表。他们认为风险社会的出现体现了人类对风险认识的加深。风险作为一种心理认知的结果，在不同文化背景中有不同的解释话语，不同群体对于风险的应对都有自己的理想图景，因此风险在当代的凸显更是一种文化现象，而不是一种社会秩序。

⑳内隐理论：内隐理论通常指一般民众在日常生活中形成的，且以某种形式保留在个体头脑中的关于某一事物或现象的观点和看法。之所以称为内隐理论，是因为普通民众相信通过亲自观察和亲身经历所获得的信念和规律更能够反映社会现实，并把这些信念和规律作为一个解释框架，在此框架指导下加工社会信息。随着内隐理论的发展，研究者开始超越刻板印象和偏见，关注个体的一般信息加工方式，尝试从内隐理论视角来理解群际关系。

（二）应用研究型论文

应用研究型论文关注实践，常是在综合运用相关理论的基础上，对实践中的热点、焦点、难点、疑点问题（尤其是新问题）进行分析，找出问题产生的原因，并提出具体的操作策略或建议。如果将理论研究型论文比作科学家进行的研究，那么应用研究型论文就更像是大师的作品，旨在解决现实问题，推进理论向实践转化。接下来推荐一篇关于应用研究型的论文《地方应用型本科院校转型发展中学分制的实施》。

○**范例**

《地方应用型本科院校转型发展中学分制的实施》（节选，有删改）

一、高等学校转型发展应用型人才培养的困境

……

我们传统的高等教育在人才培养的机制和模式上，都带有学术型人才培养的痕迹，即使教育部提出高校转型发展，短时间也无法改变学术型培养的模式，高校发展无法跟上经济转型的步伐，培养的学生不是市场需求的应用型人才，也不是传统的学术型人才，还不同于高职高专模式下的技能型人才，这是转型发展中需要突破的难题。

另外，在传统学术研究型人才培养思维下，人才专业领域狭窄，而非市场需求的复合型人才培养模式，当今经济社会的发展对人才的需求越来越呈现多样化态势。如何在教育理念、政策引导、管理体制和机制等方面做出改变和发展，是高等学校转型发展需要解决的难题。而学界的研究重点在于内部管理体制上，特别是"完全学分制"上。

二、高校转型发展中学分制构建的难题和困境

高校转型发展中学分制的实施面临资源匮乏的困境。学分制的实施强调面向市场经济的不同需要，模糊专业界限，拓宽课程的涉及面，学分设计上要立足学生综合素质、人文素质、道德法律素质、科学素质、身体素质、心理素质和艺术鉴赏能力等，提高学生的社会适应能力和就业竞争能力，学生自主设计创业方向，并根据方向选择授课教师、课程模块、学业年限等等。而这些都要求高校各种资源要极其丰富，如开课的规模、行业和学科覆盖面是否适当，开课教师的数量是否充足，行业需求调研是否充分，行业企业指导是否到位，教师的应用能力和创新能力是否突出等，这些都是摆在高校转型面前的现实问题。

......

三、高校转型发展中的学分制发展推动地方本科院校应用型人才培养目标的实现

高校转型发展是要树立应用型人才培养的质量观：首先是教务管理者要转变观念，注重应用能力的学分制的改革，宽口径的课程学习打破了原有的排课习惯，这就增加了二级学院教务工作的协调难度，排课更加复杂。其次是高校教师要转变观念，接受学术研究能力培养的高等教育，教师学科背景较为单一，学术研究的学科融合与交叉性弱，在应用型高校转型过程中如何拥有跨学科研究能力，在人才培养中如何将学生综合能力和适应经济社会的灵活性摆正重要的位置，仍是需要加强的环节。再次是学生观念的转变，在学校加强职业规划教育的同时，学生要打破中小学按固定课表上课的思维惯式，摆脱各门课及格就好的偷懒思维，明确职业规划方向，按自身期待的发展方向自主选择课程，将行业企业所需能力作为自主选课的优先思考方向，避免随意选课和从众选课的现象出现。

高校转型发展中的学分制构建要紧跟市场的需求变化，合理调整专业课程设置和专业能力培养，把握市场对人才需求的规律和变化趋势，调整选修课程的设置，及时指导学生了解经济社会发展的趋势，在应用能力培养和适应时代发展的敏感度上进行深入引导。让高校应用型人才培养紧跟社会需求，应用市场的规律及时调整高校应用型人才的培养。

（来源：梁琳.地方应用型本科院校转型发展中学分制的实施[J].教育教学论坛，2019（4）：248-249.）

2. 应用型研究论文的撰写步骤

撰写应用研究论文需要一定的技巧和步骤。以下是一些撰写应用研究论文的关键步骤：

（1）确定研究问题。

首先，需要确定一个明确的研究问题。研究问题应该是明确的、有界定性的，以便研究者能够集中精力进行深入研究。

（2）收集和分析数据。

研究者需要选择合适的数据收集方法，并收集相关的数据。然后，这些数据将被分析和解释，以得出结论和结果。

（3）撰写论文。

需要按照学术论文的结构进行撰写。论文应包括引言、文献综述、方法、结果和讨论等部分。应确保论文的逻辑性和连贯性，并清晰地阐述研究问题、目的、方法和结果。在论文的结论部分，总结研究的主要结果，并提出相关的建议。这些建议应该基于研究的发现，并与实际问题和需求相吻合。

（三）学术争论型论文

学术争论型论文通常针对他人公开发表的文章或见解提出不同的看法，进行基于充分论据的商榷，着重揭示他人研究的不足或错误之处。学术争论型论文可以明确争论的对象，如某专家的某一篇文章，也可以泛指某类观点，争论的主题可以是理论问题，也可以是实践问题，当然，学术争论不是各说各话的争吵，其对科学性、逻辑性、严密性的要求更高。最后，学术争论型论文必须"对事不对人"，不能借论文对作者进行恶意攻击。下面是一篇关于对笔迹分析中的经验判断的学术争论型的论文。

○范例

《对非心理学背景的笔迹分析中经验判断的心理学验证》(节选，有删改)

1.研究目的

中国自古以来就有"字如其人"的假说。笔迹测量作为一种投射技术，在心理学家手中，是有价值的，因为笔迹可以在一定程度上投射出人的生理和心理活动。然而，国内外社会上兴起的"笔迹热"中，有些非心理学背景的笔迹分析家将笔迹分析当作占星术之类的神秘预测术，仅凭其有限的经验，通过笔迹对人的个性心理作盲目的推断。互联网上有几十个笔迹网站，有的网站声称可以根据孕妇的笔迹百分之百地预测胎儿的性别。美国注册的笔迹学家有 20000 人，据称他们都没有接受过适当的心理学训练。然而笔迹分析都要从笔迹中揭示人的心理特征。国内出版了不少笔迹学著作，作者大都缺乏必要的心理学训练与素养。

心理学家们关于笔迹的心理学研究，揭示了笔迹是一种非常复杂的变量，关于笔迹能否反映人的个性，其效度有不同的证据。所以，缺乏必要的心理学训练与素养的非心理学的笔迹分析家们能否通过笔迹十分有把握地分析人的个性心理，令人怀疑。Tett 等认为笔迹分析作为人格特质的预测工具是有一定的限度的。艾森克等检验了笔迹与艾森克人格问卷（EPQ）中的 P、E、N、L 分量表的关系，结论部分支持笔迹分析的效度。Lester 等发现笔迹特征只与艾森克人格问卷的外向分相关。孟庆茂等发现，笔迹变量部分与认知因素及个性因素显著相关。也有研究得到不满意的结果。Lester 等发现，研究结果不支持笔迹与情绪和智力有关这一假设。Rosenthal 等、Vestewig 等、Fumham 等及 McCutcheon 的研究都得到不满意的结果。本研究拟以非心理学背景的笔迹分析家的经验判断作一实证研究，以期揭示他们究竟能否可靠地对人的个性心理作出判断。

2. 研究方法与结果

在两所高校抽取大学生 361 人(男生 202 人，女生 159 人)。被试接受限时的抄写笔迹测验，所采用的笔迹变量在以下的分析中介绍；7 个月后同一评分者对 30 个被试评分的相关系数在所有变量中最低为 0.40，最高为 1.00，平均为 0.7780。2 个评分者的相关系数为 0.8931。其中部分被试接受中国修订的加利福尼亚心理调查表(CPI)、卡特尔 16PF、艾森克人格问卷(EPQ)测验。从我国出版的笔迹学著作中选取韩进(《从笔迹看性格》，中国城市出版社，1998)、范例(《笔迹与犯罪》，华夏出版社，1993)两本著作，选取其中的经验判断如下并作实证分析。

3. 经验判断

"字体小，运笔速度不快，笔压重者：若行距宽，是独立型的人，喜欢做一些需要细心、认真、耐心的工作；若行距窄，是孤僻而吝啬者。""字体大，运笔速度快，笔压轻者；若行距宽，是不负责任的人，最喜欢挥霍浪费，遇到危险率先逃走，贪生怕死。"(韩进，P205)

我们试以中国修订的加利福尼亚心理调查表(CPI)中的独立性(In)作预测变量，以字面积(字宽乘字高，测量字大小)、速度(在限定的时间内写完的字数)、笔压(纸上的压痕深浅)、行距(行与行之间的距离，以实际测量的厘米计)几个变量建立多元回归模型(如表 1 所示)。

表1　独立性的多元回归模型($n = 228$)

Model		Unstandardized Coefficients		Standardized Coefficients	t	sig.
		B	Std. Error	Beta		
1	(Constant)	13.010	2.019		6.444	0.000
	字面积	2.907E-02	0.014	0.136	2.006	0.046
	速度	1.309E-02	0.031	0.028	0.426	0.670
	笔压	−0.316	0.369	−0.058	−0.856	0.393
	行距	0.167	0.427	0.026	0.391	0.696

本研究证实我国两位非心理学背景的笔迹学者通过笔迹对个性的一些经验判断是没有根据的，其经验判断大多是主观臆测，经不起实证检验。(观点)其主观推论有的是臆测，有的则与实证研究的结果相反。他们的局限在于：缺乏人格心理学方面的系统知识，而人格特征本来就是很复杂的。如果不能明确、贴切地定义，更难以正确地评估与

测量。此外，影响笔迹的因素很多，如性别、写字用纸、笔的类型等，这些因素均可干涉对笔迹的分析，没有一定的科学手段，很难控制这些复杂因素。（论据）所以说，缺乏必要的心理学训练与素养，是难以从笔迹中揭示出人的心理特质的。正如 Muehl（1950）所言，笔迹分析只有在科学的背景中，才可能是有效的。（观点）

本研究并没有否定我国自古以来的"字如其人"假说，只是对社会上一些笔迹学者的经验判断作了检验。"字如其人"假说可能是我国的一大宝贵文化遗产，需要我们去继承它，发掘它，验证它。（观点）

（来源：童辉杰，杨鑫辉.对非心理学背景的笔迹分析中经验判断的心理学验证[J].心理科学，2003（5）：934-935.）

（四）调查报告型论文

调查报告型论文以调查为基础，常从现实中的某一问题出发，通过深入的调查、访谈获取数据，进而进行整理、加工分析，并将调查结果进行科学的呈现。调查报告型论文必须包含大量的原始数据，"用数据说话"是此类文章的重要特点，如《高校辅导员职业化发展调查研究》主要是基于数据调查的方式对高校辅导员的职业化、专家化发展状况进行呈现。

○**范例**

《高校辅导员职业化发展调查研究》（节选，有删改）

二、调查分析

1.调查方案

本文以 A 高校辅导员职业化发展为研究主题，利用实地调查形式进行深入全面的分析，在实地调查中以问卷调查和访谈为主，具体问卷内容见附录。通过对问卷调查结果的数据进行研究分析，对高校辅导员的职业化发展现状以及存在的问题做全面分析，并提出具有针对性的解决措施，以促进辅导员职业化的良性发展。

2.高校辅导员职业化发展存在的问题分析

第一，辅导员团队结构还需进一步完善，尚未形成专业辅导员梯队。从成员年龄来看，辅导员团队明显年轻化，多为本校的本科毕业生，这些人员工作阅历不足，年龄偏小，在实际问题处理中往往缺乏掌控力。辅导员队伍中年富力强、工作经验丰富、生活阅历较深的人员较少。从岗位年限来看，A 高校辅导员存在严重的人才流失问题，人才队伍结构不稳定，很多辅导员工作不到两年即选择离职，这就使很多有工作经验的辅导员离开工作岗位，这些人才也失去了进一步发展提升的机会。其次，辅导员多数不具备专业学科背景。在 A 高校的辅导员队伍中，理科背景的辅导员占50%左右，而具有专业心理学、教育学、行为学背景的辅导员仅占少数，团队人才结构亟待调整。再次，辅导员专业素质需进一步提高。通过高校辅导员职业化发展调查问卷对本校以及本市其他高校72 位辅导员进行调查，结果显示：在"是否认为当前辅导员亟需提升专业素质"时，有80%的被调查者表示需要提升专业技能，有59.1%的受访者表示要提升管理技能，有50.9%的受访者表示需要提高自身钻研能力，有45.5%的受访者表示要强化自身政治理论修养，有13.6%的受访者表示需要强化自身道德修养。此外，还有22.7%的受访者表示在其他方面需要进一步提高。

（来源：覃丽敏.高校辅导员职业化发展调查研究[J].广西教育学院学报，2016（2）：158-161.）

《高校辅导员职业化发展调查研究》文章的结构为：引言—调查分析—结果分析—结论与建议—结语。文章采用问卷的研究方法，调查高校辅导员职业化发展存在的问题，并根据调查结果得出结论和提出建议。文章比较易懂，对高校辅导员职业化发展存在问题的3个方面描述采用"存在问题+数据分析论证"的结构，便于读者把握其中的内容。

（五）文献综述型论文

文献综述型论文以他人研究成果为研究对象，所谓"综"就是归纳，必须对占有的大量素材进行归纳整理、系统介绍和综合分析，使同领域的研究成果更加层次分明、逻辑清晰。所谓"述"就是评述，要对所写主题进行较为全面、深入、系统的论述或评论，进而发表自己的见解。以《冥想对积极情绪的调节作用综述》作为范例，该文章是典型的文献综述型论文。

○**范例**

《冥想对积极情绪的调节作用综述》（节选，有删改）

摘要：通过文献综述的方式，聚焦正念冥想和爱善冥想，梳理和总结冥想领域的研究现状。基于理论结构建设和实证研究的成果，证实了冥想对积极情绪的调节作用，并且多方面比较正念冥想和爱善冥想的调节效果和过程，再对冥想是否能够成为人们增加积极情绪的有效途径这一问题进行探讨。研究发现，两者作用机制略有不同，效果相似，都对积极情绪的增加有正面作用。最后，针对目前研究存在的概念不明晰、作用机制不明确等不足，尝试提出改进建议及展望。

关键词：积极情绪，冥想，正念冥想，爱善冥想

根据进化心理学理论，积极情绪是个体处于安全、有利的环境中所产生的情绪，积极情绪能扩展个体的认知能力，构建个体的人际资源和社会资源，因此积极情绪是幸福的重要成分。作为压力管理策略之一的冥想，对状态焦虑甚至特质焦虑起减缓作用。时至今日，冥想因其改善情绪健康状态的能力受到越来越多的研究。在许多研究中，两种心理训练干预措施，即正念冥想和爱善冥想，被强调为产生积极情绪的手段。可见，这两种冥想对积极情绪的作用在很大程度上是得到承认的。国内对正念冥想的研究多关注其在缓解压力、焦虑，集中注意力等方面的作用，与情绪，特别是积极情绪之间的关系研究较少。相对于其他冥想而言，爱善冥想还没有得到国内学者的较多关注，因此对其研究不多，了解也就难以深入。本文整理和总结了近年来国内外关于冥想对积极情绪

影响的研究现状，聚焦正念冥想和爱善冥想，考察两者的效果与差别。在此基础上，探讨冥想是否可以作为一个有效的方法，帮助人们增加积极情绪，从而不断提升幸福感。本研究拓展心理学研究领域，加深人们对冥想的了解，对改善人们心身健康状态和追求人生幸福有一定意义。

积极情绪是个体由于体内外刺激、事件满足个体需要而产生的伴有愉悦感受的情绪，是积极心理学中的重要研究内容。Frderisks的拓展建构理论认为积极情绪体验不但反映个体的幸福，而且有利于个体的成长和发展，具有长期的适应价值。在这个理论模型下，积极情绪拓宽了注意力、认知、行动的范围，建构了身体、智力、社会资源。在积极情绪的研究理论领域中，拓展—建构理论是目前影响最大的理论，激发了大量实证和应用研究并取得成果。从个人角度而言，积极情绪对消极情绪的消除效应的证据表明，人们可以在适当的时机培养积极情绪以应对负面情绪，改善身心健康，积极情绪还可以通过建立心理复原力来提高生活满意度。扩大到社会的视野来看，积极情绪是个体成长和社会联系的载体：积极情绪可以通过构建人们的个人和社会资源来使他们变得更好，给他们更好的未来生活。积极情绪不仅对正常心理有益，对异常心理也有正面作用。Garland等将积极情绪的拓展—建构理论与情感神经科学结合起来，得到了积极情绪会对以情绪障碍为典型的精神病患者的烦躁、恐惧或无享乐状态施加抵消力的结论，从精神病理学的角度为治疗提供参考。在Garland等提出积极情绪的向上螺旋架构的基础上，Kok等的研究更进一步详细地解释了积极情绪如何促进身体健康。

（来源：顾越，童辉杰. 冥想对积极情绪的调节作用综述[J]. 医学与哲学，2021，42（1）：48-53.）

文献综述的目的是通过深入分析过去和现在的已有研究成果，指出目前的研究状态、应该进一步解决的问题和未来的发展方向，并依据有关科学理论、结合具体的研究条件和实际需要，对各种研究成果进行评论，提出自己的观点、意见和建议。文献综述型论文结构一般为：前言—主体—历史发展—现状分析—趋向预测。《冥想对积极情绪的调节作用综述》一文整理和总结了近年来国内外关于冥想对积极情绪影响的研究现状，聚焦于正念冥想和爱善冥想，考察两者的效果与差别。在此基础上，探讨冥想是否可以作为一个有效的方法，帮助人们增加积极情绪，从而不断提升幸福感。目前，冥想及其包含种类对积极情绪等各心理变量的作用机制有待探索，并且如何将已得到的理论合理应用于实践，找出标准统一的利用冥想促进各类人群身心健康发展的方式、方法也还未实现。文章最后在文献研究对比中肯定了所综述课题的研究水平、存在的问题和不同观点，并提出了展望性意见。文献综述的撰写既可以采用传统的阅读归纳的综述方式，也可以借助现代信息技术、软件开展研究，如CiteSpace、NVivo等分析软件。

一、高校辅导员学术论文选题的能力建构

(一)树立科研自觉意识

辅导员需明确学术论文的核心价值在于解决教育实践中的真问题。选题应建立双重校验机制：既要对标立德树人根本任务，回应"三全育人""五育并举"等国家教育战略需求，如"00后大学生劳动价值观培育路径研究"；又要立足学科发展前沿，在思政教育理论体系建构中寻找突破点，例如将积极心理学融入危机干预机制研究。建议建立"工作日志—案例库—研究选题"转化机制，将日常工作中的典型问题转化为研究课题。

(二)掌握学术规范与方法论工具

选题需具备三重支撑维度：理论维度要求熟悉马克思主义理论、教育学、心理学等学科基础；方法维度应掌握质性研究、行动研究、混合研究等方法论；实践维度需建立校本数据库，如学生心理档案、就业跟踪数据等。例如开展"基于大数据分析的学业预警模型建构"，既需要掌握SPSS等分析工具，又要理解教育评价理论。

(三)构建动态筛选评估体系

建立选题可行性三维评估模型：学术价值维度考察理论创新空间，实践价值维度评估问题解决效度，操作可行性维度考量资源匹配度。建议采用"漏斗筛选法"，从工作领域(如网络思政)到具体场景(短视频平台育人)，最终聚焦微观问题(抖音平台大学生价值观引导策略)，通过逐步聚焦实现选题精准化。

二、高校辅导员学术论文选题要点

论文选题是结合辅导员工作实际与研究兴趣，聚焦学生工作领域关键问题的定向过程。选题需完成两个核心任务：确定研究领域(如思政教育、心理健康等)，凝练具体问题(如"00后大学生网络思政接受度研究")。科学选题能提升论文实操价值，避免理论与实践脱节。

（一）锚定研究领域：立足实践痛点与政策导向的交汇点

辅导员选题需扎根学生工作主战场，以高频工作场景（如心理危机干预、党团建设、就业指导等）为研究切入口，紧扣《高校思想政治工作质量提升工程实施纲要》等政策要求。例如，针对网络思政实效性不足的痛点，可结合自身专业背景选择细分领域：教育学背景者研究"00后大学生短视频沉迷的教育干预模型"，马克思主义理论专业者探索"红色文化IP在高校社群传播的路径创新"。通过梳理日常工作中的典型案例（如宿舍矛盾调解记录、主题班会反馈数据），提炼出兼具政策契合度与实践价值的选题方向，避免陷入"理论空转"或"经验堆砌"的误区。

> ○**范例**
>
> （1）政策要求，如《高校思想政治工作质量提升工程实施纲要》。
> （2）现实痛点，如Z世代学生网络沉迷现象。
> （3）专业特长，如心理学背景者可聚焦"辅导员谈话技术对抑郁倾向学生的干预效能"。

（二）凝练具体问题：构建"小而深"的创新研究路径

在明确研究领域后，需运用"三化法则"精准聚焦问题：对象细化（如聚焦高职院校贫困生、艺术类院校心理高危群体）、方法跨界（将大数据分析应用于学生行为预警）、视角转换（从传播学视角解构网络思政话语体系）。例如，将宽泛的"大学生就业问题"转化为"人工智能冲击下工科生职业焦虑的辅导员干预策略"，通过设计可量化的评价指标（如焦虑量表评分、签约率对比），形成"问题诊断—干预设计—效果验证"的闭环研究框架。这种"微创新"模式既能保障研究可行性，又能产出可直接应用于工作的工具包（如谈话流程SOP、危机预警算法等）。

> ○**范例**
>
> （1）方法创新：将大数据分析应用于学生行为预警，如"校园卡消费数据与心理压力相关性研究"。
> （2）视角创新：从媒介传播学视角重构网络思政话语体系，从资源学视角研究专业文化等。
> （3）对象创新：针对高职院校、艺术类院校等特定学生群体的差异化研究。

三、高校辅导员学术论文选题的特征

(一)实践迭代性

强调"研究—实践—再研究"的螺旋上升模式。例如持续跟踪"新时代大学生躺平现象",通过3~5年纵向研究,形成从现象描述到机理分析再到干预策略的完整研究链条。建议建立"1+N"研究矩阵,以核心问题为轴心(如心理危机干预),衍生出预警机制、家校协同等子课题。

(二)育人导向性

选题应体现"三个面向":面向学生成长痛点的解决(如社交恐惧干预)、面向育人模式的创新(课程思政与专业教育融合)、面向时代命题的回应(人工智能伦理教育)。典型如"红色家书在入党积极分子培养中的情感动员研究",既紧扣思政教育本质,又具有鲜明时代特色。

(三)操作具象性

遵循"小切口、深挖掘"原则,建议采用"五要素定位法":明确研究对象(如高职院校学生)、限定研究场域(实习实训环节)、聚焦具体问题(职业认同感培养)、选定理论框架(职业发展理论)、确定研究方法(叙事研究)。例如"工匠精神培育视角下高职顶岗实习学生职业认同研究"。

四、高校辅导员学术论文选题的策略

(一)扎根实践与政策导向的选题定位策略

高校辅导员学术研究需构建"顶天立地"的"双维定位模型",实现政策导向与实践需求的有效对接。政策维度层面研读《新时代高校思想政治理论课改革创新实施方案》等纲领性文件,分析《普通高等学校辅导员队伍建设规定》等制度文本,关注国家、省教育工作要点,梳理校级实施方案。实践维度层面,构建"三位一体"问题发现机制:通过工作日志建立"问题线索台账",依托主题班会开展"需求诊断工作坊",利用新媒体平台实施"学生成长痛点调查"。某高校辅导员通过分析300份谈心谈话记录,提炼出"Z世代学生价值认同的叙事建构研究"课题。

(二)兴趣导向与价值引领的选题平衡策略

创建"双螺旋选题模型",以兴趣(个人学术偏好)和价值链(社会需求)的交互作用驱动研究选题。实施"兴趣孵化三步法":第一步通过SWOT分析明确研究优势,如擅长质性研究的辅导员可聚焦"生命叙事在思政教育中的应用";第二步构建"兴趣图谱",将碎片化关注点系统化为研究方向集群；第三步开展"价值校验"，请专家评估选题的社会效益。如辅导员将动漫爱好与思政工作结合，产出"二次元文化符号的思想政治教育功能解码"研究成果。推行"1+N选题孵化器"模式，确立1个核心研究方向（如网络思政），衍生N个关联课题（如"短视频平台的价值观传播机理""虚拟偶像在青年引领中的作用"）。建立"冷热指数监测表"，动态追踪"高校毕业生慢就业现象研究"等长效课题与"ChatGPT对思政教育的影响"等热点问题的学术热度比较。

（三）创新维度与实操效度的选题优化策略

构建"创新五维评价体系"，从理论新颖性（是否填补研究空白）、方法适切性（是否匹配问题特性）、数据独特性（是否具有校本特色）、应用可行性（是否形成操作方案）、推广价值性（是否具备普适意义）五个维度进行选题优化。例如"数字化时代红色文化传播新载体——以"剧本杀"为例"在方法创新和应用价值维度上表现突出。实施"微创新迭代计划"：在既有研究领域（如资助育人）中，每年注入20%创新元素，如引入"数字画像技术精准识别隐形贫困生"。建立"实践检验双通道"，通过"行动研究循环圈"（计划—行动—观察—反思）验证理论假设，借助"试点工程"（如选取2个学院先行试验）检测应用效果。

五、高校辅导员在学术论文撰写各阶段常用的方法

辅导员在学术论文的准备、实施以及科研成果评定三个阶段都需要运用一系列恰当的方法，以确保高质量的研究成果的产出和传播。

（一）准备阶段的方法

准备阶段使用确定课题与研究对象的方法，包括发现问题和选择课题两个方面的思维方法和研究设计的方法。如选定研究课题常用文献资料法、专家咨询法，选择研究对象常用抽样法等。

（二）实施阶段的方法

实施阶段主要运用形成科学事实的方法，包括观察法、调查法、文献资料法、历史研究法、个案分析法、实验研究法、数理统计分析法等。

（三）科研成果评定阶段的方法

科研成果评定阶段宜运用各类评价法。现代教育科研中运用较为广泛的方法主要有观察法、调查法、实验法、教育经验总结法、文献法、历史法、个案研究法、比较法、行动研究法、预测法、统计法、测量法、列表法与图示法以及内容分析法等。

运用何种方法以及如何运用，既取决于研究对象与任务的特点，又取决于研究者驾驭、运用研究方法的偏好与能力。

六、高校辅导员撰写学术论文的注意事项

撰写学术论文需要辅导员严谨对待，因为它是对一个研究课题进行系统性、连贯性的阐述和分析的一种成果。在论文的撰写过程中，辅导员需要注意一些重要的事项，这些事项将有助于确保论文的质量和学术性。

(一) 介绍研究方法和阐释研究结果

学术论文的价值是以方法的科学性和结果的可靠性为条件的，而这两者又有内在的联系，因为只有研究方法是科学的，才能保证研究结果是可靠的。人们阅读或审查科研论文，主要关心的是如何开展研究，在研究中发现了什么问题，这些问题解决了没有，是如何解决的，还有什么问题需要继续解决等。因此，写作学术论文，应把研究方法交代清楚，使读者感受到该项研究在方法上无懈可击，从而不得不承认结果的可靠性。研究结果是论文的成果产出独特性的体现，需要客观阐述、深刻揭示。

(二) 理论观点的阐述要与材料事实相结合

在学术论文中怎样使自己的论点清晰有力地得到论证，是应关注的核心问题。正如前所述，论点的证实除了必须依靠逻辑的力量外，还需要依靠科学事实的支撑，做到论点与事实相结合。学术论文一定要有具体材料，尊重事实，从事实中提炼出观点。首先在论述过程中要处理好论点与事实的关系，要求研究者选好事实与材料。除了要注意事实的典型性、科学性以外，还要善于用正反两方面的事实来说明问题，揭示出普遍规律。其次要恰当地配置事实与材料，用事实来论证，以帮助人们理解不熟悉的论点，支持新的论点和批驳旧的错误的论点，阐明内涵丰富而深刻的论点。当然，并非所有的论点都要用大量的事实与材料来论证。

(三) 要实事求是

分析讨论要不夸大，不缩小；敢于坚持真理，不为权威或舆论所左右；在下结论时要注意前提和条件，不要绝对化，更不要以偏概全，把局部经验说成是普遍规律。

第四节　高校辅导员学术论文的研究方法

一、学术论文的研究方法

学术论文的研究方法是学术创新的方法论根基，更是研究成果科学性的重要保障。对于高校辅导员这一兼具实践性与理论性的研究群体，方法论的精准定位直接影响着思政教育研究的深度与信效度。

研究方法的本质是通过系统性工具揭示问题本质的认知路径，其选择需遵循"问题导向—方法适配—证据支撑"的三维原则。以辅导员工作场景为例，探讨学生思想动态演变规律时，可构建"理论框架推演（思辨）+行为数据分析（实证）"的混合研究范式。具体而言，当研究"新时代大学生价值认同生成机制"时，既需要运用马克思主义认识论进行理论思辨，又需要通过问卷调查、深度访谈等方式获取实证数据，形成理论建构与事实验证的闭环。

思辨性研究方法强调逻辑自洽与理论创新，特别适用于辅导员工作的哲学维度探讨。如思想政治教育的情感转向研究，可通过现象学还原法，对育人过程中的情感互动进行本质直观；而劳动教育课程的价值重构研究，则需运用历史辩证法梳理政策演进脉络。此类研究要求研究者具备扎实的哲学功底，能够运用归纳推理、溯因推理等逻辑工具，在概念丛林中开辟新的理论路径。

实证性研究方法注重经验证据的采集与分析，契合辅导员工作的实践特性。定量研究可借助 SPSS、Python 等工具，对心理普查数据与学业表现的关联性进行回归分析；质性研究则可运用 NVivo 软件，对辅导员谈心谈话的叙事逻辑进行编码分析。典型案例包括：采用社会网络分析法（SNA）研究学生社群结构，运用扎根理论构建危机干预模型等。此类研究需特别注意伦理规范，在数据采集环节遵循知情同意原则，在成果呈现时做好信息脱敏处理。

研究方法选择的决策模型应包含四重维度：首先研判问题属性，理论建构类选题（如辅导员专业能力标准研究）侧重思辨，对策应用类选题（如精准资助效能评估）侧重实证；其次评估资源条件，大规模问卷调查需团队协作，个案追踪研究依赖持续观察；再次考量学术规范，实证研究须明确抽样方法（如分层随机抽样），说明信效度检验过程；最后对接成果转化，政策建议类研究需突出数据的决策支持价值，实践指南类成果应注重方法的可复制性。建议辅导员建立"方法工具箱"，通过参加跨学科方法论培训，掌握行动研究法、设计思维法等特色方法，提升研究方法的范式创新力。

二、不同类型论文的范例

（一）思辨研究论文范例

思辨研究是指研究者主要运用辩证法等哲学方法，通过对事物或现象进行逻辑分析，阐述自己的思想或理论，其包括理论思辨、历史研究、经验总结等具体方法。思辨研究是运用学术语言建构并表达对某一现象或理论的思考。

> ○ **范例**
>
> ### 《思想政治教育过程若干问题研究的评析》（节选，有删改）
>
> 对思想政治教育过程阶段划分的意义是：过程阶段的划分能够帮助我们抓住每个阶段的主要矛盾，认清各个阶段教育工作的重点。因此，自从思想政治教育学诞生以来，研究者们一直在研究思想政治教育过程阶段的划分。最早对思想政治教育过程进行阶段划分的是陆庆壬主编，1986 年出版的《思想政治教育学原理》。该书将思想政治教育过程划分为三个阶段："内化阶段""外化阶段""反馈检验阶段"。该书所作的阶段划分不仅得到了理论界的认可，而且被后来的研究者们所采纳并加以发展。随着思想政治教育过程理论的发展，2018 年版的马工程教材《思想政治教育学原理》对思想政治教育过程三阶段的划分提出了新的观点，即将思想政治教育过程划分为五个阶段："教育准备阶段、信息交流阶段、理论内化阶段、外化应用阶段、反馈调控阶段。"该书对思想政治教育过程阶段划分的创新性在于，增加了教育准备阶段和信息交流阶段，明确指出了内化阶段的教育重点是教育者向受教育者传授理论，将其内化为他们个人的思想。强调外化阶段是受教育者将学到的理论运用到实践活动之中去认识和改造世界。
>
> ……
>
> 根据对以上阶段划分法的评述及笔者的长期研究，认为思想政治教育过程应分为四个阶段：教育方案制定阶段、教育内容内化阶段、个体思想外化阶段、教育成效反馈调整阶段。教育方案制定阶段是思想政治教育过程不可缺少的阶段，缺了它教育过程就无法展开。该阶段包括的内容有：思想政治教育过程目标的确立；对受教育者思想的需求和现实状况的了解；教育内容和方法的选择；教育计划的制订和教育人员及设施的配备等。教育内容内化阶段是受教育者根据自己成长的需要，将教育者传授的理论吸收进自己的头脑并与原有的理论结合，形成个人新的思想。个体思想外化阶段是受教育者在教育者的指导下，将自己的个体思想转化为行为去认识世界和改造世界，取得学习或工作上的成绩。教育成效反馈调整阶段，是指教育者和受教育者共同对教育过程的进展情况和结果进行评估，将经验教训反馈给教育者，使下一轮的教育过程能够取得更好的效果。

以王丽、罗洪铁发表的《思想政治教育过程若干问题研究的评析》为例，论文的框架包括：思想政治教育过程定义的评析、思想政治教育过程阶段划分观点的评析、思想政治教育过程构成要素观点的评析、思想政治教育过程规律评析。

（二）实证研究论文范例

基于国内期刊论文中使用情况，实证研究可以分为量化研究、质化研究和混合研究。

1.量化研究

首先，量化研究又可以细分为实验研究、相关分析和调查研究。实验研究包括实验室实验和自然实验，是理工科的常规研究方法，但人文社会科学领域使用实验研究方法比较少。人文社会科学领域的大部分量化研究就是相关分析和调查研究，其中，相关分析为大部分人所熟悉，调查研究根据数据处理方式的不同又分为好多种研究方法，非常庞杂。

量化论文中，为了分析研究问题，推进理论认识，通常会先提出研究假设，比如将研究问题拆解成多个子问题，依据这几个子问题设定假设1、假设2……，研究者们从新的理论视角或新的经验现象出发，论证这几个假设的逻辑合理性，从而明确所要研究的问题，缩小理论和实践之间的差距。所以，研究假设在量化研究中起着重要作用。

○**范例**

《在线直播教学平台质量对大学生学习能力的影响研究
——知识共享和满意度的链式中介效应》（节选，有删改）

根据社会交换理论，人类的一切行为都受到某种能带来奖励和报酬的交换活动的支配。俗语说："努力学习是对教师最好的回报。"在线直播教学的目的是提高学生的学习能力和学习成绩，学生会将学习能力的提升视为与教师和平台进行报酬交换的一部分，这是通过相互的交换行为所产生的，也是学生向教师进行回报的一种手段。学生满意度的增强意味着学生意识到直播教学平台为自己提供了更多有价值的资源，这种认知将会推动学生加大对知识学习的投入，并且更愿意为在线直播课堂付出更多，比如认真听课、积极回答问题和进行反馈、积极主动地参与知识共享活动、不断提升自己的知识水平；反之，学生可能会逐渐抽离学习角色，难以融入在线教学课堂，甚至会产生厌学心理。因此，当大学生对在线直播教学平台的系统质量、服务质量、资源质量、功能质量等的感知评价很高时，在直播教学课堂上就会持续进行知识共享和知识沟通的行为，从而增强大学生的学习能力。

基于此，本研究提出以下假设：

H4a：满意度和知识共享在在线直播教学平台系统质量与大学生学习能力之间具有链式中介作用；

H4b：满意度和知识共享在在线直播教学平台服务质量与大学生学习能力之间具有链式中介作用；

H4c：满意度和知识共享在在线直播教学平台资源质量与大学生学习能力之间具有链式中介作用；

H4d：满意度和知识共享在在线直播教学平台功能质量与大学生学习能力之间具有链式中介作用。

如曹振祥等（2021）的《在线直播教学平台质量对大学生学习能力的影响研究——知识共享和满意度的链式中介效应》这篇文章，作者在论证"知识共享在在线直播教学平台系统质量与大学生学习能力之间具有链式中介作用"这一假设时，得出"知识共享活动作为一种社会交换行为，会受到信息技术、知识主体等方面的影响"这个一般性结论，之后借助"因网络交互的特性在直播平台上得到了充分应用……在线直播教学平台更加贴近学生的兴趣"等这一研究对象的特殊性，推导出该条假设。在论证一般性结论的基础上，推导并得出文章研究对象的适用性结论。本文在选择某一研究对象时，针对该研究对象的研究问题的答案首先是未知的，即已有研究结论是否适用本文的研究对象未知，那么在推导研究假设时，我们就不能直接由已有研究的结论得出本文的研究对象也是适用该结论的，而需要给出进一步推导。

2. 质化研究

质化研究包括的方法也比较多。扎根理论是近年来应用频率比较高的一种质化研究方法。这个方法是从社会学和教育学拓展出来的，逐渐应用到多个学科。现象学研究、案例分析、访谈法、焦点小组、内容分析、田野调查、民族志、口述史、生活史、话语分析、符号学分析、参与观察法等，这些方法也是国内近年来论文中出现频率比较高的质化研究方法。

比如扎根理论是一个特别适合做概念研究、理论建构的方法，主要过程为：先是以访谈获取资料，之后进行编码（一般进行三级编码），然后一级一级往后推，最后构建一个理论或者概念。

○**范例**

《基于扎根理论的中华优秀传统文化融入高校思政教育机制探究》（节选，有删改）

扎根理论是由斯特劳斯（Strauss）和格拉斯（Glaser）共同提出的一种质性研究方法，与本研究具有高度契合性，其基本特征是从经验资料中产生理论，在系统收集资料和分析程序的基础上进行层层提炼，生成核心概念，把核心概念进行仔细比较、整合，一步步上升为理论。本研究确定了来自山东省28所高校的6名专家、36名思政教育工作者和42名学生，共84名访谈对象，以下用A1、A2……A84代指不同的访谈对象。研究意在基于扎根理论对访谈形成的文本资料进行编码整理，探索中华优秀传统文化融入高校思政教育的机制。研究的资料主要采用深度访谈的形式进行收集，对获取的原始访谈资料进行分析归纳整理之后，借助Nvivo12.0软件，根据扎根理论的研究思路，采用三级编码程序，对数据依次进行开放式编码、主轴式编码和选择性编码，遵从自经验资料中提炼理论的逻辑理路，反复、交替地进行编码和资料内容分析，贯穿研究始终。

以王正坤、杨漫漫发表的《基于扎根理论的中华优秀传统文化融入高校思政教育机制探究》为例，该课题组对来自山东省28所高校的84名访谈对象进行访谈，形成了近10万字的访谈文本资料，借助Nvivo12.0软件对访谈文本资料进行三级编码和整理，形成深层理念、教育体系、氛围营造、创新性发展4个主范畴，建构中华优秀传统文化融入高校思

政教育的模型，并提出强化中华优秀传统文化融入高校思政教育的深层理念、完善传承中华优秀传统文化的教育体系、营造中华优秀传统文化传承的良好氛围等可行性建议。

3. 混合研究

混合研究方法是指在单个研究或调查中，同时采用量化和质性研究方法对数据进行收集、分析，在此基础上得出结论。在研究设计方面，混合研究主要涵盖三种方案：聚敛式设计、解释性序列设计、探索性序列设计。这三种设计依据不同的目的而相互区别，聚敛式设计即研究者同时收集量化和质性数据，其后再比较两种数据是否互为验证；解释性序列设计指研究者先收集量化数据，再收集质性数据，旨在使用质性研究方法解释量化结果；探索性序列设计指研究者先收集质性数据，再收集量化数据，以检验一项理论的效度或适用性。

> ○ **范例**
>
> **《院校政策何以规制本科生专业选择**
> **——基于 38 所高水平大学政策文本的混合研究》(节选，有删改)**
>
> 本研究采用顺序型混合研究方法设计，先通过定性研究获取院校政策规制本科生专业选择行为的主要路径，并以此为依据设计定量测量工具；然后采用问卷调查检验院校政策规制学生专业选择行为的路径效应。定性研究资料源于 38 所高水平大学(原 "985 工程" 高校，国防科技大学除外) 的 115 个本科生专业选择政策(含大类分流、转专业以及辅修政策，院校 2022 年 11 月以后颁布的政策不涵盖在内)。以高水平大学本科生专业选择政策为研究分析对象，主要基于以下考虑：一是上述高校均已具备转专业、辅修以及大类招生与分流政策，而其他类型院校本科生专业选择政策体系尚未完全建立；二是相比于普通高等院校，高水平大学本科生专业选择政策探索起步早，政策体系相对成熟，对本科生专业选择的影响更为显著。

以黄玲、韩婷芷发表的《院校政策何以规制本科生专业选择——基于 38 所高水平大学政策文本的混合研究》为例，研究采用顺序型混合研究方法设计，先通过定性研究获取院校政策规制本科生专业选择行为的主要路径，并以此为依据设计定量测量工具；然后采用问卷调查检验院校政策规制学生专业选择的路径效应。

可以看到，研究方法的数量非常多，但具体使用什么方法，则应该根据自身对于该方法的掌握情况、论文的研究问题等方面综合考虑，切不可为了使用方法而使用方法。适当的研究问题，加上合适的研究方法，才能够保证一篇学术论文的总体质量。

三、高校辅导员写好科研成果的要点

如何将辅导员的辛苦转化为成果是当前制约辅导员科研的难点。高校辅导员兼具教育者与管理者的双重角色，其科研成果需融合思政教育理论与学生工作实践，既要体现学术深度，又要彰显实践价值。以下从方法论到实操路径，系统阐述四大核心要点。

（一）问题导向：从实践痛点中提炼科学问题

1.问题挖掘的四个维度

（1）新问题捕捉：立足时代变革与学生群体特征，聚焦"Z世代"价值观塑造、网络思政话语权重构、心理健康危机干预等前沿议题。例如，可研究"短视频平台对大学生政治认同的影响机制"，或研究"后疫情时代学生社群关系重构路径"。

（2）真问题筛选：通过"问题三阶验证法"识别真问题。一线观察：记录日常工作中的高频矛盾（如"躺平"现象干预失效）；数据印证：比对学生心理测评、行为数据与教育效果；政策对照：结合《高校思想政治工作质量提升工程实施纲要》等文件要求。

（3）大问题聚焦：选择具有范式突破潜力的基础性问题。例如：大学生价值认同形成的"认知—情感—行为"转化规律；辅导员专业能力标准与职业发展路径的适配性研究。

（4）老问题重释：对传统议题进行"三维重构"。技术赋能：如"AI伦理教育融入课程思政的实践路径"；代际差异：分析"00后"与"90后"学生思想行为模式变迁；跨文化视角：全球化背景下爱国主义教育的在地化创新。

2.问题转化的实操策略

建立"问题日志"：每周记录3个典型案例，标注矛盾点与解决盲区；开展"三圈分析法"，将问题归类为核心圈（直接影响）、关联圈（间接因素）、环境圈（政策/社会背景）。

（二）文献深耕：构建理论—实践双向对话体系

1.文献研究的"三阶跃升"模型

（1）基础层：精读马克思主义经典著作（如《德意志意识形态》中人的全面发展理论）、教育部思政专项课题成果。

（2）专业层：追踪《思想理论教育导刊》《中国青年研究》等核心期刊，建立"政策—理论—案例"三维文献库。

（3）跨界层：吸收心理学（如积极心理学干预技术）、管理学（如组织行为学激励理论）等跨学科成果。

2.高效文献管理工具包

高效文献管理工具包如表5-1所示。

表5-1　高效文献管理工具包

工具类型	推荐工具	应用场景
文献检索	CNKI高级检索、Web of Science	精准定位高被引文献
知识图谱	CiteSpace、VOSviewer	可视化分析研究热点与理论演进
笔记管理	Zotero+Obsidian联动	建立概念关联网络
政策追踪	教育部官网、教育工作重点等	实时更新思政教育政策法规

3. 批判性阅读的"四问法则"

该研究解决了什么真问题？方法论是否存在抽样偏差或逻辑漏洞？结论能否迁移至本校学生群体？哪些观点可成为我的研究突破口？

(三)学术淬炼：构建规范—伦理双重保障体系

1. 严守学术规范

学术规范包括很多方面，如形式规范、话语规范、选题规范、研究规范、方法规范、行文规范、署名规范、引文规范、评价规范、道德规范等。这些规范，各自都有丰富的内涵、具体而明确的要求。形式规范：引用格式严格对标《信息与文献　参考文献著录规则》(GB/T 7714—2015)，查重率不得高于当前学术规范的要求；原始数据按学科标准存档，如心理学研究需提供原始量表及编码手册。话语规范：要求用本学科的学术语言即本学科领域中的学术"行话"来表达自己的理论思考。行文规范：做到文简意丰、通俗易懂。引文规范：有择而引，引而有度；用而必引，凡引必用；引而必注，凡注必实。道德规范：严谨诚实、实事求是。

2. 成果打磨的"五维质检"

成果打磨"五维质检"拓展解析。

(1)学理性：理论对话是否形成知识增量。

成果需与学科核心理论形成深度对话，突破"描述现象"层面，推动知识体系迭代。例如，研究"思政教育数字化转型"时，研究者应嵌入建构主义学习理论框架，通过对比传统课堂与数字化场景中知识内化机制的差异，揭示技术赋能教育的底层逻辑。同时，需在文献综述中明确标注现有研究的"理论盲区"(如忽视代际认知差异等)，并通过实证数据填补空白，形成可迁移的理论解释模型。

(2)实践性：对策建议是否具备可操作性。

成果需提供"场景化解决方案"，避免空泛建议。以"校园心理危机干预"为例，对策应细化至三级响应机制：一级预警(AI情绪识别算法嵌入教务系统)、二级介入(辅导员—校医联合干预流程标准化)、三级复盘(案例数据库构建与模式优化)。关键指标包括成本控制(单案例处置成本≤500元)、时效性(响应时间<30分钟)及适配性(可覆盖90%以上常见心理问题场景)。

(3)前沿性：大部分参考文献需采用近五年的权威文献。

文献时效性直接影响成果前沿价值。研究设计需优先引用近五年权威期刊论文(如《教育研究》《高等教育研究》等)及政策文件。例外情况仅限经典理论引用(如建构主义、情境领导理论、OBE教育模式)，但需在讨论部分阐明经典理论与新数据的适配性并进行修正。

3. 创新性：至少提出1个新概念/模型/路径

原创性体现为"问题—方法"双突破。概念创新需满足三要素：术语独创性(如"思政教育数字韧性")、内涵清晰性(明确定义为"教育系统抵御技术异化风险的能力")、理论延展性(可对接社会学习理论中的环境适应机制)。模型构建则强调可视化表达，例如用双螺旋结构图呈现价值观内化过程中认知与实践的交互作用，并标注关键变量阈值（如师生互动频率≥2次/周为生效临界点）。

4.传播性：标题能否在10秒内传递核心价值

标题需符合"黄金传播公式"：核心矛盾+方法论+价值锚点。例如，"圈层撕裂与价值共识：Z世代大学生思政教育的裂变式引导路径"包含三大要素：矛盾聚焦（圈层文化冲突）；方法标识（裂变式传播技术）；价值承诺（达成价值共识）；同时可运用"数据强化法"，在副标题上补充实证支撑（如"基于10省32校的混合研究"）以提升可信度。

第五节　高校辅导员学术论文修改的要点与技巧

　　修改是对论文初稿所写的内容不断加深认识，对论文表达形式不断优化直至定稿的过程。"不改不成文"，这句话说明了修改在论文形成全过程中的重要作用。一篇论文的修改，不仅仅是在语言修辞等枝节上找毛病，更重要的是对全文的论点及论据进行再次锤炼和推敲，使论文臻于完美。学术论文的写作过程就是一个不断修改的过程，即使运用电脑写作，随写随改，也仍然需要最后通篇阅读、修改。一篇论文，只有经过反复推敲、修改，誊清定稿后，才算是最后完成。因此，论文修改是学术研究的继续与深入，是提高论文质量的有效措施。

一、学术论文修改的要点

　　修改的目的是使文章能够更准确、更鲜明地表述研究成果，所以，就修改的部分而言，就是发现什么问题就修改什么问题。具体地说，学术论文修改的要点包括修改论文的观点和内容。

（一）修改论文的观点

　　观点体现着论文的价值，是修改时首先应该注意的问题。要注意修正错误的观点、主观片面的观点和陈旧的观点。

　　修改观点应从两方面进行：一是观点的订正，检查全文的论点及由其说明的若干问题是否带有片面性或表述不够准确，在修改时应对其进行反复斟酌和推敲。如发现问题，应重新查阅资料，对实验方法及数据给予增补、改换。二是观点的深化，应检查自己的观点是否与别人雷同，有无新意。如果全篇或大多数观点都是别人已经阐述过的，则应从新的角度提炼观点，形成自己的见解；否则，宁可"报废"，也不勉强凑合成文。

（二）修改论文的内容

　　辅导员修改学术论文时，需要考虑其研究内容及结构。论文的修改是其写作过程中至关重要的一环，合适的研究内容和优秀的结构可以使论文更加完善、更加具有说服力。

1. 研究内容

　　论文通过深入研究某一问题或主题，可以填补学术领域的知识空白，为该领域的学术发展提供新的理论、方法或观点。论文的研究结果可以被其他学者引用和借鉴，促进该领域学术界的进步和发展。某些论文的研究成果可以为实际问题的解决提供指导和参考。

例如，社会科学领域的研究可以为决策者提供政策制定的依据；工程科学领域的研究可以为设计和实施实际工程项目提供技术支持。某些论文的研究成果可能对社会产生重要的影响。例如，医学领域的研究成果可以改善疾病的诊断和治疗方法，提高人类的健康水平；环境科学领域的研究可以为环境保护和可持续发展提供新的解决方案。进行论文研究可以培养研究者的科研能力和创新能力，提高研究者的专业水平和竞争力，这对于研究者的学术和职业发展都具有重要意义。总之，论文的研究意义在于促进学术进步、解决实际问题、对社会产生影响，以及培养研究者的能力和竞争力。因此，论文研究内容的撰写是非常重要的。以下是论文研究的修改方法：

（1）全面审查结构和逻辑。

仔细审查论文的整体结构和论证逻辑，确保论文的组织结构清晰、章节衔接合理。检查段落间的过渡是否流畅，论点是否有合理的论据支持，并适当调整和补充相关内容。

（2）检查语法、拼写和标点。

对论文的语法、拼写和标点进行仔细检查和校对，确保论文中没有明显的错误和不连贯之处。特别注意常见的语法错误和拼写错误，如主谓一致、时态错乱、名词复数形式等。

（3）优化句子结构和表达。

检查论文中的句子结构是否清晰流畅，是否存在冗长、拖沓或累赘的句子。如果有，可以对句子进行拆分、合并或重组，以提高句子的表达效果和可读性。

（4）简化用词和提高表达的准确性。

避免使用过于复杂或晦涩难懂的词汇和短语，尽量使用简明扼要的表达方式。确保用词准确、地道，避免替换词、同义词的过度使用，以免引起歧义或造成语言混乱。

（5）确保信息的精确和准确。

核对论文中的事实、数据和引用的来源，确保信息的精确性和准确性。对引用的内容进行核对和验证，确保引用格式符合学术规范，引用内容与参考文献一致。

（6）注重文体和学术风格。

根据论文的学术性质和目标读者，注重文体和学术风格的统一。采用适当的学术用语和惯用的表达方式，保持一贯的文风。

（7）进行反复校对和修改。

论文修改并非一次就能完成，而是需要进行多轮反复校对和修改。将修改好的论文重新阅读，注意细节，发现并纠正任何错误或需要进一步改进的地方。

2. 结构

结构是论证的逻辑展开形式，也是论文内容的组织安排形式，它反映了作者对论题的思考步骤和逻辑推理过程。因此，结构的修正，就是要理顺作者的思路，使全文各部分间脉络清晰、层次井然、详略得当、逻辑严密、中心突出、主题明确、浑然一体。结构的优劣，直接关系着文章的整体大局和内容的表现效果。

初稿完成后，首先要看其是否符合论文的结构要求、是否举纲辑要；论点、论据、论证三要素是否全部具备、得当，论文结构是否层次分明、脉络清楚。其次，要看结构的各部分安排是否妥当，开头、结尾、段落、层次、主次结构的各个环节是否合适。如发现中心论点或分论点需要变化，层次不够清晰，段落不够规范，内容松散无力，则应进行修改。如果论文准备投送杂志发表，则应按照所投刊物的要求，再检查论文的标题、署名、单位、摘要、关键词(或主题词)、正文、参考文献、外文摘要等各个部分是否符合该刊要求。但是，不论怎样，结构都是为表现内容服务的，因此修改结构要从大处着眼，抓住主要矛盾，务必以鲜明、准确地表现文章的内容为基本准则。

二、学术论文修改的方法和技巧

要确保学术论文的质量和准确性，掌握一些有效的修改方法和技巧对于辅导员来说至关重要。下面就辅导员在学术论文修改中可以采用的方法和技巧进行探讨。

(一)读改法

读改法，就是通过朗读或默读，边读边思索，遇有语意不畅的地方，随手改正。文章中的毛病，光靠目阅，有时不容易发现，一读，别扭而不畅达的地方，就会立即出现。

叶圣陶在《和教师谈写作》一文中，强调通过朗读修改文章的重要性，他说："修改稿子不要光是'看'，要'念'。就是把全篇稿子放到口头说说看……一路念下去，疏忽的地方自然会发现。"

鲁迅对读改法很重视，也常用到它，他在《我怎么做起小说来》一文中写道："我做完之后，总要看两遍，自己觉得拗口的，就增删几个字，一定要它读得顺口。"

(二)暂搁法

暂搁法，就是写好初稿后，不立即修改，而是暂时放一放，过些时候再修改。

清代唐彪在《读书作文谱》中就说："当其甫做就时，疵病亦不能自见……若使当时即知，则亦不下笔矣。故当时能确见，当改则改之，不然且置之，俟迟数月，取出一观，妍丑了然于心，改之自易。"

(三)求助法

求助法，就是将自己的初稿拿给别人看，并请别人提出修改意见。自己写的文章，思想与表达已定型化，往往处在"当局者迷"的状态，难于突破；请别人帮助修改，则"旁观者清"，易于发现新问题。

徐迟的报告文学《在湍流的旋涡中》就是在臧克家的帮助下修改完成的。徐迟写这篇文章，当时已写了三遍，越写越长，都不成功。后来，臧克家了解到他写作的情况，指出他写得"太不精练了"，并给他选了方苞的《左忠毅公逸事》和另一篇文章要他读。在臧老的帮助下，徐迟对原先写的稿子来了一个大的改动，重新进行了构思，结果只用了七千多字就把周培源的一生很好地反映了出来。

(四)抄改法

抄改法，指的是当初稿的文字书写或涂抹比较凌乱，难以直接进行修改时，就采用先抄写一遍，然后再进行修改的方式。作者一般是先看一段，再抄写一段，然后修改一段，直到全文抄写完和修改完成为止。这种修改方法比较费时费力，而且有时可能不是连续进行的，可能会造成文章的前后不连贯，因此写毕业论文时最好少采用这种方式，而是在初稿时就保持文字整洁有序。

（五）比较法

比较法可以将自己的论文与相似或相近的论文进行比较，以检测自己论文中的不足，从而实现诊断修改。"有比较才能鉴别"，比较有助于发现自己论文中的见解、看法、思想和观念，以及赋予鲜明的时代感和前瞻性，同时可以发现毫无意义的类型化的东西。通过比较，可以看到别人论文的长处，发现自己论文的不足，以便于修改，达到"横看成岭侧成峰，远近高低各不同"的绝妙佳境。

（六）排他式

排他式也被称为间接反证法，即不是直接证明某一论断，而是通过先证明与这个论点相对立的观点，来推断该论点的正确性或错误性。具体来说，当先证明与这个论点相对立的观点是正确的时，就可以反证这个论点是错误的；而先证明与这个论点相对立的观点是错误的时，就可以反证这个论点是正确的。

（七）归谬法

归谬法也被称为谬误引申法，即先假定对方的论点是正确的，再进行合理的引申，以揭示其荒谬性，从而暴露出其荒唐之处，最终得出令人不可思议的结论，以此证明对方的论点是错误的。

第六节　高校辅导员学术成果的转化与投稿

　　无论是项目、工作案例还是论文，它们通常都是为了解决特定的问题或达成特定的目标，这种问题导向、目标导向为它们之间的相互转化提供了基础。辅导员需要强化科研成果转化意识，将研究成果转化为实际应用，为培养优秀人才服务，为学校科学决策服务。

一、高校辅导员学术成果转化的意义

　　对辅导员而言，学术成果转化对提升工作实效性、提升科研能力、形成工作品牌、促进学生发展、增强社会服务能力具有重要意义。辅导员的研究成果往往与学生发展密切相关，如职业规划与就业、学风建设等，学术成果的转化可以帮助辅导员将理论知识和研究发现应用于实际工作中，提高学生工作的针对性和有效性。以下是这些方面的具体体现：

(一)提升工作实效性

　　针对性应用：辅导员可以将研究成果中的理论模型和策略直接应用于解决学生的实际问题，如通过实证研究验证的心理健康干预措施。

　　优化工作流程：研究成果可能揭示了工作流程中的不足，为工作流程的改进和优化提供了依据，比如通过数据分析发现学生辅导中的关键节点。

　　创新工作方法：学术成果转化能够鼓励辅导员探索新的工作方法，如利用新媒体技术进行学生动员和教育。

(二)提升科研能力

　　理论和实践结合：通过将研究成果转化为实践应用，辅导员能够更深入地理解理论和实践的结合，从而提升自身的科研素养。

　　研究技能提升：在成果转化过程中，辅导员需要运用各种研究方法和工具，这有助于提升他们的研究技能和分析能力。

　　学术交流：参与学术会议和研讨，发表研究成果，可以增加辅导员与其他学者的交流机会，拓宽研究视野。

(三)形成工作品牌

　　特色项目：辅导员的研究成果可以转化为特色项目，如基于研究创建的学生发展工作坊，这类项目有助于辅导员形成独特的工作品牌。

专业认可：高质量的学术成果能够提升辅导员在同行中的专业认可度，增强其个人品牌影响力。

持续发展：通过不断转化研究成果，辅导员可以建立起持续发展的工作模式，形成一系列相互关联的工作项目和活动。

(四)促进学生发展

职业规划：研究成果可以帮助辅导员更好地理解学生的职业发展需求，为学生提供更有针对性的职业规划指导。

学风建设：通过研究学生学习行为和动机，辅导员可以设计更有效的学风建设活动，促进学生提高学术诚信和学习动力。

个性化支持：研究成果可能揭示了不同学生群体的特殊需求，使辅导员能够提供更具有个性化的支持和服务。

(五)增强社会服务能力

社会合作：辅导员的研究成果可以吸引校外合作伙伴，如企业、非营利组织等，共同开展项目，增强高校的社会服务能力。

政策建议：研究成果可以为教育政策制定提供依据，比如为学校提供决策报告等，成为教育改革的积极参与者和建议者。

二、项目转化为学术论文

辅导员申报项目与工作论文既有相似之处也有各自的特点。相似之处：①目标导向：两者都旨在解决特定的问题或达成特定的教育目标。②基于研究：实践项目和论文都可能基于研究，涉及对现有知识的探索和分析。③知识贡献：两者都能为教育领域带来新的见解和知识，促进学生的发展。④理论和实践结合：工作项目和论文都需要将理论应用到实践中，或者从实践中提炼出理论。

项目与学术论文的不同之处如表5-2所示。

表5-2 项目与学术论文的不同之处

	目的和形式	内容和深度	成果展示	评价标准
项目	更侧重于实际操作和应用，目的是通过具体的活动或计划来实现教育目标，比如如何通过学生社团建设促进学生技能提升，如何通过社会实践活动增强思想引领力等	内容更具体，通常围绕一个或几个特定的目标设计和实施相关的活动，强调实际操作和经验分享	成果可能是具体的活动成果、学生作品或社会影响，更侧重于实际效果的展示	评价标准可能包括项目的实际效果、学生参与度和社会反响等

续表5-2

	目的和形式	内容和深度	成果展示	评价标准
学术论文	更侧重于理论的探讨和学术的分析，目的是通过研究来扩展理论或提供新的学术见解	内容更抽象和深入，侧重于理论分析和概念框架，旨在提供普遍适用的见解	学术论文是一篇结构化的文档，遵循特定的格式和标准，展示的是新的学术见解	学术论文的评价标准包括研究的原创性、理论的深度和学术贡献

将辅导员项目转化为学术论文，可以遵循以下步骤和策略：

精准识别问题：从项目中识别出关键问题或挑战，这是研究的起点。例如，如果项目是关于大学生专业社团提升学生技能的研究，那么问题可能集中在专业技能需求与社团活动匹配度、专业社团活动的质量和效果、学生参与度、技能评估与反馈机制等方面。通过对这些问题的精准识别，辅导员可以更有效地设计和实施专业社团项目，以促进学生专业技能的提升。这些问题的识别也可以作为学术论文研究的起点，为后续的研究提供明确的方向和焦点。

确立研究边界：明确研究的主题和范围，确保研究的焦点集中。例如，可以将研究主题定为"大学生专业社团提升学生技能的策略研究"。

设定研究目标：明确研究的理论目标和实践目标。理论目标可能是构建一个关于学生技能的理论模型，而实践目标可能是提出具体的、可操作的策略来提升专业社团学生的专业技能。

案例分析：深入分析实践项目中的案例，识别成功因素和存在的问题。例如，分析在学生专业社团活动中哪些因素促进了学生的积极参与、哪些因素阻碍了学生参与，确定学生在专业领域内需要提升哪些技能，分析现有社团活动是否满足这些技能需求。

策略提出：针对识别的问题提出解决策略。这些策略应该基于实践项目的经验和成果，同时结合理论分析。

理论和实践融合：将项目中的经验和策略与现有的理论进行结合，构建一个既有理论深度又有实践操作性的研究框架。

三、工作案例转化为学术论文

工作案例和学术论文存在一些共同点：①目的性：它们都旨在解决特定的问题或探索特定的主题。②分析和解释：都需要对收集的信息进行分析和解释，以得出结论或见解。但二者在目的、结构、内容和表达方式上都有所不同，表5-3是工作案例和学术论文的不同之处。

表5-3　工作案例和学术论文的不同之处

	目的	结构	内容	表达	引用
工作案例	通常是为了记录和分享实际工作经验，提供实践指导，或作为培训材料	可能没有固定的结构，更侧重于叙述事件的背景、过程和结果	内容更具体，通常围绕一个或几个特定的事件或情境，强调实际操作和经验分享	语言通常更通俗易懂，可能包含对话、描述性语言和个人感受	可能不需要严格的文献引用，但应确保事件描述的准确性
学术论文	旨在对某个学术领域做出贡献，通过研究来扩展理论或提供新的见解	遵循严格的结构，包括引言、文献综述、方法论、结果、讨论和结论等部分	内容更抽象，侧重于理论分析和概念框架，旨在提供普遍适用的见解	使用严谨的学术语言，强调客观性和逻辑性，避免主观情感色彩	必须包含广泛的文献引用，以支持研究假设和结论

将辅导员的工作案例转化为学术论文，是一个系统的过程，涉及多个步骤和策略。以下是一些关键步骤和建议：

明确研究框架：在开始之前，构建一个清晰的研究框架，明确研究目的、问题、方法论和预期结果。使用合适的理论或模型来指导研究，确保该工作在学术上是有根据的，比如研究《学生就业满意度状况及其影响因素分析》，可以用满意度理论、人力资本理论、社会资本理论等。

数据收集与分析：根据研究问题，选择合适的数据收集方法，如问卷调查、深度访谈、实地观察等。利用统计分析软件或其他研究工具对数据进行处理和分析，以揭示数据模式和趋势，利用毕业生就业一年后的就业状况抽样调查数据，对毕业生的就业满意度进行了实证分析。

提炼实践经验：从工作经验中提炼出关键的实践案例，分析成功因素或存在的问题。将这些实践经验与现有的学术理论相结合，形成新的见解或解决方案。比如《学生就业满意度状况及其影响因素分析》研究结果显示，毕业生就业总体满意度较高；工作因素中学用匹配、月薪、工作单位性质、就业行业等因素对就业满意度有显著影响；非工作因素中，是否为学生干部、是否获得过奖学金、是否有过实习经历、家庭所在地、家庭社会关系、母亲工作状况、学校开设的就业指导课或讲座的帮助程度这7个变量对毕业生就业满意度有显著影响。

对比与归纳：将实践经验与已有的学术研究进行对比，找出它们的相似点和差异。归纳出实践经验的独特之处，强调其对学术领域或实际操作的贡献。

写作与表达：在论文中清晰阐述研究问题、方法论、发现和结论。使用学术语言，确保论文的严谨性和可读性。图表、表格等可视化工具可以直观地展示数据和分析结果。

通过这些步骤，辅导员可以将工作经验有效地转化为学术论文，为学术界和实践领域做出有价值的贡献。

四、学术论文成果投稿注意事项

（一）高校辅导员学术成果投稿的期刊分类

高校辅导员学术成果可以投稿的期刊没有相对官方的明确分类，但大致可分为两大类：核心期刊和普通期刊。其中核心期刊主要分为三类，即南京大学中国社会科学研究评价中心开发研制的中文社会科学引文索引（CSSCI）核心期刊、北京大学出版社出版的《中文核心期刊要目总览》（北大核心）和中国社会科学评价研究院公布的《AMI 综合评价报告》（AMI 核心期刊）。普通期刊又可以分为普通高等学校学报和非普通高等学校学报的其他普通期刊。

（二）高校辅导员学术成果投稿的注意事项

高校辅导员学术成果投稿的注意事项较多，但归纳起来，主要有如下 10 个方面。

1. 选择正规期刊

辅导员由于具备不同的学科背景，对思想政治教育等辅导员理论和实践研究的学科背景及学术期刊不是很了解，新手辅导员在进行学术论文投稿时往往不知所措，有时甚至会选择中介投稿，这样既浪费钱，又没有达到发表和推广自己的学术成果的目标，个别辅导员甚至还会被欺骗、被诈骗。因此，辅导员投稿时，一定要选择正规期刊，即在国家新闻出版署官网（https://www.nppa.gov.cn/nppa/publishing/magazine.shtml）可以查询到的期刊，同时需要分清楚正刊和增刊。

2. 注意不同期刊的格式要求

不同的期刊对格式有着不同的要求，大部分学术期刊都要求来稿采用 Word 或者是 WPS 排版，而且要求稿件具有中英文题名、作者姓名、工作单位、工作单位所属城市及邮政编码、摘要、关键词、正文、参考文献等内容，有时还要求提供中图分类号、文献标识码。有些期刊连排版用单栏还是双栏都有明确要求，甚至连每行字数限制都有明确的要求。有的辅导员投稿时，往往在没有投中 A 期刊之后，直接将原来的稿件原封不动地又投给 B 期刊，但是 A 期刊和 B 期刊对论文格式的要求不一样，这样就容易造成没有注意 B 期刊的格式要求而被直接退稿。所以，如果没有注意不同期刊的格式要求直接盲目投稿，往往会降低学术论文的录用率。因此，辅导员在投稿前要先了解一下学术期刊编辑部的征稿简则、投稿须知及投稿格式等，检查自己的论文是否符合格式要求、各要素是否具备，从而提高学术论文的录用率。

3. 真正了解期刊后再投稿

辅导员预投稿的学术论文水平应该与预投学术期刊档次相符合。目前，辅导员学术论文可投的学术期刊主体上分为核心期刊和普通期刊，大家要根据自己的学术论文水平，选择适合自己的期刊进行投稿，做到真正地了解期刊。同时，辅导员还应清楚地了解预投稿期刊刊登的学术论文范围，是否涵盖了辅导员工作的相关学科，自己预投稿的学术论述重点又是否能够归入该期刊开办的栏目中。只有深入了解期刊，投稿才能具有针对性。

4. 学会了解编辑的口味

从某种程度上来说，学术期刊编辑是决定辅导员学术论文稿件是否录用的关键因素。那么，具体怎么迎合编辑的口味呢？除了上述说的学术论文稿件格式，还要看编辑选稿风格。这不仅与辅导员预投学术论文稿件的质量有着重要的关系，还与辅导员预投学术论文稿件的诸多方面有关，比如预投学术论文稿件有吸引眼球的选题、注意优美的语言表达、符合查重率要求、规范的排版、注重符合期刊所需的限制字数。

5. 有良好的沟通素养

良好的沟通素养主要体现在投稿时和催稿时两个重要节点。在投稿时，精心准备投稿信是非常重要的，投稿信是在投稿的时候写给编辑部的信，作用跟古时候拜访人家用的拜帖有点相似。其在内容上主要包括个人介绍、文章内容概括、创新之处、个人期盼诉求等几个方面。虽说辅导员预投学术论文稿件能不能成功发表主要靠科研价值本身，但是投稿信也是很重要的。投稿信写得好，编辑就会对你的信息多一点印象。需要注意的是，投稿信也不要写得太长，200字~300字即可。在催稿时，要讲究方式方法，可以采取迂回战术，礼貌地询问编辑是否收到你的稿件，说明是你担心遗漏，这样的方式比你直接质问好多了，如果语言运用不当，那么你的问稿就很可能会变为拒稿。编辑本质上都是不排斥作者的，作者很容易与编辑沟通。如果作者能与编辑部特别是栏目编辑建立联系，主动询问稿件处理情况，征求编辑对稿件的意见，久而久之，互相建立起一定的感情，这对投稿肯定是没有坏处的。

6. 客观对待查重率

学术论文的重复率是辅导员投稿前比较容易忽视的一个问题。不同的学术期刊对所投学术论文的重复率有着不同的要求，有的学术期刊要求重复率在5%以下，有的学术期刊要求重复率在15%以下，还有的学术期刊要求重复率在25%以下。总体而言，学术论文的重复率应尽量控制在15%以下，这样才能保证所投的学术论文不会因为重复率过高而被退稿。关于学术论文重复率的检查，可以在中国知网个人查重服务中进行。

7. 保持良好的学术期刊检索与阅读习惯

对于辅导员预投的学术期刊而言，我们需要保持良好的学术期刊检索与阅读习惯，检索主要包括期刊级别、影响因子、出版周期、投稿途径、开设栏目、有无版面费、投稿难度、审稿周期、发文量、对发文作者有无职称学历要求、有无回复和以往投稿者的多方评价等。阅读主要是看各期刊刊载的学术论文的研究方向、语言风格以及栏目板块等。养成期刊检索和阅读的习惯，可以加深对本领域学术期刊的认知，提高中稿概率。

8. 注意梯度投稿和精准投稿相结合

一般而言，如果辅导员的学术论文质量较高且有较长的发表见刊时间，我们预投学术期刊的选择可以是先投权威期刊（顶刊），然后投CSSCI等核心期刊，再投普通学校学报，最后投普通期刊。但是在实际操作中，权威期刊和核心期刊的投中难度均比较大，所以辅导员投稿时不要太在意期刊的级别。如果辅导员的学术论文着急见刊，有时也可以对自己的学术论文进行仔细评估之后，选择合适的期刊进行精准投稿，以节省投稿见刊时间，做到梯度投稿和精准投稿相结合。

9. 理性对待反馈与修改

一般而言，学术期刊有反馈修改建议的不多，有的学术期刊就是系统的机器人式语言拒稿。因此，辅导员要有平常心，理性对待，可以请同事、同行专家多看看，提一提修改建议。如果学术期刊有反馈修改的意见，一定要认真对待，一般有反馈修改意见就证明自己的学术论文起码得到了期刊编辑的认可，此时一定要认真修改，至少让期刊编辑和审稿专家看到你严谨与认真的态度。

10. 守住"一稿多投"的底线

一稿多投是指作者将同一篇文章同时投稿给两家或多家期刊，一般有两种情况：一种是将一家期刊正在评审的论文投递给了另一家期刊；另一种是论文已经通过了一家期刊的评审并即将发表，此时作者将论文又投递给了其他期刊。不论是哪种情况，一稿多投都是绝大部分期刊严令禁止的行为。辅导员们在投稿过程中一定不要一稿多投。

（三）高校辅导员学术成果投稿的三种主要方式

1. 系统投稿

系统投稿一般是指期刊编辑部有自己独立的投稿系统，投稿人需要注册投稿系统，在投稿系统中填写并提交预投稿件相关信息和学术期刊所需其他信息，如中英文题目、中英文摘要、参考文献、基金项目等。目前，国内学术期刊常见的投稿系统有知网腾云采编系统、玛格泰克系统、三才电子采编系统、勤云系统等。

2. 邮箱投稿

大多数学术期刊采用的投稿邮箱为 126 邮箱或者 163 邮箱，部分普通学校学报偏向使用所在学校邮箱，个别学术期刊也使用 QQ 邮箱。一般来说，学术期刊的编辑更倾向于一看到邮件内容就知道来稿文章的立意、内容、创新，所以，这就是邮件投稿时附加内容的意义，不但可以帮助作者赢得编辑的好感，而且也能增加论文投稿成功的把握。在投稿时，可以将邮件标题命名为"投稿（栏目名）+作者名+论文题目"。邮件正文可以简单介绍一下自己的学术经历，再附上一段该论文的创新性介绍，或者是说明性文字，以帮助编辑尽快掌握学术论文的内容和特点。

3. 纸质投稿

纸质投稿是指辅导员将自己预投稿的学术论文按学术期刊要求打印出来，邮寄至预投稿的学术期刊编辑部所在地址。

（四）高校辅导员学术成果投稿的一般步骤

1. 筛选学术期刊

筛选刊物的时候，可以将自己学术论文的主题放在中国知网或万方等数据库上进行检索，看看已经刊发的学术期刊当中，和自己学术论文主题相关的期刊都有哪些，逐一登记并进行了解。

2. 确定目标学术期刊

将登记好的学术期刊在互联网或者万维网上进行检索，深入了解期刊投稿难度、审稿周期、版面费用、见刊速度等信息，确定几个符合自己预期的目标学术期刊。

3. 投递学术稿件

在确定的目标学术期刊中，逐一找出这些期刊的投稿方式，并按这些期刊的投稿须知、投稿格式等要求修改稿件，进而进行学术稿件的投递。

4. 积极关注反馈

一般每个期刊都会写明审稿周期，在审稿周期内，投稿人应积极关注编辑部的邮件回信或系统回信或电话回信，如被录用就积极按编辑部要求继续下一步操作。

5. 持续修改

投稿是不容易的，我们的论文不一定一投稿就中，因而在投稿后也可以保持持续修改。这样万一收到拒稿通知或超过审稿周期后，我们便可以将修改完善后的学术论文另投他刊。

（五）高校辅导员学术投稿三重境遇解析与应对策略

1. 拒稿：学术进阶的常态考验

流程性拒稿常见于初审阶段，多因格式失范（如未按"投稿须知"调整行距）、选题偏离（如思政研究误投纯教育技术期刊）等。

学术性拒稿（占比约 35%）：多因创新性不足（如仅重复已有实证结论）或方法缺陷（如样本量未达统计学要求）。

心理建设工具箱：建立"阶梯式目标"，从非核心期刊逐步积累学术信用；实施"退稿转化机制"，将审稿意见分类整理为《研究方法缺陷清单》。

2. 审稿停滞：学术传播的时间陷阱

时间成本计算：设定投稿"止损线"（如普通期刊超 4 个月未更新即撤稿）。

机会成本评估：使用"期刊影响因子/审稿周期"比值优选投稿渠道。

3. 录用确认：学术产出的价值兑现

正刊录用（含 DOI 号）：需确认见刊周期（如某些期刊当前排队周期为 8~12 个月），要核查其是否被 CNKI、Web of Science 等数据库收录。

版权管理要点：标注基金项目号（如教育部人文社科项目需加注课题编号）。

五、高校辅导员学术成果可投稿的国内核心期刊

（一）高校辅导员学术成果可投稿的 CSSCI 期刊（含扩展版）

高校辅导员学术成果可投稿的 CSSCI 期刊（含扩展版）根据《CSSCI 来源期刊目录

(2023—2024)》而整理,本书主要对马克思主义理论、教育学、心理学、综合性社会科学(高校学报在各级各类普通学校学报部分进行单独整理)等领域期刊进行梳理,归纳出87种高校辅导员学术成果可投稿的期刊,同时投稿方向会因期刊用稿方向的变化而存在一定偏差,读者可研读期刊最新用稿方向后选择投稿,具体见附录一。

(二)高校辅导员学术成果可投稿的全国中文核心(北大核心)期刊

高校辅导员学术成果可投稿的全国中文核心(北大核心)期刊根据《中文核心期刊要目总览》(2023年版)而整理,本书主要对教育学、心理学、中国政治等领域期刊进行梳理,归纳出171种高校辅导员学术成果可投稿的期刊。当然,梳理的全国中文核心(北大核心)期刊可能与上述梳理的CSSCI期刊有重叠,因为有的期刊既是CSSCI期刊又是北大核心,投稿方向会因期刊用稿方向变化而存在一定偏差,读者可研读期刊最新用稿方向后选择投稿,具体见附录二。

(三)高校辅导员学术成果可投稿的 AMI 期刊

高校辅导员学术成果可投稿的 AMI 期刊根据《中国人文社会科学期刊 AMI 综合评价报告(2022)》而整理,该报告共计对1904种老牌期刊和116种新兴期刊进行评价,本书主要对教育学、政治学等领域期刊进行梳理,归纳出184种高校辅导员学术成果可投稿的期刊。梳理的 AMI 期刊中有的期刊既是 CSSCI 期刊又是北大核心期刊,所以与北大核心期刊、CSSCI 期刊有重叠,同时投稿方向会因期刊用稿方向变化而存在一定偏差,读者可研读期刊最新用稿方向后选择投稿,具体见附录三。

六、各地区高校辅导员学术成果可投稿的各类普通学校学报

高校辅导员学术成果可投稿的各级各类普通学校学报根据教育部截止到2023年6月15日的《全国高等学校名单》和《全国成人高等学校名单》而整理,梳理的普通学校学报与北大核心期刊、CSSCI 期刊可能有重叠,共计整理了各级各类普通学校学报559种,其中东北地区47种、华中地区88种,华北地区108种,西北地区32种,西南地区79种,华南地区37种,华东地区168种。

(一)东北地区

东北地区三个省份各级各类普通学校学报共计47种,其中黑龙江省12种、吉林省12种、辽宁省23种,具体见附录四。

(二)华中地区

华中地区三个省份各级各类普通学校学报共计88种,其中湖南省22种、湖北省35种、河南省31种,具体见附录五。

（三）华北地区

华北地区五个省份各级各类普通学校学报共计 108 种，其中北京市 40 种、山西省 18 种、内蒙古自治区 10 种、天津市 6 种、河北省 34 种，具体见附录六。

（四）西北地区

西北地区五个省份各级各类普通学校学报共计 32 种，其中新疆维吾尔自治区 8 种、宁夏回族自治区 2 种、青海省 1 种、甘肃省 2 种、陕西省 19 种，具体见附录七。

（五）西南地区

西南地区五个省份各级各类普通学校学报共计 79 种，其中西藏自治区 2 种、云南省 18 种、四川省 28 种、重庆市 16 种、贵州省 15 种，具体见附录八。

（六）华南地区

华南地区三个省份各级各类普通学校学报共计 37 种，其中海南省 2 种、广东省 21 种、广西壮族自治区 14 种，具体见附录九。

（七）华东地区

华东地区七个省份各级各类普通学校学报共计 168 种，其中江苏省 36 种、上海市 7 种、浙江省 14 种、福建省 25 种、山东省 32 种、安徽省 35 种、江西省 19 种，具体见附录十。

七、高校辅导员学术成果可投稿的普通期刊

高校辅导员学术成果可投稿的普通期刊共有 95 种，这些期刊的投稿难度相对较低，出版版面费相对较高，见刊周期相对较快，具体见附录十一。

八、高校辅导员学术成果可参加的征集活动

高校辅导员的学术成果可以通过多种途径参加征集活动，以下是国家级和省级的活动示例。

1. 全国高校思想政治工作优秀案例征集活动

由教育部思想政治工作司指导，《高校辅导员》编辑部主办，旨在引导高校辅导员加强工作研究，总结工作经验，提炼工作成果。

2. 全国高校思想政治工作优秀论文征集活动

由教育部思想政治工作司指导，《高校辅导员》编辑部主办，论文主题涵盖思想政治教育各个方面。

3. 教育部教师风采艺术作品征集活动

面向各地教育行政部门、各级各类学校和社会各界征集反映优秀教师群体或个人的短视频、公益广告、原创歌曲、戏剧、动漫等多种形式的艺术作品。

4. 省级教育厅组织的征集活动

各省级教育部门一般也会进行思想政治工作优秀案例和思想政治工作优秀论文的征集。

5. 中国教育学会中小学信息技术教育专业委员会征集活动

由中国教育学会组织开展的"中小学信息技术(科技)应用及教学案例"网络公开征集活动,旨在促进国家信息技术新课程标准的实施。

6. 省级师德主题征文及微视频征集活动

由省教育厅组织开展,评选出优秀作品并进行表彰,旨在弘扬师德师风。

7. 其他类型的征集活动

参与这类活动不仅能够展示辅导员的学术成果,还能通过征集活动参加优秀论文报告等,促进高校辅导员学术交流和专业成长。辅导员可以根据自己的研究成果选择合适的活动参与。

附　录

高校辅导员可投稿的各种期刊详细信息

附录一　高校辅导员学术成果可投稿的 CSSCI 核心期刊(含扩展版)

序号	期刊名称	主办单位	投稿周期	版面费	刊期	投稿方向
1	当代世界社会主义问题	山东大学当代社会主义研究所	2 个月	无	季刊	党建等
2	当代世界与社会主义	中共中央党史和文献研究院等	3 个月	有	双月刊	党建、马克思主义等
3	党的文献	中共中央党史和文献研究院等	不详	无	双月刊	党建等
4	党建	《党建》杂志社	1 个月	有	月刊	党建等
5	党史研究与教学	中共福建省委党校(福建行政学院)	4 个月	无	双月刊	党建、马克思主义等
6	国外理论动态	中共中央党史和文献研究院	2 个月	有	双月刊	党建、马克思主义等
7	红旗文稿	求是杂志社	2 个月	无	半月刊	党建、马克思主义等
8	教学与研究	中国人民大学	3 个月	无	月刊	党建、马克思主义、思政等
9	科学社会主义	中国科学社会主义学会	3 个月	无	双月刊	党建、马克思主义等
10	理论视野	中国马克思主义研究基金会	2 个月	无	月刊	党建、马克思主义等
11	马克思主义理论学科研究	高等教育出版社	2 个月	无	月刊	党建、马克思主义、思政等
12	马克思主义研究	中国社会科学院马克思主义研究院	系统为准	无	月刊	党建、马克思主义等
13	马克思主义与现实	中共中央党史和文献研究院	系统为准	无	双月刊	党建、马克思主义等
14	毛泽东邓小平理论研究	上海社会科学院	2 个月	无	月刊	党建、马克思主义等
15	求是	中国共产党中央委员会	不详	无	半月刊	党建等
16	社会主义研究	华中师范大学	系统为准	无	双月刊	党建、马克思主义等
17	思想教育研究	北京科技大学、中国高等教育学会思想政治教育分会	不详	无	月刊	党建、马克思主义、思政等

续上表

序号	期刊名称	主办单位	投稿周期	版面费	刊期	投稿方向
18	思想理论教育	上海市高等学校思想理论教育研究会等	不详	无	月刊	党建、马克思主义、思政、心理、创业就业
19	思想理论教育导刊	高等教育出版社	不详	无	月刊	党建、马克思主义、思政等
20	中共党史研究	中共中央党史和文献研究院	不详	无	双月刊	党建、马克思主义等
21	中国特色社会主义研究	北京市社会科学界联合会等	2个月	无	双月刊	党建、马克思主义等
22	人民日报（理论版）	中国共产党中央委员会	1个月	无	日刊	党建等
23	光明日报（理论版）	中国共产党中央委员会	1个月	无	日刊	党建、马克思主义等
24	社会主义核心价值观研究	清华大学	3个月	无	双月刊	党建、马克思主义等
25	世界社会主义研究	中国社会科学院马克思主义研究院等	系统为准	无	月刊	党建、马克思主义等
26	苏区研究	江西省社会科学联合会学术中心	不详	无	双月刊	党建等
27	学校党建与思想教育	湖北长江报刊传媒（集团）有限公司	3个月	有	半月刊	教育、思政、党建等
28	北京大学教育评论	北京大学	系统为准	无	季刊	教育等
29	比较教育研究	北京师范大学	系统为准	无	月刊	教育等
30	大学教育科学	湖南大学、中国机械工业教育协会	2个月	无	双月刊	教育、思政、党建等
31	电化教育研究	中国电化教育研究会、西北师范大学	系统为准	有	月刊	教育等
32	复旦教育论坛	复旦大学	系统为准	有	双月刊	教育等
33	高等工程教育研究	华中科技大学等	2个月	有	双月刊	教育等
34	高等教育研究	华中科技大学等	系统为准	无	月刊	教育等
35	高校教育管理	江苏大学	系统为准	无	双月刊	教育、思政等
36	国家教育行政学院学报	国家教育行政学院	2个月	无	月刊	教育、思政、党建等
37	湖南师范大学教育科学学报	湖南师范大学	2个月	有	双月刊	教育、党建等
38	华东师范大学学报（教育科学版）	华东师范大学	系统为准	无	月刊	教育等
39	江苏高教	江苏教育报刊总社	系统为准	无	月刊	教育、思政、党建等

续上表

序号	期刊名称	主办单位	投稿周期	版面费	刊期	投稿方向
40	教育发展研究	上海市教育科学研究院、上海市高等教育学会	系统为准	无	半月刊	教育、思政、党建等
41	教育科学	辽宁师范大学	3个月	无	双月刊	党建、教育、思政等
42	教育研究	中国教育科学研究院	系统为准	无	月刊	教育、党建等
43	教育研究与实验	华中师范大学	3个月	无	双月刊	教育、心理健康教育等
44	清华大学教育研究	清华大学	系统为准	无	双月刊	教育等
45	现代大学教育	中南大学	2个月	无	双月刊	教育等
46	学位与研究生教育	国务院学位委员会	系统为准	无	月刊	教育等
47	中国高等教育	中国教育报刊社	2个月	无	半月刊	党建、思政、教育等
48	中国高教研究	中国高等教育学会	1~3个月	无	月刊	教育等
49	中国教育学刊	中国教育学会	3个月	无	月刊	教育、马克思主义、党建等
50	高教探索	广东省高等教育学会	3个月	有	双月刊	教育、思政等
51	教育学术月刊	江西省教育评估监测研究院、江西省教育学会	2个月	无	月刊	教育、思政等
52	苏州大学学报教育科学版	苏州大学	系统为准	无	双月刊	党建、教育、思政等
53	现代教育管理	辽宁教育研究院	系统为准	无	月刊	教育等
54	中国大学教学	高等教育出版社有限公司	系统为准	无	月刊	教育、思政等
55	中国教育科学（中英文）	人民教育出版社有限公司	系统为准	有	双月刊	教育、党建等
56	中国人民大学教育学刊	中国人民大学	系统为准	无	双月刊	高教研究、心理教育等
57	重庆高教研究	重庆市高校教育学会、重庆文理学院	系统为准	无	双月刊	教育、党建等
58	心理发展与教育	北京师范大学	系统为准	有	双月刊	心理学等
59	心理科学	中国心理学会	系统为准	无	双月刊	心理学等
60	心理科学进展	中国科学院心理研究所	系统为准	有	月刊	心理学等
61	心理学报	中国心理学会、中国科学院心理研究所	系统为准	有	月刊	心理学等
62	心理与行为研究	天津师范大学	系统为准	无	双月刊	心理学等
63	应用心理学	浙江省心理学会、浙江大学	系统为准	有	双月刊	心理学等
64	中国临床心理学杂志	中国心理卫生协会、中南大学	系统为准	有	双月刊	心理学等
65	心理研究	河南大学	系统为准	无	双月刊	心理学等

续上表

序号	期刊名称	主办单位	投稿周期	版面费	刊期	投稿方向
66	心理学探新	江西师范大学	系统为准	无	双月刊	心理学等
67	湖北社会科学	湖北省社会科学界联合会等	40日	无	月刊	心理学、党建等
68	学术探索	云南省社会科学界联合会	系统为准	无	月刊	党建等
69	社会科学家	桂林市社科联	系统为准	无	双月刊	党建等
70	理论月刊	湖北省社会科学界联合会	2个月	无	月刊	马克思主义、党建等
71	兰州学刊	兰州市社会科学院	2个月	无	月刊	党建、马克思主义等
72	重庆社会科学	重庆社会科学院	系统为准	无	月刊	党建、马克思主义等
73	学术交流	黑龙江省社会科学信息中心	系统为准	无	月刊	马克思主义、党建等
74	湖南社会科学	湖南省社会科学界联合会	3个月	无	双月刊	党建、马克思主义等
75	广西社会科学	广西壮族自治区社会科学界联合会	不详	无	双月刊	教育、哲学等
76	思想战线	云南大学	90个工作日	无	双月刊	马克思主义等
77	社会科学战线	吉林省社会科学院	系统为准	无	月刊	党建、马克思主义等
78	学术月刊	上海市社会科学界联合会	系统为准	无	月刊	心理学、马克思主义等
79	学习与实践	武汉市社会科学院	系统为准	无	月刊	马克思主义、党建等
80	云南社会科学	云南省社会科学院	系统为准	无	双月刊	马克思主义、党建等
81	中国高校社会科学	教育部高等学校社会科学发展研究中心	3个月	无	双月刊	党建等
82	中州学刊	河南省社会科学院	系统为准	无	月刊	党建等
83	人民论坛	人民日报社	系统为准	无	半月刊	党建、马克思主义等
84	求索	湖南省社会科学院	系统为准	无	双月刊	马克思主义、党建等
85	山东社会科学	山东省社会科学界联合会	15日	无	月刊	政治、哲学等
86	学术界	安徽省社会科学界联合会	不详	无	月刊	党建、马克思主义等
87	学术论坛	广西社会科学院	系统为准	无	双月刊	教育、马克思主义、思政、党建等

附录二　高校辅导员学术成果可投稿的全国中文核心（北大核心）期刊

序号	期刊名称	主办单位	投稿周期	版面费	刊期	投稿方向
1	教育研究	中国教育科学研究院	系统为准	无	月刊	教育等
2	北京大学教育评论	北京大学	系统为准	无	季刊	教育等

续上表

序号	期刊名称	主办单位	投稿周期	版面费	刊期	投稿方向
3	华东师范大学学报（教育科学版）	华东师范大学	系统为准	无	月刊	教育等
4	清华大学教育研究	清华大学	系统为准	无	双月刊	教育等
5	全球教育展望	华东师范大学	系统为准	无	月刊	教育等
6	教育发展研究	上海市教育科学研究院等	系统为准	无	半月刊	教育等
7	教师教育研究	北京师范大学等	系统为准	无	双月刊	教育等
8	比较教育研究	北京师范大学	系统为准	无	月刊	教育等
9	教育与经济	华中师范大学等	系统为准	无	双月刊	教育等
10	教育学报	北京师范大学	系统为准	无	双月刊	教育等
11	外国教育研究	东北师范大学	系统为准	无	月刊	教育等
12	现代教育管理	辽宁教育研究院	系统为准	无	月刊	教育等
13	湖南师范大学教育科学学报	湖南师范大学	2个月	有	双月刊	教育等
14	国家教育行政学院学报	国家教育行政学院	系统为准	无	月刊	教育等
15	教育科学	辽宁师范大学	系统为准	无	双月刊	教育等
16	中国教育学刊	中国教育学会	系统为准	无	月刊	教育等
17	教育学术月刊	江西省教育评估监测研究院等	2个月	无	月刊	教育等
18	教育理论与实践	山西省教育科学研究院	系统为准	有	旬刊	教育等
19	当代教育论坛	湖南省教育科学研究院	系统为准	无	双月刊	教育等
20	思想理论教育	上海市高等学校思想理论教育研究会等	不详	无	月刊	教育等
21	当代教育科学	山东省教育科学研究院	系统为准	无	月刊	教育
22	学校党建与思想教育	湖北长江报刊传媒（集团）有限公司	3个月	有	半月刊	教育等
23	高等教育研究	华中科技大学等	系统为准	无	月刊	高等教育等
24	高等工程教育研究	华中科技大学等	2个月	有	双月刊	高等教育等
25	复旦教育论坛	复旦大学	系统为准	有	双月刊	高等教育等
26	高校教育管理	江苏大学	系统为准	无	双月刊	高教研究等
27	中国高等教育	中国教育报刊社	不详	无	半月刊	党建等
28	现代大学教育	中南大学	系统为准	无	双月刊	教育等
29	江苏高教	江苏教育报刊总社	系统为准	无	月刊	思政教育等
30	重庆高教研究	重庆文理学院	系统为准	无	双月刊	党建、高等教育等

续上表

序号	期刊名称	主办单位	投稿周期	版面费	刊期	投稿方向
31	学位与研究生教育	国务院学位委员会	系统为准	无	月刊	教育等
32	中国大学教学	高等教育出版社有限公司	系统为准	无	月刊	党建、教育等
33	高教探索	广东省高等教育学会	系统为准	有	双月刊	高等教育等
34	大学教育科学	湖南大学	系统为准	无	双月刊	党建、高等教育等
35	研究生教育研究	中国学位与研究生教育学会等	系统为准	无	双月刊	教育等
36	黑龙江高教研究	哈尔滨师范大学等	系统为准	有	月刊	心理、高等教育等
37	高教发展与评估	武汉理工大学	3个月	有	双月刊	高等教育等
38	中国高校科技	教育部科技发展中心	系统为准	有	月刊	教育等
39	职教论坛	江西科技师范大学	系统为准	无	月刊	党建、教育等
40	职业技术教育	吉林工程技术师范学院	2个月	无	旬刊	心理学等
41	教育与职业	中华职业教育社	2个月	无	半月刊	心理学等
42	中国特殊教育	中国教育科学研究院	系统为准	无	月刊	党建、特殊教育等
43	中国职业技术教育	教育部职业技术教育中心研究所	2个月	无	旬刊	党建、教育等
44	民族教育研究	中央民族大学	系统为准	无	双月刊	党建、民族高等教育等
45	成人教育	黑龙江教师发展学院	系统为准	有	月刊	成人高等教育等
46	公共管理学报	哈尔滨工业大学经济与管理学院	系统为准	无	季刊	党建等
47	行政论坛	中共黑龙江省委党校（黑龙江省行政学院）	2个月	无	双月刊	党建、政治等
48	公共行政评论	广东人民出版社有限公司等	3个月	不详	双月刊	党建等
49	社会主义研究	华中师范大学	系统为准	无	双月刊	团学、马克思主义等
50	中共中央党校（国家行政学院）学报	中共中央党校（国家行政学院）	系统为准	无	双月刊	马克思主义等
51	上海行政学院学报	中共上海市委党校（上海行政学院）	2个月	无	双月刊	思政、马克思主义、党建等
52	探索	中共重庆市委党校（重庆行政学院）	3个月	无	双月刊	团学等
53	中国特色社会主义研究	北京市社会科学界联合会、北京市中国特色社会主义理论体系研究中心、北京市科学社会主义学会	系统为准	无	双月刊	马克思主义等
54	马克思主义与现实	中共中央党史和文献研究院	2个月	无	双月刊	马克思主义研究、团学等

续上表

序号	期刊名称	主办单位	投稿周期	版面费	刊期	投稿方向
55	理论探讨	中共黑龙江省委党校(黑龙江省行政学院)	系统为准	无	双月刊	马克思主义、思政等
56	求是	中国共产党中央委员会	2个月	不详	半月刊	党建、团学等
57	教学与研究	中国人民大学	不详	不详	月刊	教育、党建等
58	甘肃行政学院学报	中共甘肃省委党校(甘肃行政学院)	系统为准	无	双月刊	思政、马克思主义、党建等
59	电子政务	中国科学院文献情报中心	15日	无	月刊	团学等
60	理论与改革	中共四川省委党校(四川行政学院)	系统为准	无	双月刊	团学等
61	北京行政学院学报	中共北京市委党校(北京行政学院)	2个月	无	双月刊	马克思主义等
62	理论探索	中共山西省委党校(山西行政学院)	系统为准	无	双月刊	党建等
63	人民论坛	人民日报社	系统为准	无	半月刊	党建、马克思主义等
64	治理研究	中共浙江省委党校(浙江行政学院)	系统为准	无	双月刊	党建、马克思主义等
65	江苏行政学院学报	中共江苏省委党校(江苏行政学院)	3个月	无	双月刊	党建、马克思主义等
66	求实	中共江苏省委党校(江苏行政学院)	3个月	无	双月刊	党建、马克思主义等
67	科学社会主义	中国科学社会主义学会	2个月	无	双月刊	党建、马克思主义等
68	中共党史研究	中共中央党史和文献研究院	不详	无	双月刊	党建等
69	毛泽东邓小平理论研究	上海社会科学院	2个月	无	月刊	党建、马克思主义等
70	新视野	中共北京市委党校(北京行政学院)	3个月	无	双月刊	党建等
71	公共管理与政策评论	中国人民大学	2个月	无	双月刊	党建等
72	天津行政学院学报	中共天津市委党校(天津行政学院)	系统为准	无	双月刊	党建等
73	思想理论教育导刊	高等教育出版社	不详	无	月刊	党建、马克思主义、思政等
74	台湾研究	中国社科院台湾研究所	4个月	无	双月刊	党建等
75	中共天津市委党校学报	中共天津市委党校(天津行政学院)	20日	无	双月刊	党建等

续上表

序号	期刊名称	主办单位	投稿周期	版面费	刊期	投稿方向
76	理论学刊	中共山东省委党校（山东行政学院）	2个月	无	双月刊	党建、马克思主义等
77	红旗文稿	求是杂志社	不详	无	半月刊	党建、马克思主义、思政等
78	中共福建省委党校学报	中共福建省委党校（福建行政学院）	3个月	无	双月刊	党建、马克思主义等
79	党的文献	中共中央党史和文献研究院、中央档案馆	不详	无	双月刊	党建等
80	学习论坛	中共河南省委党校（河南行政学院）	不详	无	双月刊	党建等
81	党政研究	中共四川省委省直机关党校	3个月	无	双月刊	党建、马克思主义等
82	毛泽东研究	湖南省社会科学院	3个月	无	双月刊	党建、马克思主义等
83	长白学刊	中共吉林省委党校（吉林省行政学院）	1个月	无	双月刊	党建、马克思主义等
84	理论导刊	中共陕西省委党校（陕西行政学院）	1个月	有	月刊	党建、马克思主义等
85	行政管理改革	中共中央党校（国家行政学院）	3个月	无	月刊	党建等
86	中国社会科学	中国社会科学院	系统为准	无	月刊	党建等
87	南京社会科学	南京市社会科学界联合会、南京市社会科学院、中共南京市委党校（南京市行政学院）	系统为准	无	月刊	党建等
88	学海	江苏省社会科学院	系统为准	无	双月刊	马克思主义等
89	江海学刊	江苏省社会科学院	系统为准	无	双月刊	党建等
90	社会科学研究	四川省社会科学院	系统为准	无	双月刊	党建等
91	学术研究	广东省社会科学界联合会	系统为准	无	月刊	党建等
92	人文杂志	陕西省社会科学院	系统为准	无	月刊	党建等
93	求是学刊	黑龙江大学	系统为准	无	双月刊	党建等
94	学习与探索	黑龙江省社会科学院	不详	无	月刊	党建等
95	广东社会科学	广东省社会科学院	不详	无	双月刊	党建等
96	贵州社会科学	贵州省社会科学院	3个月	无	月刊	党建等
97	中州学刊	河南省社会科学院	系统为准	无	月刊	党建等
98	江苏社会科学	江苏省哲学社会科学界联合会	系统为准	无	双月刊	马克思主义、党建等
99	中国高校社会科学	教育部高等学校社会科学发展研究中心	不详	无	双月刊	党建等

续上表

序号	期刊名称	主办单位	投稿周期	版面费	刊期	投稿方向
100	河北学刊	河北省社会科学院	系统为准	无	双月刊	马克思主义、党建等
101	思想战线	云南大学	90个工作日	无	双月刊	马克思主义等
102	东岳论丛	山东社会科学院	2个月	无	月刊	党建等
103	社会科学辑刊	辽宁社会科学院	2个月	无	双月刊	马克思主义、党建等
104	学习与实践	武汉市社会科学院	系统为准	无	月刊	马克思主义、党建等
105	山东社会科学	山东省社会科学界联合会	不详	无	月刊	党建等
106	浙江学刊	浙江省社会科学院	系统为准	无	双月刊	党建等
107	江淮论坛	安徽省社会科学院	3个月	有	双月刊	党建等
108	甘肃社会科学	甘肃省社会科学院	不详	有	双月刊	马克思主义、党建等
109	中国青年社会科学	中国青年政治学院	3个月	无	双月刊	党建等
110	云南社会科学	云南省社会科学院	系统为准	无	双月刊	马克思主义、党建等
111	江西社会科学	江西省社会科学院	系统为准	无	月刊	党建等
112	学术论坛	广西社会科学院	系统为准	无	双月刊	教育、马克思主义、思政、党建等
113	湖北社会科学	湖北省社会科学界联合会等	40日	无	月刊	党建等
114	内蒙古社会科学	内蒙古自治区社会科学院	系统为准	无	双月刊	党建等
115	社会科学家	桂林市社会科学界联合会	系统为准	无	月刊	党建
116	学术交流	黑龙江省社会科学信息中心	系统为准	无	月刊	马克思主义、党建等
117	理论月刊	湖北省社会科学界联合会	2个月	无	月刊	马克思主义、党建等
118	湖湘论坛	中共湖南省委党校（湖南行政学院）	系统为准	无	双月刊	马克思主义、党建等
119	青海社会科学	青海省社会科学院	系统为准	无	双月刊	党建等
120	求索	湖南省社会科学院	系统为准	无	双月刊	马克思主义、党建等
121	哲学研究	中国社会科学院哲学研究所	系统为准	无	月刊	马克思主义、党建等
122	哲学动态	中国社会科学院哲学研究所	系统为准	无	月刊	马克思主义、党建等
123	世界哲学	中国社会科学院哲学研究所	系统为准	无	双月刊	马克思主义等
124	伦理学研究	湖南师范大学	系统为准	无	双月刊	马克思主义、党建等
125	现代哲学	广东哲学学会	系统为准	无	双月刊	党建等
126	中国高教研究	中国高等教育学会	系统为准	无	月刊	党建等
127	思想教育研究	中国高等教育学会思想政治教育分会、北京科技大学	不详	无	月刊	党建等

续上表

序号	期刊名称	主办单位	投稿周期	版面费	刊期	投稿方向
128	思想政治教育研究	哈尔滨理工大学	系统为准	有	双月刊	马克思主义、思政、党建等
129	人民教育	中国教育报刊社	不详	有	半月刊	党建、教育等
130	中小学管理	北京教育融媒体中心	3个月	无	月刊	党建
131	北京社会科学	北京市社会科学院	系统为准	无	月刊	党建、教育、马克思主义等
132	党史研究与教学	中共福建省委党校（福建行政学院）	4个月	无	双月刊	党建、马克思主义等
133	道德与文明	天津社会科学院、中国伦理学会	系统为准	无	双月刊	党建、马克思主义等
134	改革	重庆社会科学院	系统为准	无	月刊	党建等
135	广西民族研究	广西民族研究中心	3个月	无	双月刊	党建等
136	贵州民族研究	贵州省民族研究院	不详	无	双月刊	党建等
137	黑龙江民族丛刊	黑龙江省社会科学院民族研究所	3个月	无	双月刊	党建等
138	江汉论坛	湖北省社会科学院	不详	无	月刊	党建、马克思主义等
139	开放时代	广州市社会科学院	2个月	无	双月刊	党建等
140	民族研究	中国社会科学院民族学与人类学研究所	系统为准	无	双月刊	党建等
141	民族学刊	西南民族大学	不详	无	月刊	党建等
142	南开管理评论	南开大学	系统为准	无	双月刊	党建等
143	宁夏社会科学	宁夏社会科学院	系统为准	无	双月刊	党建、马克思主义等
144	农村经济	四川省社会科学院	系统为准	有	月刊	党建等
145	青年研究	中国社会科学院社会学研究所	系统为准	无	双月刊	党建等
146	社会保障研究	武汉大学	2个月	无	双月刊	党建等
147	社会科学	上海社会科学院	不详	有	月刊	党建等
148	社会科学战线	吉林省社会科学院	系统为准	无	月刊	党建、马克思主义等
149	社会学评论	中国人民大学	系统为准	无	双月刊	党建、马克思主义等
150	社会学研究	中国社会科学院社会学研究所	系统为准	无	双月刊	党建、马克思主义等
151	天津社会科学	天津社会科学院	系统为准	无	双月刊	党建、马克思主义等
152	心理发展与教育	北京师范大学	系统为准	有	双月刊	心理等
153	心理科学	中国心理学会	系统为准	无	双月刊	党建、心理等
154	心理学探新	江西师范大学	系统为准	无	双月刊	心理等

续上表

序号	期刊名称	主办单位	投稿周期	版面费	刊期	投稿方向
155	心理与行为研究	天津师范大学	系统为准	无	双月刊	心理等
156	学术界	安徽省社会科学界联合会	不详	有	月刊	党建、马克思主义等
157	人民论坛·学术前沿	人民论坛杂志社	系统为准	无	半月刊	党建等
158	艺术百家	江苏省文化艺术研究院	3个月	无	双月刊	党建等
159	语文建设	语文出版社有限公司	45个工作日	无	月刊	党建等
160	浙江档案	浙江省档案馆；浙江省档案学会	2个月	无	月刊	党建等
161	浙江社会科学	浙江省社会科学界联合会	系统为准	无	月刊	党建、马克思主义等
162	政法论坛	中国政法大学	系统为准	无	双月刊	党建、马克思主义等
163	政治经济学评论	中国人民大学	不详	无	双月刊	党建、马克思主义等
164	政治与法律	上海社会科学院法学研究所	系统为准	无	月刊	党建等
165	中国青年研究	中国青少年研究中心等	不详	无	月刊	党建、马克思主义等
166	中国文学批评	中国社会科学杂志社	系统为准	无	季刊	马克思主义等
167	中国文学研究	湖南师范大学	不详	无	季刊	党建等
168	中华文化论坛	四川省社会科学院	系统为准	无	双月刊	党建等
169	社会保障评论	中国社会保障学会等	不详	无	季刊	党建等
170	社会发展研究	中国社会科学院社会发展战略研究院等	系统为准	无	季刊	马克思主义等
171	新疆社会科学	新疆社会科学院	3个月	无	双月刊	党建等

附录三　高校辅导员学术成果可投稿的 AMI 期刊

序号	期刊名称	主办单位	投稿周期	版面费	刊期	符合辅导员投稿方向
1	求是	中国共产党中央委员会	不详	有	半月刊	党建
2	马克思主义研究	中国社会科学院马克思主义研究院	系统为准	无	月刊	党建、马克思主义
3	中国特色社会主义研究	北京市社会科学界联合会	2个月	无	双月刊	党建
4	当代世界社会主义问题	山东大学当代社会主义研究所	3个月	有	季刊	党建

续上表

序号	期刊名称	主办单位	投稿周期	版面费	刊期	符合辅导员投稿方向
5	当代世界与社会主义	中共中央党史和文献研究院等	3个月	有	双月刊	党建
6	当代中国史研究	当代中国研究所	系统为准	无	双月刊	党建、马克思主义
7	党的文献	中共中央党史和文献研究院等	不详	无	双月刊	党建
8	党建	《党建》杂志社	不详	有	月刊	党建
9	教学与研究	中国人民大学	系统为准	无	月刊	党建、马克思主义
10	理论视野	中国马克思主义研究基金会	2个月	无	月刊	党建、马克思主义
11	马克思主义与现实	中共中央党史和文献研究院	系统为准	无	双月刊	党建、马克思主义
12	社会主义研究	华中师范大学	系统为准	无	双月刊	党建
13	世界社会主义研究	中国社会科学院马克思主义研究院等	系统为准	无	月刊	党建、马克思主义
14	思想理论教育导刊	高等教育出版社	不详	无	月刊	党建、马克思主义
15	中共党史研究	中共中央党史和文献研究院	不详	无	双月刊	党建
16	国外理论动态	中共中央党史和文献研究院	不详	无	双月刊	党建、马克思主义
17	毛泽东邓小平理论研究	上海社会科学院	2个月	无	月刊	党建、马克思主义
18	毛泽东研究	湖南省社会科学院	系统为准	无	双月刊	党建、马克思主义
19	思想教育研究	中国高等教育学会思想政治教育分会、北京科技大学	不详	无	月刊	党建、马克思主义
20	思想理论教育	上海市高等学校思想理论教育研究会等	不详	无	月刊	党建、马克思主义
21	思想政治教育研究	哈尔滨理工大学	系统为准	有	双月刊	党建、心理
22	邓小平研究	四川省社会科学院	2个月	无	双月刊	党建
23	毛泽东思想研究	四川省社会科学院等	不详	无	双月刊	党建
24	文化软实力	湖南大学	3个月	无	季刊	党建、马克思主义
25	北京大学教育评论	北京大学	系统为准	无	季刊	高等教育
26	华东师范大学学报（教育科学版）	华东师范大学	系统为准	无	月刊	心理、高等教育
27	比较教育研究	北京师范大学	系统为准	无	月刊	高等教育
28	高校教育管理	江苏大学	系统为准	无	双月刊	高教研究
29	国家教育行政学院学报	国家教育行政学院	2个月	无	月刊	思政教育
30	河北师范大学学报（教育科学版）	河北师范大学	2个月	无	双月刊	高等教育

续上表

序号	期刊名称	主办单位	投稿周期	版面费	刊期	符合辅导员投稿方向
31	黑龙江高教研究	哈尔滨师范大学等	系统为准	有	月刊	心理、高等教育
32	湖南师范大学教育科学学报	湖南师范大学	系统为准	无	双月刊	心理、高等教育
33	江苏高教	江苏教育报刊总社	系统为准	无	月刊	思政教育
34	教育与经济	华中师范大学、中国教育经济学研究会	系统为准	无	双月刊	党建
35	教育与职业	中华职业教育社	2个月	无	半月刊	心理健康
36	清华大学教育研究	清华大学	系统为准	无	双月刊	党建
37	全球教育展望	华东师范大学	系统为准	无	月刊	高等教育
38	天津师范大学学报（基础教育版）	天津师范大学	系统为准	无	双月刊	党建
39	现代教育管理	辽宁教育研究院等	不详	无	月刊	思政教育
40	中国高等教育	中国教育报刊社	不详	无	半月刊	党建
41	中国高教研究	中国高等教育学会	系统为准	无	月刊	党建
42	中国教育学刊	中国教育学会	系统为准	无	月刊	党建
43	中国远程教育	国家开放大学	系统为准	无	月刊	高等教育
44	当代教育理论与实践	湖南科技大学	系统为准	有	双月刊	思政教育、心理教育
45	高等继续教育学报	华中师范大学	系统为准	无	双月刊	高等教育
46	高校辅导员学刊	安徽师范大学	系统为准	无	双月刊	党建、心理、思政
47	继续教育研究	哈尔滨师范大学	系统为准	有	月刊	党建、思政
48	教育理论与实践	山西省教育科学研究院	系统为准	有	旬刊	高等教育、心理、思政、党建
49	教育评论	福建省教育科学研究所等	系统为准	无	月刊	马克思主义
50	教育探索	黑龙江教师发展学院	系统为准	无	月刊	高等教育
51	教育与教学研究	成都大学	系统为准	无	月刊	高等教育、思政
52	山东高等教育	青岛大学	系统为准	无	双月刊	党建
53	思想政治课研究	华东师范大学	2个月	无	双月刊	党建
54	现代教育科学	吉林省教育科学院	系统为准	有	双月刊	心理、思政
55	现代教育论丛	广东省教育科学研究所	系统为准	无	双月刊	高等教育、马克思主义
56	学校党建与思想教育	湖北长江报刊传媒（集团）有限公司	3个月	有	半月刊	教育、思政、党建
57	中国农业教育	南京农业大学	系统为准	无	双月刊	党建

续上表

序号	期刊名称	主办单位	投稿周期	版面费	刊期	符合辅导员投稿方向
58	当代教研论丛	哈尔滨市教育研究院	系统为准	有	月刊	思政教育、心理教育、党建
59	黑龙江教育（高教研究与评估）	黑龙江大学	1个月	有	月刊	党建
60	华夏教师	中国青年出版社	不详	有	旬刊	党建
61	教育文化论坛	贵州大学	系统为准	有	双月刊	高等教育、思政
62	高等教育研究	华中科技大学	系统为准	无	月刊	高等教育
63	大学教育科学	湖南大学	系统为准	无	双月刊	高等教育管理、党建
64	电化教育研究	西北师范大学	系统为准	有	月刊	教育
65	复旦教育论坛	复旦大学	系统为准	有	双月刊	教育
66	高等工程教育研究	华中科技大学	2个月	有	双月刊	高等教育
67	高教发展与评估	武汉理工大学	3个月	有	双月刊	高等教育
68	教师教育研究	北京师范大学等	系统为准	无	双月刊	教育
69	教育发展研究	上海市教育科学研究院	系统为准	无	半月刊	高等教育
70	教育经济评论	北京师范大学	系统为准	无	双月刊	高等教育、党建
71	教育科学研究	北京教育科学研究院等	3个月	无	月刊	高等教育、党建
72	教育学术月刊	江西省教育科学研究院	2个月	无	月刊	教育
73	教育研究与实验	华中师范大学	系统为准	无	双月刊	高等教育、心理、党建
74	开放教育研究	上海开放大学	系统为准	无	双月刊	教育
75	课程·教材·教法	人民教育出版社有限公司、课程教材研究所	系统为准	无	月刊	教育、党建
76	民族教育研究	中央民族大学	系统为准	无	双月刊	民族高等教育、党建
77	现代大学教育	中南大学	系统为准	无	双月刊	教育
78	现代教育技术	清华大学	系统为准	有	月刊	教育
79	现代远程教育研究	四川开放大学	系统为准	无	双月刊	教育
80	现代远距离教育	黑龙江开放大学	系统为准	无	双月刊	教育
81	学位与研究生教育	国务院学位委员会	系统为准	无	月刊	教育
82	研究生教育研究	中国学位与研究生教育学会等	系统为准	无	双月刊	教育
83	远程教育杂志	浙江开放大学	系统为准	无	双月刊	教育
84	职教论坛	江西科技师范大学	系统为准	无	月刊	教育、党建
85	中国电化教育	中央电化教育馆	系统为准	无	月刊	教育、党建
86	中国考试	教育部考试中心	系统为准	无	月刊	教育、党建
87	中国特殊教育	中国教育科学研究院	系统为准	无	月刊	特殊教育、党建

续上表

序号	期刊名称	主办单位	投稿周期	版面费	刊期	符合辅导员投稿方向
88	中国职业技术教育	教育部职业技术教育中心研究所	2个月	无	旬刊	教育、党建
89	重庆高教研究	重庆文理学院等	系统为准	无	双月刊	高等教育、党建
90	成人教育	黑龙江教师发展学院	系统为准	有	月刊	成人高等教育
91	创新创业理论研究与实践	黑龙江格言杂志社有限公司	半个月	有	半月刊	教育改革与发展
92	创新人才教育	中国人民大学	3个月	有	季刊	心理健康、人才培养
93	创新与创业教育	中南大学	2个月	无	双月刊	教育创新
94	大学教育	南宁师范大学	系统为准	有	半月刊	教育管理、人才培养
95	当代教师教育	陕西师范大学	系统为准	无	季刊	教师教育、党建
96	当代教育科学	山东省教育科学研究院	系统为准	无	月刊	教育、党建
97	当代教育与文化	西北师范大学	不详	无	双月刊	高等教育、党建
98	当代职业教育	四川开放大学	系统为准	无	双月刊	高等教育、党建、人才培养
99	高等建筑教育	重庆大学	系统为准	有	双月刊	高等教育、党建、人才培养
100	高等理科教育	兰州大学	系统为准	有	双月刊	高等教育
101	高等职业教育探索	广州番禺职业技术学院	系统为准	无	双月刊	教育、党建、人才培养
102	高教论坛	广西高等教育学会	1个月	有	月刊	教育管理
103	高教探索	广东省高等教育学会	系统为准	有	双月刊	高教管理、高等教育
104	高教学刊	黑龙江省创联文化传媒有限公司	1个月	有	旬刊	高教、思政
105	高校辅导员	山东大学	系统为准	无	双月刊	党建
106	教学与管理	太原师范学院	系统为准	无	旬刊	教育
107	教育参考	上海教育出版社有限公司	系统为准	无	双月刊	教育
108	教育导刊	广州市教育科学研究所	系统为准	无	月刊	教育
109	教育科学探索	湖北大学	不详	无	双月刊	高等教育
110	教育与考试	福建省教育考试院	3个月	无	双月刊	教育、马克思主义
111	教育与装备研究	教育部教育装备研究与发展中心	系统为准	无	月刊	教育
112	煤炭高等教育	中国煤炭教育协会	系统为准	有	双月刊	高等教育
113	民族高等教育研究	内蒙古民族大学	系统为准	无	双月刊	教育心理、思政、党建
114	青少年研究与实践	浙江省团校	2个月	无	季刊	教育

续上表

序号	期刊名称	主办单位	投稿周期	版面费	刊期	符合辅导员投稿方向
115	职业技术教育	吉林工程技术师范学院	2个月	无	旬刊	心理教育
116	职业教育研究	天津职业技术师范大学	系统为准	无	月刊	教育
117	中国成人教育	教育部职业教育与成人教育司等	系统为准	无	半月刊	教育、党建
118	中国大学教学	高等教育出版社有限公司	系统为准	无	月刊	教育、党建
119	中国高校科技	教育部科技发展中心	系统为准	有	月刊	教育
120	中国教育信息化	教育部教育管理信息中心	系统为准	无	月刊	教育
121	河北职业教育	廊坊师范学院	不详	无	双月刊	中职教育、思政教育
122	政治学研究	中国社会科学院政治学研究所	系统为准	无	双月刊	党建
123	党建研究	中共中央组织部党建研究所	不详	有	月刊	党建
124	党政研究	中共四川省委省直机关党校	系统为准	无	双月刊	党建、马克思主义
125	观察与思考	浙江省社会科学院	系统为准	无	月刊	党建、马克思主义
126	湖湘论坛	中共湖南省委党校（湖南行政学院）	系统为准	无	双月刊	党建
127	理论导刊	中共陕西省委党校（陕西行政学院）	1个月	有	月刊	党建
128	理论探索	中共山西省委党校（山西行政学院）	系统为准	无	双月刊	党建
129	理论探讨	中共黑龙江省委党校（黑龙江省行政学院）	2个月	有	双月刊	党建
130	理论学刊	中共山东省委党校（山东行政学院）	2个月	无	双月刊	党建、马克思主义
131	理论与改革	中共四川省委党校（四川行政学院）	系统为准	无	双月刊	党建、马克思主义、思政
132	理论与现代化	天津市社会科学界联合会	3个月	无	双月刊	党建
133	岭南学刊	中共广东省委党校（广东行政学院）	系统为准	无	双月刊	党建、马克思主义
134	宁夏党校学报	中共宁夏回族自治区委员会党校（宁夏自治区行政学院）	1个月	无	双月刊	党建、马克思主义
135	旗帜	旗帜杂志社	不详	有	月刊	党建
136	前线	中国共产党北京市委员会	不详	无	月刊	党建
137	求实	中共江西省委党校（江西行政学院）	3个月	无	双月刊	党建、马克思主义
138	人民论坛	人民日报社	系统为准	无	半月刊	党建、马克思主义

续上表

序号	期刊名称	主办单位	投稿周期	版面费	刊期	符合辅导员投稿方向
139	探索	中共重庆市委党校（重庆行政学院）	系统为准	无	双月刊	党建、马克思主义
140	特区实践与理论	中共深圳市委党校等	系统为准	无	双月刊	党建
141	新视野	中共北京市委党校（北京行政学院）	3个月	有	双月刊	党建、马克思主义
142	行政管理改革	中共中央党校（国家行政学院）	系统为准	无	月刊	党建
143	行政论坛	中共黑龙江省委党校（黑龙江省行政学院）	2个月	有	双月刊	党建
144	行政与法	中共吉林省委党校（吉林省行政学院）	系统为准	无	月刊	党建
145	学习论坛	中共河南省委党校（河南行政学院）	不详	无	双月刊	党建
146	长白学刊	中共吉林省委党校（吉林省行政学院）	系统为准	无	双月刊	党建、马克思主义
147	治理现代化研究	中共河北省委党校（河北行政学院）	系统为准	无	双月刊	党建
148	治理研究	中共浙江省委党校（浙江行政学院）	系统为准	无	双月刊	党建、马克思主义
149	中共福建省委党校学报	中共福建省委党校（福建行政学院）	3个月	无	双月刊	党建
150	中国党政干部论坛	中共中央党校（国家行政学院）	不详	无	月刊	党建
151	中国领导科学	中国领导科学研究会、中共中央党校出版社	2个月	无	双月刊	党建
152	中国青年社会科学	中国青年政治学院	3个月	无	双月刊	党建
153	大连干部学刊	中共大连市委党校等	不详	无	月刊	党建
154	党史文苑	中共江西省委党史研究室等	不详	无	月刊	党建
155	党政干部学刊	中共辽宁省委党校（辽宁行政学院）	不详	无	月刊	党建
156	党政论坛	中共上海市委党校（上海行政学院）	2个月	无	双月刊	党建
157	甘肃理论学刊	中共甘肃省委党校（甘肃行政学院）	不详	无	双月刊	党建
158	理论建设	中共安徽省委党校（安徽行政学院）	系统为准	无	双月刊	党建、马克思主义

续上表

序号	期刊名称	主办单位	投稿周期	版面费	刊期	符合辅导员投稿方向
159	理论研究	中共内蒙古自治区委员会党校（内蒙古自治区行政学院）等	系统为准	无	双月刊	党建、马克思主义
160	理论与当代	中共贵州省委讲师团	系统为准	无	双月刊	党建
161	廉政文化研究	南通大学	系统为准	无	双月刊	党建
162	民主	中国民主促进会中央委员会	不详	有	月刊	党建
163	攀登	中共青海省委党校（青海省行政学院）	不详	无	双月刊	党建
164	前进论坛	中国农工中央宣传部	不详	有	月刊	党建
165	求知	中共天津市委党校（天津行政学院）	不详	有	月刊	党建
166	山东工会论坛	山东管理学院	系统为准	无	双月刊	党建
167	上海党史与党建	上海党史报刊社	2个月	无	双月刊	党建
168	实事求是	中共新疆维吾尔自治区委员会党校（新疆维吾尔自治区行政学院）等	不详	无	双月刊	党建
169	思想政治工作研究	中国思想政治工作研究会等	不详	有	月刊	党建
170	探求	中共广州市委党校（广州行政学院）	3个月	无	双月刊	党建
171	团结	中国国民党革命委员会中央委员会宣传部	不详	有	双月刊	党建
172	唯实	中共江苏省委党校（江苏行政学院）	不详	无	月刊	党建
173	西藏发展论坛	中共西藏自治区委员会党校（西藏自治区行政学院）等	2个月	无	双月刊	党建
174	学理论	哈尔滨市社会科学院	不详	无	双月刊	党建、思政
175	学习月刊	中共湖北省委党校（湖北省行政学院）等	不详	无	月刊	党建
176	长江论坛	中共武汉市委党校等	3个月	无	双月刊	党建
177	重庆行政	中共重庆市委党校（重庆行政学院）	2个月	无	双月刊	党建
178	创造	中共云南省委党校（云南行政学院）	30日	无	月刊	党建
179	决策与信息	武汉决策信息研究开发中心等	系统为准	无	月刊	党建
180	克拉玛依学刊	中共克拉玛依市委党校（克拉玛依行政学院）	系统为准	无	双月刊	党建

续上表

序号	期刊名称	主办单位	投稿周期	版面费	刊期	符合辅导员投稿方向
181	内蒙古统战理论研究	内蒙古社会主义学院	不详	有	双月刊	党建
182	三晋基层治理	中共山西省委党校(山西行政学院)	不详	无	双月刊	党建
183	沈阳干部学刊	中共沈阳市委党校等	不详	无	双月刊	党建
184	新长征	中共吉林省委宣传部	不详	有	月刊	党建

附录四　高校辅导员学术成果可投稿的东北地区普通学校学报

序号	期刊名称	主办单位	投稿周期	版面费	刊期	投稿方向
			黑龙江省(12种)			
1	哈尔滨工业大学学报(社会科学版)	哈尔滨工业大学	系统为准	无	双月刊	马克思主义理论
2	佳木斯大学社会科学学报	佳木斯大学	1~3个月	有	双月刊	教育学、党建
3	齐齐哈尔大学学报(哲学社会科学版)	齐齐哈尔大学	1~3个月	有	双月刊	教育学、党建
4	牡丹江师范学院学报(社会科学版)	牡丹江师范学院	1个月	无	双月刊	思政、党建、教育学等
5	哈尔滨学院学报	哈尔滨学院	系统为准	有	月刊	教育学、党建
6	大庆师范学院学报	大庆师范学院	系统为准	无	双月刊	教育学、党建
7	绥化学院学报	绥化学院	1个月	有	月刊	教育教学
8	齐齐哈尔医学院学报	齐齐哈尔医学院	系统为准	有	半月刊	高教研究
9	黑龙江工业学院学报(综合版)	黑龙江工业学院	15日~1个月	无	月刊	教育学、思政
10	黑河学院学报	黑河学院	系统为准	有	月刊	教育学、思政
11	牡丹江大学学报	牡丹江大学	15日~1个月	有	月刊	高教研究
12	佳木斯职业学院	佳木斯职业学院	1~3个月	有	月刊	思政、党建
			吉林省(12种)			
1	吉林师范大学学报(人文社会科学版)	吉林师范大学	2个月	无	双月刊	思想政治教育

续上表

序号	期刊名称	主办单位	投稿周期	版面费	刊期	投稿方向
2	北华大学学报（社会科学版）	北华大学	3个月	有	双月刊	思想政治教育、教育学
3	长春师范大学学报	长春师范大学	2个月	有	月刊	教育教学、思想政治教育
4	通化师范学院学报	通化师范学院	2个月	有	月刊	教育心理学研究
5	吉林化工学院学报	吉林化工学院	系统为准	有	月刊	教育教学
6	白城师范学院学报	白城师范学院	2个月	有	双月刊	教育教学、思想政治教育
7	吉林省教育学院学报	吉林省教育学院	15日	有	月刊	教育教学、党建
8	长春教育学院学报	长春教育学院	系统为准	无	双月刊	教育教学
9	吉林大学社会科学学报	吉林大学	系统为准	无	双月刊	马克思主义理论
10	吉林工程技术师范学院学报	吉林工程技术师范学院	2个月	有	月刊	思政
11	吉林工商学院学报	吉林工商学院	2个月	有	双月刊	高等教育
12	长春工程学院学报（社会科学版）	长春工程学院	3个月	有	季刊	教育学

辽宁省(23种)

序号	期刊名称	主办单位	投稿周期	版面费	刊期	投稿方向
1	大连理工大学学报（社会科学版）	大连理工大学	3个月	有	双月刊	马克思主义
2	辽宁大学（哲学社会科学版）	辽宁大学	系统为准	有	双月刊	马克思主义、教育、思政
3	沈阳工业大学（社会科学版）	沈阳工业大学	系统为准	有	双月刊	马克思主义
4	东北大学学报（社会科学版）	东北大学	系统为准	有	双月刊	思政、教育
5	辽宁工程技术大学学报(社会科学版)	辽宁工程技术大学学报	系统为准	有	双月刊	马克思主义、教育
6	大连海事大学学报（社会科学版）	大连海事大学	系统为准	无	双月刊	思政、教育
7	沈阳建筑大学学报（社会科学版）	沈阳建筑大学	系统为准	有	双月刊	教育
8	辽宁工业大学学报（社会科学版）	辽宁工业大学	系统为准	有	双月刊	政治、教育
9	锦州医科大学学报（社会科学版）	锦州医科大学	1个月	有	双月刊	教育、心理健康教育
10	辽宁师范大学学报（社会科学版）	辽宁师范大学	2个月	有	双月刊	教育、心理健康教育、马克思主义

续上表

序号	期刊名称	主办单位	投稿周期	版面费	刊期	投稿方向
11	沈阳师范大学学报（教育科学版）	沈阳师范大学	2个月	有	双月刊	教育、心理健康教育
12	渤海大学学报（哲学社会科学版）	渤海大学	系统为准	有	双月刊	教育、思政
13	乐府新声（沈阳音乐学院学报）	沈阳音乐学院	4个月	有	季刊	教育
14	沈阳大学学报（社会科学版）	沈阳大学	系统为准	无	双月刊	政治、教育
15	大连大学学报	大连大学	系统为准	无	双月刊	政治、教育
16	辽宁科技学院学报	辽宁科技学院	系统为准	有	双月刊	教育、思政
17	辽宁警察学院学报	辽宁警察学院	系统为准	有	双月刊	教育
18	沈阳工程学院学报（社会科学版）	沈阳工程学院	系统为准	有	季刊	教育
19	辽东学院学报（社会科学版）	辽东学院	2个月	有	双月刊	教育
20	大连民族大学学报	大连民族大学	系统为准	无	双月刊	党建、教育
21	辽宁农业职业技术学院学报	辽宁农业职业技术学院	不详	有	双月刊	教育
22	辽宁经济职业技术学院、辽宁经济管理干部学院学报	辽宁经济职业技术学院、辽宁经济管理干部学院	2周	有	双月刊	党建、思政、教育
23	辽宁开放大学学报	辽宁开放大学	不详	有	季刊	党建、教育

附录五　高校辅导员学术成果可投稿的华中地区普通学校学报

序号	期刊名称	主办单位	投稿周期	版面费	刊期	投稿方向
			湖南省（22种）			
1	湖南大学学报（社会科学版）	湖南大学	系统为准	不详	双月刊	马克思主义理论
2	湘潭大学学报（哲学社会科学版）	湘潭大学	系统为准	无	双月刊	党建
3	湖南农业大学学报（社会科学版）	湖南农业大学	系统为准	无	双月刊	党建、乡村教育等

续上表

序号	期刊名称	主办单位	投稿周期	版面费	刊期	投稿方向
4	长沙理工大学学报（社会科学版）	长沙理工大学	1~3个月	有	双月刊	马克思主义理论、教育学、心理学
5	湖南科技大学学报（社会科学版）	湖南科技大学	系统为准	无	双月刊	党建
6	南华大学学报（社会科学版）	南华大学	系统为准	无	双月刊	党建、思政
7	湖南工业大学学报（社会科学版）	湖南工业大学	系统为准	无	双月刊	党建、思政
8	武陵学刊	湖南文理学院	系统为准	无	双月刊	教育学
9	衡阳师范学院学报	衡阳师范学院	系统为准	无	双月刊	党建、思政
10	怀化学院学报	怀化学院	系统为准	无	双月刊	教育学
11	湖南工程学院学报（社会科学版）	湖南工程学院	系统为准	无	季刊	马克思主义理论、党建、思政
12	湖南科技学院学报	湖南科技学院	系统为准	无	双月刊	教育学、思政
13	邵阳学院学报（社会科学版）	邵阳学院	系统为准	无	双月刊	教育学、思政
14	湖南人文科技学院学报	湖南人文科技学院	系统为准	无	双月刊	教育学、思政
15	湘南学院学报	湘南学院	系统为准	有	双月刊	教育学、思政
16	湖南行政学院学报	中共湖南省委党校（湖南行政学院）	系统为准	无	双月刊	教育学、思政、党建等
17	湖南师范大学教育科学学报	湖南师范大学	系统为准	有	双月刊	教育学、思政、党建等
18	湖南第一师范学院学报	湖南第一师范学院	系统为准	无	双月刊	马克思主义理论、党建、思政
19	湖南省社会主义学院学报	湖南省社会主义学院	1~3个月	无	双月刊	马克思主义理论、党建
20	湖南开放大学学报	湖南开放大学	系统为准	无	季刊	思政
21	湖南工业职业技术学院学报	湖南工业职业技术学院	系统为准	有	双月刊	思政、文化育人
22	湖南邮电职业技术学院学报	湖南邮电职业技术学院	系统为准	有	季刊	思政（偏高职）
湖北省（35种）						
1	武汉大学学报（哲学社会科学版）	武汉大学	系统为准	无	双月刊	马克思主义理论、党建

续上表

序号	期刊名称	主办单位	投稿周期	版面费	刊期	投稿方向
2	华中科技大学学报（社会科学版）	华中科技大学	系统为准	不详	双月刊	马克思主义理论、党建
3	武汉科技大学学报（社会科学版）	武汉科技大学	系统为准	有	双月刊	马克思主义理论、教育学
4	长江大学学报（社会科学版）	长江大学	系统为准	无	双月刊	思政
5	武汉纺织大学学报	武汉纺织大学	系统为准	有	双月刊	高等教育、思政
6	武汉理工大学学报（社会科学版）	武汉理工大学	系统为准	有	双月刊	高等教育
7	华中农业大学学报（社会科学版）	华中农业大学	系统为准	无	双月刊	马克思主义理论、党建
8	华中师范大学学报（人文社会科学版）	华中师范大学	不详	无	双月刊	教育学、心理学
9	湖北大学学报（哲学社会科学版）	湖北大学	系统为准	无	双月刊	党建、教育学
10	湖北师范大学学报（哲学社会科学版）	湖北师范大学	系统为准	有	双月刊	思政、党建、教育学等
11	黄冈师范学院学报	黄冈师范学院	系统为准	无	双月刊	教育学、思政
12	湖北民族大学学报（哲学社会科学版）	湖北民族大学	系统为准	无	双月刊	马克思主义理论、党建
13	汉江师范学院学报	汉江师范学院	1~3个月	无	双月刊	马克思主义理论、党建、思政等
14	湖北文理学院学报	湖北文理学院	系统为准	无	月刊	教育学
15	中南民族大学学报（人文社会科学版）	中南民族大学	系统为准	无	月刊	党建、教育学
16	湖北工程学院学报	湖北工程学院	1个月	无	双月刊	教育学、思政
17	湖北理工学院学报（人文社会科学版）	湖北理工学院	系统为准	有	双月刊	马克思主义理论、教育学
18	湖北科技学院学报	湖北科技学院	系统为准	有	双月刊	教育学
19	江汉大学学报（社会科学版）	江汉大学	系统为准	有	双月刊	教育学
20	三峡大学学报（人文社会科学版）	三峡大学	系统为准	无	双月刊	思政
21	荆楚理工学院学报	荆楚理工学院	系统为准	无	双月刊	教育学

续上表

序号	期刊名称	主办单位	投稿周期	版面费	刊期	投稿方向
22	湖北经济学院学报（人文社会科学版）	湖北经济学院	15 日～1 个月	有	月刊	教育学
23	湖北第二师范学院学报	湖北第二师范学院	1 个月	无	月刊	教育学、思政
24	武汉职业技术学院学报	武汉职业技术学院	系统为准	无	双月刊	思政、就业创业
25	黄冈职业技术学院学报	黄冈职业技术学院	2 个月	无	双月刊	思政、党建、教育学
26	湖北工业职业技术学院学报	湖北工业职业技术学院	系统为准	无	双月刊	高职、教学
27	鄂州大学学报	鄂州大学	2 个月	有	双月刊	教育学、思政
28	湖北职业技术学院学报	湖北职业技术学院	1 个月	无	双月刊	思政、党建、教育学
29	襄阳职业技术学院学报	襄阳职业技术学院	1 个月	有	双月刊	思政
30	武汉工程职业技术学院学报	武汉工程职业技术学院	系统为准	有	季刊	教育学
31	湖北开放职业学院学报	湖北开放职业学院	1 个月	有	半月刊	思政、就业创业
32	长江工程职业技术学院学报	长江工程职业技术学院	15 日～1 个月	无	季刊	教育学、思政
33	湖北开放大学学报	湖北开放大学	系统为准	无	双月刊	教育学
34	武汉冶金管理干部学院学报	武汉冶金管理干部学院	系统为准	有	季刊	教育学
35	湖北行政学院学报	中共湖北省委党校（湖北省行政学院）	1～3 个月	无	双月刊	马克思主义理论、党建
河南省(31 种)						
1	华北水利水电大学学报(社会科学版)	华北水利水电大学	系统为准	有	双月刊	高等教育
2	河南理工大学学报（社会科学版）	河南理工大学	系统为准	有	双月刊	教育学
3	郑州轻工业大学学报（社会科学版）	郑州轻工业大学	系统为准	无	双月刊	马克思主义理论、思政
4	河南工业大学学报（社会科学版）	河南工业大学	系统为准	有	双月刊	马克思主义理论、高等教育
5	河南科技大学学报（社会科学版）	河南科技大学	系统为准	有	双月刊	党建
6	河南科技学院学报	河南科技学院	15 日	有	月刊	教育学、思政
7	河南牧业经济学院学报	河南牧业经济学院	1 个月	无	双月刊	高等教育与教学

续上表

序号	期刊名称	主办单位	投稿周期	版面费	刊期	投稿方向
8	河南大学学报（社会科学版）	河南大学	系统为准	有	双月刊	教育学
9	河南师范大学学报（哲学社会科学版）	河南师范大学	系统为准	有	双月刊	马克思主义理论、教育学
10	信阳师范学院学报（哲学社会科学版）	信阳师范大学	系统为准	有	双月刊	马克思主义理论、思政、教育心理
11	周口师范学院学报	周口师范学院	不详	无	双月刊	党史党建、教育
12	安阳师范学院学报	安阳师范学院	系统为准	有	双月刊	教育教学
13	许昌学院学报	许昌学院	系统为准	无	双月刊	教育学
14	南阳师范学院学报	南阳师范学院	系统为准	无	双月刊	教育教学
15	洛阳师范学院学报	洛阳师范学院	系统为准	有	月刊	教育教学、教育理论与实践
16	商丘师范学院学报	商丘师范学院	1个月	有	月刊	教育学、教育教学
17	平顶山学院学报	平顶山学院	3个月	无	双月刊	思政、教育学
18	洛阳理工学院学报（社会科学版）	洛阳理工学院	系统为准	有	双月刊	思政、就业创业、资助育人
19	信阳农林学院学报	信阳农林学院	2个月	无	季刊	教育教学
20	河南工学院学报	河南工学院	系统为准	无	双月刊	高等教育、思政
21	南阳理工学院学报	南阳理工学院	2个月	无	双月刊	教育学
22	黄河科技学院学报	黄河科技学院	系统为准	有	月刊	教育学
23	漯河职业技术学院学报	漯河职业技术学院	1个月	有	双月刊	教育教学
24	郑州铁路职业技术学院学报	郑州铁路职业技术学院	不详	有	季刊	高职教育
25	开封大学学报	开封大学	不详	有	季刊	高等教育、党建、思政
26	焦作大学学报	焦作大学	系统为准	无	季刊	教育教学、思政
27	濮阳职业技术学院学报	濮阳职业技术学院	21日	无	双月刊	教育、心理
28	黄河水利职业技术学院学报	黄河水利职业技术学院	系统为准	无	季刊	教育教学、高职教育
29	商丘职业技术学院学报	商丘职业技术学院	系统为准	有	双月刊	教育教学
30	济源职业技术学院学报	济源职业技术学院	系统为准	无	季刊	思政、高职教育
31	开封文化艺术职业学院学报	开封文化艺术职业学院	6~8周	无	双月刊	思政、高职教育、教育理论与实践

附录六　高校辅导员学术成果可投稿的华北地区普通学校学报

序号	期刊名称	主办单位	投稿周期	版面费	刊期	投稿方向
北京市(40 种)						
1	北京工业大学学报（社会科学版）	北京工业大学	3 个月	有	双月刊	高等教育、马克思主义研究
2	北方工业大学学报	北方工业大学	15 日	无	双月刊	思想政治、教育学、马克思主义理论
3	首都师范大学学报（社会科学版）	首都师范大学	2 个月	无	双月刊	教育研究、心理研究、党建
4	首都经济贸易大学学报	首都经济贸易大学	3 个月	无	双月刊	高教研究、党建
5	北京联合大学学报（人文社会科学版）	北京联合大学	3 个月	无	季刊	党建
6	北京城市学院学报	北京城市学院	40 日	有	双月刊	教育教学、党建、思想政治
7	北京警察学院学报	北京警察学院	2 个月	无	双月刊	党建
8	北京青年研究	北京青年政治学院	3 个月	无	季刊	思想道德建设
9	北京印刷学院学报	北京印刷学院	60 日	无	月刊	高教研究、党建、马克思主义理论
10	北京农业职业学院学报	北京农业职业学院	2 个月	无	双月刊	思想政治教育
11	北京政法职业学院学报	北京政法职业学院	不详	无	季刊	课程思政建设研究、高职教育研究
12	北京财贸职业学院学报	北京财贸职业学院	2 个月	有	季刊	教育教学、思政研究、党建
13	北京经济管理职业学院学报	北京经济管理职业学院	2 个月	无	季刊	高职思政教育、高职教学研究
14	北京劳动保障职业学院学报	北京劳动保障职业学院	3 个月	无	季刊	教学与管理、党建
15	北京大学学报（哲学社会科学版）	北京大学	3 个月	无	双月刊	马克思主义研究、思想文化研究、党建
16	中国人民大学学报	中国人民大学	系统为准	无	双月刊	马克思主义研究、党建
17	清华大学学报（哲学社会科学版）	清华大学	3 个月	无	双月刊	马克思主义研究、党建、心理学研究

续上表

序号	期刊名称	主办单位	投稿周期	版面费	刊期	投稿方向
18	北京交通大学学报（社会科学版）	北京交通大学	系统为准	无	季刊	马克思主义研究、党建、教育研究、思政研究
19	北京航空航天大学学报（社会科学版）	北京航空航天大学	系统为准	有	双月刊	高教研究、马克思主义理论创新、党建
20	北京理工大学学报（社会科学版）	北京理工大学	90日	有	双月刊	高等教育研究、马克思主义研究、党建
21	北京科技大学学报（社会科学版）	北京科技大学	3个月	无	双月刊	高教研究、党建思政、教育学、马克思主义哲学
22	北京化工大学学报（社会科学版）	北京化工大学	3个月	有	季刊	教育教学、马克思主义中国化、党建
23	北京邮电大学学报（社会科学版）	北京邮电大学	系统为准	有	双月刊	教育研究、马克思主义中国化、党建研究
24	北京电子科技学院学报	北京电子科技学院	3个月	有	季刊	教育教学研究、思政教育、党建
25	中国农业大学学报（社会科学版）	中国农业大学	3个月	无	双月刊	马克思主义社会学
26	北京林业大学学报（社会科学版）	北京林业大学	系统为准	无	季刊	教育教学改革
27	北京师范大学学报（社会科学版）	北京师范大学	系统为准	无	双月刊	心理研究、教育研究、马克思主义、党史党建、社会主义核心价值观
28	现代传播（中国传媒大学学报）	中国传媒大学	3个月	无	月刊	党建
29	中央财经大学学报	中央财经大学	3个月	无	月刊	教育与教学、党建
30	中央民族大学学报（哲学社会科学版）	中央民族大学	3个月	无	双月刊	马克思主义研究、党建
31	中国政法大学学报	中国政法大学	3个月	无	双月刊	党建
32	华北电力大学学报（社会科学版）	华北电力大学	30日	无	双月刊	教育理论与实践、马克思主义理论与实践
33	中华女子学院学报	中华女子学院	3个月	有	双月刊	思政研究
34	中国矿业大学学报（社会科学版）	中国矿业大学	3个月	有	双月刊	马克思主义与当代、教育学、思政建设、党建
35	中国石油大学学报（社会科学版）	中国石油大学	2个月	无	双月刊	高等教育、马克思主义与当代中国政治、党建

续上表

序号	期刊名称	主办单位	投稿周期	版面费	刊期	投稿方向
36	中国地质大学学报（社会科学版）	中国地质大学	3个月	无	双月刊	马克思主义研究、高等教育、党建
37	中国青年社会科学	中国青年政治学院	3个月	无	双月刊	青年思想与教育、思想政治教育、大学生与高校教育
38	中国劳动关系学院学报	中国劳动关系学院	不详	无	双月刊	当代中国马克思主义、高等教育研究、大学生思政教育
39	中国社会科学院大学学报	中国社会科学院大学	3个月	无	月刊	马克思主义及哲学、思想政治工作研究、党建
40	教师发展研究	北京教育学院	2个月	无	季刊	教师教育、党建
山西省(18种)						
1	山西大学学报（哲学社会科学版）	山西大学	2个月	无	双月刊	教育学研究、心理学研究、马克思主义研究、党建
2	中北大学学报（社会科学版）	中北大学	30日	有	双月刊	思想政治研究、党建、马克思主义研究
3	太原理工大学学报（社会科学版）	太原理工大学	1个月	有	双月刊	马克思主义研究、心理学研究
4	山西农业大学学报（社会科学版）	山西农业大学	1个月	有	双月刊	高等教育与教学
5	山西师范大学学报（社会科学版）	山西师范大学	2个月	有	双月刊	马克思主义理论、教育学
6	太原师范学院学报（社会科学版）	太原师范学院	系统为准	无	季刊	教育学研究、党建
7	山西大同大学学报（社会科学版）	山西大同大学	3个月	无	双月刊	高等教育、思政
8	晋中学院学报	晋中学院	2个月	无	双月刊	教育教学、思想政治教育、党史党建
9	长治学院学报	长治学院	2个月	无	双月刊	教育教学、思想政治研究、党建
10	运城学院学报	运城学院	不详	无	双月刊	思想政治教育、教育学、心理学
11	忻州师范学院学报	忻州师范学院	系统为准	无	双月刊	教育教学、思政教育、党建

续上表

序号	期刊名称	主办单位	投稿周期	版面费	刊期	投稿方向
12	吕梁学院学报	吕梁学院	1个月	有	双月刊	思想政治、教育教学、心理学、党建
13	太原学院学报（社会科学版）	太原学院	系统为准	无	双月刊	马克思主义与现代西方思潮、教育学
14	山西警察学院学报	山西警察学院	系统为准	无	双月刊	教育教学、思想政治理论
15	山西能源学院学报	山西能源学院	系统为准	有	双月刊	教育教学、思政
16	晋城职业技术学院学报	晋城职业技术学院	1个月	无	双月刊	高职教育、心理健康教育、党史
17	太原城市职业技术学院学报	太原城市职业技术学院	15日	有	月刊	思政教育与心理学、教育教学
18	山西青年职业学院学报	山西青年职业学院	系统为准	有	季刊	思想政治教育、教育教学、党建
内蒙古自治区（10种）						
1	内蒙古大学学报（哲学社会科学版）	内蒙古大学	系统为准	有	双月刊	马克思主义
2	内蒙古师范大学学报（哲学社会科学版）	内蒙古师范大学	系统为准	有	双月刊	马克思主义、教育
3	内蒙古师范大学学报（教育科学版）	内蒙古师范大学	系统为准	无	双月刊	教育、思政
4	内蒙古民族大学学报（社会科学版）	内蒙古民族大学	系统为准	无	双月刊	马克思主义
5	赤峰学院学报（自然科学版）	赤峰学院	系统为准	无	月刊	教育
6	赤峰学院学报（汉文哲学社会科学版）	赤峰学院	系统为准	无	月刊	教育
7	内蒙古财经大学学报	内蒙古财经大学	系统为准	有	双月刊	马克思主义、教育、思政
8	呼伦贝尔学院学报	呼伦贝尔学院	系统为准	有	双月刊	教育
9	集宁师范学院学报	集宁师范学院	系统为准	无	双月刊	马克思主义、教育
10	包头职业技术学院学报	包头职业技术学院	系统为准	无	季刊	教育
天津市（6种）						
1	天津大学学报（社会科学版）	天津大学	系统为准	有	双月刊	马克思主义理论、高等教育、心理与健康
2	天津农学院学报	天津农学院	3个月	有	双月刊	教育教学

续上表

序号	期刊名称	主办单位	投稿周期	版面费	刊期	投稿方向
3	天津师范大学学报（社会科学版）	天津师范大学	2个月	有	双月刊	党建、心理学研究、心理与健康
4	天津外国语大学学报	天津外国语大学	系统为准	有	双月刊	西方马克思主义研究
5	天津商务职业学院学报	天津商务职业学院	系统为准	无	双月刊	党建
6	天津市工会管理干部学院学报	天津市工会管理干部学院	不详	无	季刊	时政学习
河北省（34种）						
1	河北大学学报（哲学社会科学版）	河北大学	1个月	无	双月刊	党建、马克思主义、心理学、教育学
2	河北工程大学学报（社会科学版）	河北工程大学	3个月	有	季刊	思想政治教育、党建
3	河北地质大学学报	河北地质大学	1个月	无	双月刊	党建、高等教育
4	河北工业大学学报（社会科学版）	河北工业大学	系统为准	无	季刊	马克思主义研究
5	华北理工大学学报（社会科学版）	华北理工大学	系统为准	无	双月刊	党建思政、教育教学
6	河北科技大学学报（社会科学版）	河北科技大学	3个月	有	季刊	课程思政与思政课程、高等教育
7	河北水利电力学院学报	河北水利电力学院	不详	无	季刊	教育教学
8	河北农业大学学报（社会科学版）	河北农业大学	15日	无	双月刊	德育与思想政治教育、教育教学
9	河北北方学院学报（社会科学版）	河北北方学院	不详	无	双月刊	思想政治、马克思主义研究、教育教学、心理学
10	河北师范大学学报（哲学社会科学版）	河北师范大学	2个月	无	双月刊	马克思主义、党建
11	保定学院学报	保定学院	不详	无	双月刊	党建、教育学、心理学
12	河北民族师范学院学报	河北民族师范学院	15日	无	季刊	马克思主义研究、党建、心理学、教育教学
13	唐山师范学院学报	唐山师范学院	3个月	无	双月刊	教育教学研究
14	廊坊师范学院学报（社会科学版）	廊坊师范学院	不详	无	季刊	思想政治教育、马克思主义、党建、教育教学
15	衡水学院学报	衡水学院	3个月	无	双月刊	课程思政与思政课程、教育学、心理学

续上表

序号	期刊名称	主办单位	投稿周期	版面费	刊期	投稿方向
16	石家庄学院学报	石家庄学院	系统为准	无	双月刊	思想政治教育、马克思主义研究、党建、教育、心理学
17	邯郸学院学报	邯郸学院	3个月	无	季刊	思想政治、教育教学
18	邢台学院学报	邢台学院	系统为准	无	季刊	党建、教育教学
19	沧州师范学院学报	沧州师范学院	不详	有	季刊	思想政治教育、党建、教育教学研究、心理学
20	石家庄铁道大学学报（社会科学版）	石家庄铁道大学	60日	无	季刊	思想政治、高等教育
21	燕山大学学报（哲学社会科学版）	燕山大学	不详	有	双月刊	马克思主义、党建、党史、高等教育
22	河北科技师范学院学报(社会科学版)	河北科技师范学院	20日	无	季刊	高教研究
23	唐山学院学报	唐山学院	2个月	无	双月刊	党史、马克思主义理论、党建、思想政治教育、教育教学
24	中国人民警察大学学报	中国人民警察大学	2个月	无	月刊	党建
25	河北经贸大学学报（综合版）	河北经贸大学	3个月	无	季刊	党的建设和思想政治教育、教育教学研究
26	河北环境工程学院学报	河北环境工程学院	系统为准	无	双月刊	教育改革研究
27	邯郸职业技术学院学报	邯郸职业技术学院	15日	无	季刊	教育教学
28	石家庄职业技术学院学报	石家庄职业技术学院	不详	无	双月刊	教育教学（偏高职）
29	张家口职业技术学院学报	张家口职业技术学院	2个月	无	季刊	思政教育与德育
30	河北软件职业技术学院学报	河北软件职业技术学院	2个月	有	季刊	高等教育研究
31	河北能源职业技术学院学报	河北能源职业技术学院	3个月	优稿不收版面费	季刊	思政教育
32	石家庄铁路职业技术学院学报	石家庄铁路职业技术学院	4个月	无	季刊	思政教育

续上表

序号	期刊名称	主办单位	投稿周期	版面费	刊期	投稿方向
33	河北旅游职业学院学报	河北旅游职业学院	45 日	无	季刊	课程思政与思政课程、党史研究、教育教学研究
34	河北青年管理干部学院学报	河北青年管理干部学院	2 个月	无	双月刊	党建、教育教学

附录七　高校辅导员学术成果可投稿的西北地区普通学校学报

序号	期刊名称	主办单位	投稿周期	版面费	刊期	投稿方向
新疆维吾尔自治区（8 种）						
1	石河子大学学报（哲学社会科学版）	石河子大学	不详	无	双月刊	政治与社会
2	新疆师范大学学报（哲学社会科学版）	新疆师范大学	3 个月	无	双月刊	课程思政专题
3	喀什大学学报	喀什大学	2 个月	无	双月刊	思想政治教育、教育教学研究
4	伊犁师范大学学报	伊犁师范大学	1 个月	无	季刊	思政论坛、教育教学论坛
5	昌吉学院学报	昌吉学院	不详	无	季刊	思想政治教育、教育教学研究、创新创业研究
6	乌鲁木齐职业大学学报	乌鲁木齐职业大学	不详	有	季刊	思政课程与课程思政、教育研究
7	新疆职业大学学报	新疆职业大学	不详	无	季刊	职业教育、人才培养、教学探索
8	新疆开放大学学报	新疆开放大学	不详	无	季刊	思政教育、教育教学
宁夏回族自治区（2 种）						
1	宁夏大学学报（人文社会科学版）	宁夏大学	60 日	无	双月刊	教育研究
2	宁夏师范学院学报	宁夏师范学院	2 个月	无	月刊	高等教育、教师教育
青海省（1 种）						
1	青海民族大学学报（社会科学版）	青海民族大学	3 个月	无	季刊	法治与政治
甘肃省（2 种）						
1	兰州职业技术学院学报	兰州职业技术学院	3 个月	有	双月刊	高等教育管理、高峰教育教学、职教探索、心理学

续上表

序号	期刊名称	主办单位	投稿周期	版面费	刊期	投稿方向
2	甘肃开放大学学报	甘肃开放大学	30 日	不详	双月刊	职业教育、党建思政
陕西省(19 种)						
1	西北大学学报(哲学社会科学版)	西北大学	系统为准	有	双月刊	教育综合
2	西安交通大学学报(社会科学版)	西安交通大学	系统为准	有	双月刊	教育研究、马克思主义理论研究
3	西北工业大学学报(社会科学版)	西北工业大学	1 个月	无	季刊	高等教育研究、习近平新时代中国特色社会主义思想研究
4	西安电子科技大学学报(社会科学版)	西安电子科技大学	系统为准	有	季刊	教育学
5	西安建筑科技大学学报(社会科学版)	西安建筑科技大学	系统为准	有	双月刊	马克思主义理论研究
6	西安石油大学学报(社会科学版)	西安石油大学	1 个月	无	双月刊	高等教育、思政
7	长安大学学报(社会科学版)	长安大学	系统为准	有	双月刊	马克思主义理论研究
8	陕西师范大学学报(哲学社会科学版)	陕西师范大学	系统为准	无	双月刊	教育学研究
9	延安大学学报(社会科学版)	延安大学	1 个月	有	双月刊	党建、教育学
10	陕西理工大学学报(社会科学版)	陕西理工大学	3 个月	无	双月刊	教育研究
11	宝鸡文理学院学报(社会科学版)	宝鸡文理学院	系统为准	无	双月刊	教育教学、马克思主义经典著作
12	渭南师范学院学报	渭南师范学院	系统为准	有	月刊	高等教育研究、高等教育研究、思想政治教育研究
13	西安文理学院学报(社会科学版)	西安文理学院	系统为准	无	季刊	教育教学研究
14	榆林学院学报	榆林学院	系统为准	有	双月刊	教育教学研究
15	商洛学院学报	商洛学院	系统为准	无	双月刊	教育教学研究
16	安康学院学报	安康学院	系统为准	有	双月刊	教育教学研究
17	杨凌职业技术学院学报	杨凌职业技术学院	系统为准	有	季刊	职业教育研究、教育教学改革

续上表

序号	期刊名称	主办单位	投稿周期	版面费	刊期	投稿方向
17	延安职业技术学院学报	延安职业技术学院	系统为准	有	双月刊	高等教育
18	陕西青年职业学院学报	陕西青年职业学院	2个月	有	季刊	高职教育教学
19	陕西开放大学学报	西安开放大学	系统为准	有	季刊	职业教育研究、政治理论研究

附录八　高校辅导员学术成果可投稿的西南地区普通学校学报

序号	期刊名称	主办单位	投稿周期	版面费	刊期	投稿方向
西藏自治区(2种)						
1	西藏大学学报(社会科学版)	西藏大学	系统为准	无	季刊	思政、教育
2	西藏民族大学学报(哲学社会科学版)	西藏民族大学	2个月	无	双月刊	党建、教育
云南省(18种)						
1	云南大学学报(社会科学版)	云南大学	系统为准	无	双月刊	思政、马克思主义
2	昆明理工大学学报(社会科学版)	昆明理工大学	系统为准	无	双月刊	教育
3	云南农业大学学报(社会科学)	云南农业大学	系统为准	无	双月刊	马克思主义
4	西南林业大学学报(社会科学)	西南林业大学	系统为准	有	双月刊	党建、思政
5	大理大学学报	大理大学	系统为准	有	月刊	教育、心理学、政治
6	云南师范大学学报(哲学社会科学版)	云南师范大学	系统为准	无	双月刊	党建、教育
7	昭通学院学报	昭通学院	1个月	无	双月刊	思政
8	曲靖师范学院学报	曲靖师范学院	系统为准	无	双月刊	党建、教育
9	普洱学院学报	普洱学院	1~3个月	有	双月刊	政治、教育
10	保山学院学报	保山学院	系统为准	无	双月刊	教育、党建
11	红河学院学报	红河学院	系统为准	有	双月刊	思政、教育

续上表

序号	期刊名称	主办单位	投稿周期	版面费	刊期	投稿方向
12	云南民族大学学报（哲学社会科学版）	云南民族大学	2个月	无	双月刊	党建
13	玉溪师范学院学报	玉溪师范学院	系统为准	无	双月刊	思政、教育
14	楚雄师范学院学报	楚雄师范学院	系统为准	无	双月刊	政治、教育
15	昆明学院学报	昆明学院	2个月	无	双月刊	教育
16	文山学院学报	文山学院	系统为准	无	双月刊	教育、思政
17	昆明冶金高等专科学校学报	昆明冶金高等专科学校	系统为准	有	双月刊	教育
18	云南开放大学学报	云南开放大学	2个月	有	季刊	教育
四川省（28种）						
1	四川大学学报（哲学社会科学版）	四川大学	3个月	无	双月刊	马克思主义、党建、高等教育
2	西南交通大学学报（社会科学版）	西南交通大学	系统为准	无	双月刊	心理健康、党建、教育
3	电子科技大学学报（社科版）	电子科技大学	系统为准	有	双月刊	教育研究、思政课程与课程思政、党建、马克思主义
4	西南石油大学学报（社会科学版）	西南石油大学	系统为准	有	双月刊	高等教育
5	成都理工大学学报（社会科学版）	成都理工大学	2个月	无	双月刊	教育与教学研究、党建、马克思主义
6	西南科技大学学报（哲学社会科学版）	西南科技大学	系统为准	无	双月刊	党建、新时代教育教学改革、心理教育
7	四川轻化工大学学报（社会科学版）	四川轻化工大学	1个月	有	双月刊	党建
8	西华大学学报（哲学社会科学版）	西华大学	系统为准	无	双月刊	教育与心理、思政、党建
9	西昌学院学报（社会科学版）	西昌学院	系统为准	有	季刊	高等教育、马克思主义、思政、党建
10	成都中医药大学学报（教育科学版）	成都中医药大学	6个月	有	季刊	思政、党建
11	四川师范大学学报（社会科学版）	四川师范大学	系统为准	无	双月刊	教育、党建、马克思主义
12	西华师范大学学报（哲学社会科学版）	西华师范大学	系统为准	无	双月刊	思政、教育、党建、心理学

续上表

序号	期刊名称	主办单位	投稿周期	版面费	刊期	投稿方向
13	绵阳师范学院学报	绵阳师范学院	系统为准	有	月刊	思政、教育、党建
14	内江师范学院学报	内江师范学院	系统为准	无	月刊	教育、党建、马克思主义、心理
15	宜宾学院学报	宜宾学院	系统为准	有	月刊	教育、心理学、党建
16	四川文理学院学报	四川文理学院	系统为准	有	双月刊	教育、心理学、党建、思政
17	阿坝师范学院学报	阿坝师范学院	3个月	无	季刊	教育、思政、党建
18	乐山师范学院学报	乐山师范学院	系统为准	无	月刊	思政、教育、心理、马克思主义、党建
19	西南民族大学学报（人文社会科学版）	西南民族大学	2个月	无	月刊	思政、教育、心理、党建
20	成都大学学报（社会科学版）	成都大学	系统为准	无	双月刊	高等教育、党建
21	成都工业学院学报	成都工业学院	系统为准	有	双月刊	心理、党建
22	攀枝花学院学报	攀枝花学院	系统为准	无	双月刊	教育、党建、马克思主义
23	四川民族学院学报	四川民族学院	系统为准	无	双月刊	教育、思政
24	成都医学院学报	成都医学院	系统为准	有	双月刊	心理
25	成都师范学院学报	成都师范学院	系统为准	无	月刊	教育、心理学、党建
26	纺织科学与工程学报	成都纺织高等专科学校	系统为准	无	季刊	教育
27	成都航空职业技术学院学报	成都航空职业技术学院	不详	无	季刊	高等教育
28	四川职业技术学院学报	四川职业技术学院	系统为准	有	双月刊	教育
重庆市（16种）						
1	重庆大学学报（社会科学版）	重庆大学	系统为准	有	双月刊	党建
2	重庆邮电大学学报（社会科学版）	重庆邮电大学	系统为准	有	双月刊	马克思主义、思政、教育
3	重庆交通大学学报（社会科学版）	重庆交通大学	系统为准	无	双月刊	党建
4	西南大学学报（社会科学版）	西南大学	系统为准	无	双月刊	马克思主义、党建、教育、心理
5	重庆师范大学学报（社会科学版）	重庆师范大学	系统为准	有	双月刊	马克思主义、教育

续上表

序号	期刊名称	主办单位	投稿周期	版面费	刊期	投稿方向
6	重庆文理学院学报（社会科学版）	重庆文理学院	系统为准	有	双月刊	教育学、心理学
7	重庆三峡学院学报	重庆三峡学院	系统为准	无	双月刊	党建、教育
8	长江师范学院学报	长江师范学院	系统为准	无	双月刊	党建、教育、思政
9	西南政法大学学报	西南政法大学	系统为准	无	双月刊	党建
10	重庆科技学院学报（社会科学版）	重庆科技学院	1个月	无	双月刊	马克思主义、教育
11	重庆理工大学学报（社会科学）	重庆理工大学	系统为准	有	月刊	马克思主义
12	重庆工商大学学报（社会科学版）	重庆工商大学	系统为准	无	双月刊	党建
13	重庆第二师范学院学报	重庆第二师范学院	1个月	有	双月刊	教育
14	重庆电力高等专科学校学报	重庆电力高等专科学校	系统为准	有	双月刊	教育
15	重庆电子工程职业学院学报	重庆电子工程职业学院	系统为准	有	双月刊	党建、教育、思政
16	重庆开放大学学报	重庆开放大学	30~40日	无	双月刊	教育

贵州省（15种）

序号	期刊名称	主办单位	投稿周期	版面费	刊期	投稿方向
1	贵州大学学报（社会科学版）	贵州大学	系统为准	有	双月刊	党建、思政、教育
2	贵州师范大学学报（社会科学版）	贵州师范大学	系统为准	无	双月刊	教育、党建
3	遵义师范学院学报	遵义师范学院	1个月	无	双月刊	教育、心理
4	铜仁学院学报	铜仁学院	系统为准	有	双月刊	马克思主义、党建、教育
5	兴义民族师范学院学报	兴义民族师范学院	系统为准	有	双月刊	教育
6	安顺学院学报	安顺学院	系统为准	无	双月刊	党建、思政、教育
7	贵州工程应用技术学院学报	贵州工程应用技术学院	1~2个月	无	双月刊	思政、教育
8	凯里学院学报	凯里学院	系统为准	无	双月刊	教育、党建、马克思主义
9	黔南民族师范学院学报	黔南民族师范学院	系统为准	无	双月刊	教育、党建
10	贵州民族大学学报（哲学社会科学版）	贵州民族大学	60日	有	双月刊	教育

续上表

序号	期刊名称	主办单位	投稿周期	版面费	刊期	投稿方向
11	贵阳学院学报（社会科学版）	贵阳学院	系统为准	无	双月刊	教育
12	六盘水师范学院学报	六盘水师范学院	系统为准	有	双月刊	教育
13	贵州警察学院学报	贵州警察学院	系统为准	有	双月刊	教育
14	贵州师范学院学报	贵州师范学院	系统为准	无	月刊	教育、马克思主义、心理学
15	贵州开放大学学报	贵州开放大学	1个月	有	季刊	教育、思政

附录九　高校辅导员学术成果可投稿的华南地区普通学校学报

序号	期刊名称	主办单位	投稿周期	版面费	刊期	投稿方向
海南省（2 种）						
1	海南大学学报（人文社会科学版）	海南大学	系统为准	不详	双月刊	马克思主义研究
2	海南师范大学学报（社会科学版）	海南师范大学	系统为准	无	双月刊	马克思主义与当代中国、教育学研究
广东省（21 种）						
1	华南理工大学学报（社会科学版）	华南理工大学	系统为准	无	双月刊	马克思主义研究、高等教育、政治与哲学
2	华南师范大学学报（社会科学版）	华南师范大学	系统为准	无	双月刊	教育学
3	韶关学院学报	韶关学院	系统为准	有	月刊	思政教育研究、教育教学研究、教师教育研究、课程思政研究
4	惠州学院学报	惠州学院	系统为准	无	双月刊	高校党建与思政教育研究
5	韩山师范学院学报	韩山师范学院	系统为准	有	双月刊	教育教学
6	肇庆学院学报	肇庆学院	系统为准	无	双月刊	教育学研究、哲学文化研究
7	嘉应学院学报	嘉应学院	系统为准	无	双月刊	政治与哲学、高教研究
8	广东技术师范大学学报	广东技术师范大学	系统为准	无	双月刊	教育学研究、马克思主义研究

续上表

序号	期刊名称	主办单位	投稿周期	版面费	刊期	投稿方向
9	五邑大学学报（社会科学版）	五邑大学	3个月	无	季刊	高教改革与创新
10	东莞理工学院学报	东莞理工学院	系统为准	无	双月刊	高等教育学
11	广东第二师范学院学报	广东第二师范学院	系统为准	无	双月刊	教师教育、基础教育
12	顺德职业技术学院学报	顺德职业技术学院	2个月	无	季刊	教育教学研究
13	广东轻工职业技术大学学报	广东轻工职业技术大学	1个月	无	双月刊	高等职业教育研究
14	广东交通职业技术学院学报	广东交通职业技术学院	系统为准	无	季刊	教学改革与研究
15	广东水利电力职业技术学院学报	广东水利电力职业技术学院	6周	有	季刊	高教研究
16	高等职业教育探索	广州番禺职业技术学院	系统为准	无	双月刊	教育
17	广东农工商职业技术学院学报	广东农工商职业技术学院	不详	无	季刊	高职教育理论与实践
18	深圳信息职业技术学院学报	深圳信息职业技术学院	不详	无	双月刊	职业教育研究、教学改革与研究
19	清远职业技术学院学报	清远职业技术学院	系统为准	无	双月刊	高等教育研究、思政教育研究
20	广州城市职业学院学报	广州城市职业学院	3个月	无	季刊	教育教学
21	广东青年研究	广东省团校（广东青年政治学院）	3个月	无	季刊	共青团改革与建设
广西壮族自治区(14种)						
1	广西师范大学学报（哲学社会科学版）	广西师范大学	系统为准	无	双月刊	教育科学
2	南宁师范大学学报（哲学社会科学版）	南宁师范大学	1个月	无	双月刊	思政、党建
3	广西民族师范学院学报	广西民族师范学院	系统为准	无	双月刊	教育教学
4	河池学院学报	河池学院	系统为准	有	双月刊	教育学研究
5	玉林师范学院学报	玉林师范学院	3个月	无	双月刊	教育研究
6	广西民族大学学报（哲学社会科学版）	广西民族大学	3个月	不详	双月刊	党建

续上表

序号	期刊名称	主办单位	投稿周期	版面费	刊期	投稿方向
7	梧州学院学报	梧州学院	系统为准	无	双月刊	党建
8	广西科技师范学院学报	广西科技师范学院	系统为准	无	双月刊	高等教育
9	北部湾大学学报	北部湾大学	系统为准	有	双月刊	思想政治研究
10	贺州学院学报	贺州学院	系统为准	无	季刊	马克思主义研究
11	广西职业师范学院学报	广西职业师范学院	系统为准	无	季刊	教育实践研究
12	南宁职业技术学院学报	南宁职业技术学院	系统为准	无	双月刊	思想政治教育研究
13	桂林师范高等专科学校学报	桂林师范高等专科学校	系统为准	有	双月刊	高等教育、思想教育研究
14	柳州职业技术学院学报	柳州职业技术学院	系统为准	有	双月刊	思想政治研究

附录十　高校辅导员学术成果可投稿的华东地区普通学校学报

序号	期刊名称	主办单位	投稿周期	版面费	刊期	投稿方向
			江苏省（36种）			
1	南京大学学报（哲学·人文科学·社会科学）	南京大学	系统为准	无	双月刊	马克思主义理论
2	苏州大学学报（教育科学版）	苏州大学	系统为准	无	季刊	教育理论与教育管理
3	东南大学学报（哲学社会科学版）	东南大学	系统为准	无	双月刊	马克思主义理论
4	南京航空航天大学学报（社会科学版）	南京航空航天大学	系统为准	有	季刊	高等教育
5	南京理工大学学报（社会科学版）	南京理工大学	系统为准	有	双月刊	马克思主义理论、高等教育
6	中国矿业大学学报（社会科学版）	中国矿业大学	系统为准	有	双月刊	马克思主义理论
7	南京邮电大学学报（社会科学版）	南京邮电大学	系统为准	无	双月刊	中国特色社会主义理论、网络文化

续上表

序号	期刊名称	主办单位	投稿周期	版面费	刊期	投稿方向
8	河海大学学报（哲学社会科学版）	河海大学	系统为准	有	双月刊	马克思主义理论
9	江南大学学报（人文社会科学版）	江南大学	系统为准	无	双月刊	马克思主义理论
10	江苏大学学报（社会科学版）	江苏大学	系统为准	有	双月刊	教育学、马克思主义理论
11	盐城工学院学报（社会科学版）	盐城工学院	系统为准	无	双月刊	高教研究
12	淮阴师范学院学报（哲学社会科学版）	淮阴师范学院	3个月	有	双月刊	马克思主义理论
13	盐城师范学院学报（人文社会科学版）	盐城师范学院	系统为准	有	双月刊	马克思主义理论、教育发展
14	苏州科技大学学报（社会科学版）	苏州科技大学	系统为准	无	双月刊	思想政治理论课研究、教育学
15	常熟理工学院学报	常熟理工学院	系统为准	无	双月刊	马克思主义理论、教育学
16	淮阴工学院学报	淮阴工学院	系统为准	无	双月刊	高等教育
17	常州工学院学报（社科版）	常州工学院	系统为准	有	双月刊	教育
18	扬州大学学报（高教研究版）	扬州大学	系统为准	有	双月刊	高等教育、德育与思想政治教育
19	江苏理工学院学报	江苏理工学院	系统为准	无	双月刊	高教管理、教育教学
20	江苏海洋大学学报（人文社会科学版）	江苏海洋大学	系统为准	有	双月刊	高等教育、党建、思政
21	徐州工程学院学报（社会科学版）	徐州工程学院	系统为准	无	双月刊	马克思主义理论、教育
22	金陵科技学院学报（社会科学版）	金陵科技学院	系统为准	有	季刊	教育学、高等教育
23	江苏第二师范学院学报	江苏第二师范学院	系统为准	有	双月刊	高等教育、党建、思政等
24	无锡职业技术学院学报	无锡职业技术学院	系统为准	有	双月刊	高等教育、学生工作与思想政治教育、教育教学
25	江苏建筑职业技术学院学报	江苏建筑职业技术学院	系统为准	无	季刊	思政、职业教育
26	江苏工程职业技术学院学报	江苏工程职业技术学院	系统为准	有	季刊	教育

续上表

序号	期刊名称	主办单位	投稿周期	版面费	刊期	投稿方向
27	连云港职业技术学院学报	连云港职业技术学院	1个月	有	季刊	党建、思政、高等教育
28	镇江高专学报	镇江市高等专科学校	系统为准	无	季刊	思政
29	南通职业大学学报	南通职业大学	系统为准	无	季刊	高教研究、教育教学
30	苏州市职业大学学报	苏州市职业大学	系统为准	无	季刊	创新创业、思政、职教
31	连云港师范高等专科学校学报	连云港师范高等专科学校	1个月	有	季刊	教育
32	江苏经贸职业技术学院学报	江苏经贸职业技术学院	系统为准	无	双月刊	党建、思政、教育
33	常州信息职业技术学院学报	常州信息职业技术学院	不详	有	双月刊	高等教育、思政
34	无锡商业职业技术学院学报	无锡商业职业技术学院	系统为准	无	双月刊	思政、职业教育
35	扬州教育学院学报	扬州教育学院	系统为准	无	季刊	思政、职业教育
36	南京开放大学学报	南京开放大学	1个月	有	双月刊	党建、思政
上海市(7种)						
1	同济大学学报（社会科学版）	同济大学	不详	有	双月刊	马克思主义理论
2	上海理工大学学报（社会科学版）	上海理工大学	系统为准	有	季刊	马克思主义理论、教育
3	东华大学学报（社会科学版）	东华大学	系统为准	有	季刊	马克思主义理论、思政
4	华东师范大学学报（教育科学版）	华东师范大学	系统为准	无	月刊	创新创业、高等教育、教育学等
5	上海师范大学学报（哲学社会科学版）	上海师范大学	系统为准	无	双月刊	马克思主义理论、教育学
6	青年学报	上海青年管理干部学院	3个月	不详	季刊	共青团、青年研究相关方向
7	党政论坛	中共上海市委党校(上海行政学院)	2个月	无	双月刊	党建
浙江省(14种)						
1	浙江工业大学学报（社会科学版）	浙江工业大学	系统为准	有	季刊	马克思主义理论、思政、高等教育
2	浙江理工大学学报（社会科学版）	浙江理工大学	系统为准	有	双月刊	高教研究、红色文化

续上表

序号	期刊名称	主办单位	投稿周期	版面费	刊期	投稿方向
3	浙江海洋大学学报（人文科学版）	浙江海洋大学	系统为准	无	双月刊	高等教育学
4	浙江师范大学学报（社会科学版）	浙江师范大学	系统为准	无	双月刊	教育学
5	杭州师范大学学报（社会科学版）	杭州师范大学	系统为准	无	双月刊	教育
6	丽水学院学报	丽水学院	系统为准	有	双月刊	教育、教学
7	浙江万里学院学报	浙江万里学院	系统为准	有	双月刊	高教研究、教育教学
8	宁波工程学院学报	宁波工程学院	系统为准	有	季刊	思想政治研究（辅导员专稿）、教育教学
9	宁波大学学报（教育科学版）	宁波大学	系统为准	有	双月刊	教育学
10	宁波职业技术学院学报	宁波职业技术学院	2个月	无	双月刊	教育学、思政、创新创业
11	温州职业技术学院学报	温州职业技术学院	系统为准	无	季刊	职业教育、高等教育
12	浙江交通职业技术学院学报	浙江交通职业技术学院	2个月	无	季刊	教育理论与实践
13	金华职业技术学院学报	金华职业技术学院	2个月	无	双月刊	思政、高职教育
14	湖州职业技术学院学报	湖州职业技术学院	系统为准	无	季刊	思政、高职教育
福建省(25种)						
1	厦门大学学报（哲学社会科学版）	厦门大学	系统为准	无	双月刊	马克思主义、政治、党建
2	福州大学学报（哲学社会科学版）	福州大学	系统为准	有	双月刊	思政、教育
3	福建农林大学学报（哲学社会科学版）	福建农林大学	系统为准	无	双月刊	马克思主义、党建
4	集美大学学报（教育科学版）	集美大学	系统为准	有	双月刊	教育、心理
5	集美大学学报（哲学社会科学版）	集美大学	系统为准	有	双月刊	马克思主义、党建
6	福建医科大学学报（社会科学版）	福建医科大学	系统为准	有	双月刊	马克思主义、党建

续上表

序号	期刊名称	主办单位	投稿周期	版面费	刊期	投稿方向
7	福建师范大学学报（哲学社会科学版）	福建师范大学	系统为准	无	双月刊	马克思主义、教育
8	闽江学院学报	闽江学院	系统为准	无	双月刊	马克思主义、教育
9	武夷学院学报	武夷学院	系统为准	有	月刊	马克思主义、教育、思政
10	宁德师范学院学报（哲学社会科学版）	宁德师范学院	系统为准	有	季刊	思政、教育
11	泉州师范学院学报	泉州师范学院	系统为准	有	双月刊	马克思主义、教育
12	闽南师范大学学报（哲学社会科学版）	闽南师范大学	系统为准	无	季刊	思政、教育
13	三明学院学报	三明学院	系统为准	无	双月刊	思政、教育、马克思主义
14	龙岩学院学报	龙岩学院	系统为准	无	双月刊	马克思主义、教育
15	福建商学院学报	福建商学院	系统为准	无	双月刊	教育、思政
16	福建警察学院学报	福建警察学院	系统为准	无	双月刊	马克思主义、党建
17	莆田学院学报	莆田学院	15 日	无	双月刊	马克思主义、教育
18	福建江夏学院学报	福建江夏学院	不详	无	双月刊	思政、教育、党建
19	福建技术师范学院学报	福建技术师范学院	系统为准	无	双月刊	马克思主义、教育
20	漳州职业技术学院学报	漳州职业技术学院	系统为准	无	季刊	思政、党建
21	闽西职业技术学院学报	闽西职业技术学院	系统为准	无	季刊	党建、马克思主义
22	黎明职业大学学报	黎明职业大学	系统为准	无	季刊	党建
23	厦门城市职业学院学报	厦门城市职业学院	系统为准	无	季刊	党建、思政、教育
24	福建教育学院学报	福建教育学院	系统为准	无	月刊	教育、马克思主义
25	福建开放大学学报	福建开放大学	系统为准	无	双月刊	党建、教育

山东省(32 种)

序号	期刊名称	主办单位	投稿周期	版面费	刊期	投稿方向
1	山东行政学院学报	中共山东省委党校（山东行政学院）	系统为准	无	双月刊	党建
2	山东开放大学学报	山东开放大学	系统为准	无	季刊	教育
3	山东大学学报（哲学社会科学版）	山东大学	系统为准	无	双月刊	党建
4	山东科技大学学报（社会科学版）	山东科技大学	系统为准	有	双月刊	教育

续上表

序号	期刊名称	主办单位	投稿周期	版面费	刊期	投稿方向
5	青岛科技大学学报（社会科学版）	青岛科技大学	3个月	无	季刊	教育
6	济南大学学报（社会科学版）	济南大学	系统为准	无	双月刊	党建、教育
7	山东理工大学学报（社会科学版）	山东理工大学	2个月	有	双月刊	党建、教育
8	山东农业大学学报（社会科学版）	山东农业大学	3个月	无	季刊	教育
9	青岛农业大学学报（社会科学版）	青岛农业大学	系统为准	有	季刊	教育
10	山东师范大学学报（社会科学版）	山东师范大学	15日	无	双月刊	马克思主义理论
11	聊城大学学报（社会科学版）	聊城大学	不详	无	双月刊	党建、马克思主义理论
12	德州学院学报	德州学院	不详	有	双月刊	党建、教育
13	滨州学院学报	滨州学院	系统为准	无	双月刊	党建
14	鲁东大学学报（哲学社会科学版）	鲁东大学	2个月	无	双月刊	党建、教育、马克思主义理论
15	临沂大学学报	临沂大学	不详	无	双月刊	党建、教育、马克思主义理论、心理
16	泰山学院学报	泰山学院	系统为准	无	双月刊	党建、教育
17	济宁学院学报	济宁学院	2个月	无	双月刊	党建、教育、马克思主义理论、思政
18	菏泽学院学报	菏泽学院	系统为准	无	双月刊	教育
19	山东财经大学学报	山东财经大学	统为准	无	双月刊	党建
20	枣庄学院学报	枣庄学院	不详	有	双月刊	教育
21	潍坊学院学报	潍坊学院	2个月	有	双月刊	教育
22	山东工商学院学报	山东工商学院	3个月	无	双月刊	党建
23	山东女子学院学报	山东女子学院	系统为准	无	双月刊	党建
24	齐鲁师范学院学报	齐鲁师范学院	2个月	有	双月刊	教育
25	山东青年政治学院学报	山东青年政治学院	3个月	无	双月刊	党建、思政
26	山东农业工程学院学报	山东农业工程学院	2个月	有	月刊	教育

续上表

序号	期刊名称	主办单位	投稿周期	版面费	刊期	投稿方向
27	山东商业职业技术学院学报	山东商业职业技术学院	1~3周	无	双月刊	思政
28	山东电力高等专科学校学报	山东电力高等专科学校	2个月	无	双月刊	教育
29	青岛职业技术学院学报	青岛职业技术学院	系统为准	无	双月刊	党建、教育
30	烟台职业学院学报	烟台职业学院	2个月	有	季刊	思政、教育
31	济南职业学院学报	济南职业学院	3个月	无	双月刊	思政、教育
32	潍坊工程职业学院学报	潍坊工程职业学院	1个月	无	双月刊	思政、教育、心理
安徽省(35种)						
1	安徽开放大学学报	安徽开放大学	系统为准	无	季刊	教育与教学
2	宿州教育学院学报	宿州教育学院	系统为准	有	双月刊	高等教育、职业技术教育
3	安徽大学学报(哲学社会科学版)	安徽大学	系统为准	无	双月刊	党建、马克思主义研究
4	合肥工业大学学报(社会科学版)	合肥工业大学	系统为准	有	双月刊	党建、思政、教育
5	安徽理工大学学报(社会科学版)	安徽理工大学	系统为准	有	双月刊	党建、课程思政、高教研究
6	安徽农业大学学报(社会科学版)	安徽农业大学	系统为准	有	双月刊	思政、教育
7	安徽中医药大学学报	安徽中医药大学	系统为准	有	双月刊	教学研究
8	安徽师范大学学报(人文社会科学版)	安徽师范大学	系统为准	无	双月刊	党建、教育研究、马克思主义中国化研究
9	阜阳师范大学学报(社会科学版)	阜阳师范大学	系统为准	无	双月刊	马克思主义理论与实践研究、教育、教学研究
10	安庆师范大学学报(社会科学版)	安庆师范大学	系统为准	有	双月刊	党建、高校思想政治工作研究、教育教学研究
11	淮北师范大学学报(哲学社会科学版)	淮北师范大学	2个月	有	双月刊	党建、思想政治教育研究、教育教学研究
12	黄山学院学报	黄山学院	系统为准	有	双月刊	教育·教学
13	皖西学院学报	皖西学院	系统为准	有	双月刊	党建、教育学
14	滁州学院学报	滁州学院	系统为准	有	双月刊	党建、思政教育研究、教育教学研究

续上表

序号	期刊名称	主办单位	投稿周期	版面费	刊期	投稿方向
15	宿州学院学报	宿州学院	系统为准	有	月刊	党建、思政理论与实践、高等教育与教学
16	巢湖学院学报	巢湖学院	系统为准	无	双月刊	党建、高教改革与探索
17	淮南师范学院学报	淮南师范学院	系统为准	无	双月刊	党建、高等教育学
18	铜陵学院学报	铜陵学院	系统为准	有	双月刊	党建、思政法律、教育教学
19	安徽科技学院学报	安徽科技学院	系统为准	有	双月刊	教学研究
20	蚌埠学院学报	蚌埠学院	系统为准	有	双月刊	党建、教育、教学
21	池州学院学报	池州学院	系统为准	有	双月刊	党建、思政、高等教育教学研究
22	合肥师范学院学报	合肥师范学院	系统为准	有	双月刊	党建、马克思主义中国化研究、高等教育研究
23	安徽职业技术学院学报	安徽职业技术学院	系统为准	有	季刊	党建、思政、教育
24	淮北职业技术学院学报	淮北职业技术学院	15 日	有	双月刊	党建、思政、教育
25	芜湖职业技术学院学报	芜湖职业技术学院	系统为准	有	季刊	党建、思政、教育
26	安徽商贸职业技术学院学报	安徽商贸职业技术学院	1 个月	无	季刊	党建、思政、教育
27	安徽水利水电职业技术学院学报	安徽水利水电职业技术学院	3 个月	有	季刊	职业教育研究
28	阜阳职业技术学院学报	阜阳职业技术学院	系统为准	无	季刊	党建、思政、教育
29	铜陵职业技术学院学报	铜陵职业技术学院	系统为准	有	季刊	党建、思政、教育
30	安徽警官职业学院学报	安徽警官职业学院	40 日	无	双月刊	教育新论
31	淮南职业技术学院学报	淮南职业技术学院	系统为准	有	双月刊	思政、教育
32	安徽电子信息职业技术学院学报	安徽电子信息职业技术学院	系统为准	有	季刊	教育教学
33	滁州职业技术学院学报	滁州职业技术学院	系统为准	有	季刊	党建、思政、教育

续上表

序号	期刊名称	主办单位	投稿周期	版面费	刊期	投稿方向
34	安徽电气工程职业技术学院学报	安徽电气工程职业技术学院	不详	无	季刊	教育教学
35	安徽冶金科技职业学院学报	安徽冶金科技职业学院	3个月	有	季刊	思政、教育
江西省(19种)						
1	南昌大学学报(人文社会科学版)	南昌大学	系统为准	无	双月刊	教育、马克思主义
2	东华理工大学学报(社会科学版)	东华理工大学	系统为准	有	双月刊	教育、党建
3	南昌航空大学学报(社会科学版)	南昌航空大学	系统为准	无	季刊	教育
4	江西理工大学学报	江西理工大学	系统为准	有	双月刊	教育、党建
5	江西师范大学学报(哲学社会科学版)	江西师范大学	系统为准	无	双月刊	教育、党建
6	上饶师范学院学报	上饶师范学院	系统为准	无	双月刊	教育
7	宜春学院学报	宜春学院	1个月	无	月刊	教育、党建
8	赣南师范大学学报	赣南师范大学	系统为准	无	双月刊	教育、思政
9	井冈山大学学报(社会科学版)	井冈山大学	系统为准	无	双月刊	教育、马克思主义、思政
10	景德镇学院学报	景德镇学院	1个月	有	双月刊	教育、思政
11	萍乡学院学报	萍乡学院	系统为准	无	双月刊	教育
12	江西科技师范大学学报	江西科技师范大学	2个月	无	双月刊	教育、马克思主义
13	新余学院学报	新余学院	1个月	无	双月刊	教育
14	九江学院学报(社会科学版)	九江学院	3个月	有	季刊	教育
15	豫章师范学院学报	豫章师范学院	系统为准	有	双月刊	教育、思政
16	南昌师范学院学报	南昌师范学院	2个月	无	双月刊	教育、党建、思政
17	九江职业技术学院学报	九江职业技术学院	不详	无	季刊	教育、思政
18	江西电力职业技术学院学报	江西电力职业技术学院	1个月	有	月刊	教育
19	青年发展论坛	江西青年职业学院	3个月	无	双月刊	共青团与青年研究

附录十一　高校辅导员学术成果可投稿的普通期刊

序号	期刊名称	主办单位	投稿周期	版面费	刊期	投稿方向
1	高校学生工作研究	吉林大学大学生思想政治教育发展研究中心	3个月	无	半年刊	思政、党建
2	红色文化学刊	赣南师范大学等	系统为准	无	季刊	党建
3	知与行	黑龙江省社会科学信息中心	系统为准	无	双月刊	思政、教育、党建
4	高校马克思主义理论教育研究	中央财经大学	1.5个月	无	双月刊	党建、思政
5	消费导刊	中国轻工业联合会	3个月	有	周刊	教育
6	教育文化论坛	贵州大学	2个月	有	双月刊	思政、教育、党建
7	创新创业理论研究与实践	黑龙江格言杂志有限公司	半个月	有	半月刊	教育
8	边疆经济与文化	黑龙江省边疆经济学会等	半个月	无	月刊	党建
9	黑河学刊	黑河市社会科学界联合会	半个月	无	双月刊	教育
10	就业与保障	福建就业与保障杂志社有限责任公司	10日	有	月刊	创新创业
11	世纪桥	中共黑龙江省委党史研究室	22日	有	月刊	教育、思政、党建
12	新西部	陕西省社会科学院	3个月	有	月刊	党建、教育
13	西部学刊	陕西新华出版传媒集团有限责任公司	2个月	有	半月刊	党建、思政、教育
14	文化学刊	辽宁社会科学院	不详	有	月刊	马克思主义、教育
15	理论观察	齐齐哈尔市社会科学界联合会	系统为准	有	月刊	党建、思政、教育
16	南方论刊	茂名市社会科学界联合会	不详	有	月刊	党建、教育
17	教育观察	广西师范大学	3个月	有	旬刊	心理教育、教育、思政
18	林区教学	黑龙江生态工程职业学院	系统为准	有	月刊	教育、思政、心理健康教育
19	北京教育(德育版)	北京教育音像报刊总社	3个月	无	月刊	教育、党建、思政、心理
20	大学	重庆课堂内外杂志社出版有限公司	系统为准	有	旬刊	教育、思政
21	教育文汇	安徽省教育宣传中心	3个月	无	月刊	党建、思政、教育
22	教育信息化论坛	河南电子音像出版社有限公司、文心出版社有限公司	不详	有	月刊	教育、思政、心理
23	教书育人(高教论坛)	哈尔滨师范大学	2个月	有	旬刊	党建、思政、教育
24	吉林教育	吉林教育杂志社	30日	有	旬刊	党建、思政

续上表

序号	期刊名称	主办单位	投稿周期	版面费	刊期	投稿方向
25	宁波教育学院学报	宁波教育学院	系统为准	有	双月刊	教育、思政教育
26	陕西教育（高教）	陕西教育报刊社有限责任公司	1个月	有、偏贵	月刊	教育
27	教育教学论坛	河北教育出版社有限责任公司等	不详	有	周刊	教育、思政
28	内江科技	内江市科学技术情报和新技术开发研究所	2个月	有	月刊	教育
29	扬州教育学院学报	扬州教育学院	3个月	有	季刊	教育
30	牡丹江教育学院学报	牡丹江教育学院	不详	无	月刊	教育
31	西部素质教育	青海人民出版社有限责任公司	1个月	有	半月刊	党建、思政、教育、心理健康教育
32	办公室业务	中南出版传媒集团股份有限公司	3日	无	半月刊	党建
33	现代职业教育	山西省教育教辅传媒集团	半个月	有	旬刊	教育
34	新闻研究导刊	重庆日报报业集团	1个月	有	半月刊	党建
35	现代商贸工业	中国商办工业杂志社	半个月	有	半月刊	教育
36	科教文汇	安徽省科学教育研究会等	不详	有	半月刊	党建、思政、教育、心理健康教育
37	科学咨询	重庆市科学技术研究院	2周	有	半月刊	党建、思政、教育、心理健康教育
38	中国军转民	中国和平利用军工技术协会	3个月	有	半月刊	党建
39	才智	《才智》杂志社	半个月	有	旬刊	党建、思政、教育
40	成才	武汉新闻传媒有限公司	不详	有	半月刊	党建、思政、教育、心理健康教育
41	时代报告	河南省文学艺术界联合会	1个月	有	月刊	教育
42	新课程研究	湖北长江报刊传媒（集团）有限公司	20日	有	旬刊	教育、心理健康教育
43	国家通用语言文字教学与研究	新疆电子音像出版社	不详	有	月刊	教育、思政
44	品位·经典	内蒙古人民出版社	不详	有	半月刊	思政
45	亚太教育	四川科幻世界杂志社有限公司	半个月	有	半月刊	教育、党建、心理健康教育
46	中外企业文化	北京商报社	1个月	有	月刊	教育、党建
47	科学咨询（教育科研）	重庆市科学技术研究院	1~2周	有	半月刊	党建、思政、教育

续上表

序号	期刊名称	主办单位	投稿周期	版面费	刊期	投稿方向
48	成才之路	黑龙江省创联文化传媒有限公司	不详	有	旬刊	教育
49	活力	黑龙江日报报业集团	半个月	有	半月刊	党建
50	中国林业教育	北京林业大学和中国林业教育学会	3个月	有	双月刊	教育、党建
51	江苏教育	江苏省教育厅	不详	有	周刊	教育、党建
52	文教资料	南京师范大学	2个月	有	半月刊	思政、教育
53	试题与研究	中学生学习报社	不详	有	旬刊	教育
54	山西青年	山西青少年报刊社	半个月	有	半月刊	教育、思政
55	科教导刊	湖北省科学技术协会	不详	有	旬刊	教育
56	大众文艺	河北省群众艺术馆	不详	有	半月刊	教育
57	中国多媒体与网络教学学报	清华大学	不详	有	旬刊	教育
58	公关世界	河北省国际国内公共关系协会	10日	有	半月刊	思政
59	新闻前哨	湖北日报报业集团等	不详	有	月刊	教育
60	知识窗(教师版)	江西科学技术出版社有限责任公司	2个月	有	月刊	教育
61	山东教育	山东教育社	不详	无	旬刊	教育、心理健康
62	卫生职业教育	甘肃省医学科学研究院	1个月	有	半月刊	教育、心理健康
63	中国文艺家	中国文联出版社	不详	有	月刊	教育
64	现代教育	山东省教育科学院等	不详	有	月刊	教育
65	现代交际	吉林省社会科学院	3~4个月	无	月刊	思政、教育、党建
66	作家天地	安徽省马鞍山市文学艺术界联合会	10日	有	旬刊	思政
67	大陆桥视野	新疆电子音像出版社	2个月	有	月刊	思政
68	中国冶金教育	中国冶金教育学会	30~40日	有	双月刊	教育
69	学园	云南出版融媒体有限责任公司	不详	有	旬刊	教育
70	发明与创新	湖南省科学技术信息研究所	不详	有	月刊	思政
71	知识文库	哈尔滨日报报业集团	10日	有	半月刊	教育
72	文化创新比较研究	黑龙江文化产业投资控股集团有限公司	不详	有	旬刊	教育
73	求贤	天津海河传媒中心	不详	有	月刊	党建
74	国际公关	中国国际公共关系协会	1个月	有	半月刊	思政

续上表

序号	期刊名称	主办单位	投稿周期	版面费	刊期	投稿方向
75	采写编	河北日报报业集团	1个月	有	月刊	思政
76	学周刊	河北行知文化传媒有限责任公司	1个月	有	旬刊	教育
77	农家参谋	河南省科学技术协会	1周	有	旬刊	思政
78	法制博览	山西共青团融媒体中心	不详	有	旬刊	教育
79	传播力研究	黑龙江日报报业集团	3个月	有	旬刊	思政
80	科技风	河北省科技咨询服务中心	3日	有	旬刊	思政
81	人文天下	山东省艺术研究院	2个月	有	月刊	党建
82	考试周刊	吉林省舆林报刊发展有限责任公司	10日	有	周刊	教育
83	中国校外教育	中国儿童中心	3个月	有	双月刊	教育
84	高等农业教育	沈阳农业大学	系统为准	有	双月刊	思政、党建、教育
85	中国培训	中国职工教育和职业培训协会	不详	有	月刊	党建、教育
86	智库时代	山西社会科学报刊社	不详	有	半月刊	思政、马克思主义
87	传媒论坛	江西日报社	2周	有	半月刊	教育
88	西部皮革	四川省皮革行业协会等	2个月	有	半月刊	教育
89	求知导刊	广西师范大学出版社集团有限公司	1个月	有	旬刊	教育
90	人才资源开发	河南省行政管理科学研究所	5日	有	半月刊	大学生创新创业、教育
91	中阿科技论坛	宁夏回族自治区对外科技交流中心	30日	有	月刊	教育
92	黑龙江科学	黑龙江省科学院	3日	有	半月刊	思政、教育
93	新教师	福建教育出版社	系统为准	无	月刊	教育
94	科协论坛	湖北省科协	不详	有	半月刊	教育
95	华商论丛	广东财经大学华商学院	不详	有	半年刊	教育

后　记

在时代的浪潮中，我国高校思想政治教育工作正稳步迈向新的高度，高校辅导员队伍建设也取得了令人瞩目的成果。自1953年清华大学率先设立政治辅导员以来，这支队伍历经数十年风雨洗礼，不断发展壮大。截至2024年12月，全国高校专兼职辅导员已达27.9万人，他们活跃在高校的各个角落，成为大学生成长道路上不可或缺的引路人。

回首过往，高校思想政治工作的发展历程波澜壮阔，高校辅导员队伍建设取得了长足进步。辅导员们在实践中不断探索，研究成果日益丰硕。为深入学习习近平新时代中国特色社会主义思想，全面贯彻落实党的二十大和二十届二中、三中全会精神以及全国教育大会精神，切实落实立德树人的根本任务，持续深化辅导员队伍建设与研究，我们精心编写了这本《高校辅导员理论和实践研究能力提升方略》，旨在探索高校辅导员开展科学研究的有效路径，为广大辅导员提供有益的参考和借鉴。

高校辅导员理论和实践研究是一项充满挑战但又意义非凡的工作。本书凝聚着编写组在一线高校思想政治教育工作中的大量心血与汗水，是我们摸爬滚打、不断总结的智慧结晶。在编写过程中，我们得到了众多同仁的慷慨相助，他们毫无保留地分享自己的见解和经验；也感受到了实践中众多"战友"的殷切期待与有力督促。正是因为大家有着共同的困惑、奋进的期许以及不断的交流，这本书才得以顺利完成。

从最初的构思，到艰辛的写作，再到最终的正式出版，这本书历经了两年的漫长时光，汇聚了全国众多同行的共同努力。在此，我们要衷心感谢为本书编著提供申报素材的老师们，感谢吉首大学郑雪飞、徐敏慧、刘滢、蒋敏和龚润芳，感谢你们不辞辛劳地帮助我们查询相关申报信息。

　　然而，我们也深知，由于时间和精力有限，本书难免存在不足之处。除了书中展示的案例，还有许多优秀辅导员的研究与实践成果、思想与点子、素材与数据未能收录其中，本书搜集的各类信息也不尽完善。我们真诚地期待在后期再版中，能得到更多同仁的大力支持，使这些不足得以改进。同时，也期待各位读者老师能不吝赐教，为我们提供宝贵的意见和建议。

　　最后，再次向所有为本书提供支持的辅导员同仁，以及持续关注辅导员研究的社会各界人士，表示最衷心的感谢！让我们携手共进，为高校辅导员队伍建设和高校思想政治教育工作的发展贡献更多的力量！

本书为以下项目的研究成果

教育部人文社会科学研究专项任务项目（高校辅导员研究）"基于AHP-DM组合模型的高校辅导员科研能力评价与提升路径研究"（24JDSZ3129）

教育部人文社会科学研究专项任务项目（高校辅导员研究）"历史主动精神涵育青年责任感的逻辑理路及实践路径研究"（23JDSZ3103）

教育部人文社会科学研究专项任务项目（高校辅导员研究）"数字消费主义下饭圈青年思想特征与引导机制"（24JDSZ3065）

教育部人文社会科学研究专项任务项目（高校辅导员研究）"边疆民族地区留守经历大学生社会情感能力提升研究"（24JDSZ3061）

教育部人文社会科学研究专项任务项目（高校辅导员研究）"数智时代大学生国家安全教育优化策略研究——基于TPB理论视角"（24JDSZ3003）

教育部人文社会科学研究专项任务项目"B2C到C2B：AIGC对高校思想政治工作的影响及对策研究——以ChatGPT为例"（23JDSZ3100）

教育部人文社会科学研究专项任务项目（高校辅导员专项）"课程思政视角下专业文化作为思想政治教育资源的研究——以纸文化特色数据库为例"（21JDSZ3042）

湖南省高校思想政治工作精品项目"依托学科竞赛和创新项目的科研育人模式探索"（23JP012）

云南省教育科学规划一般项目"在地国际化背景下西南边疆民族地区大学生跨文化能力提升研究"（BE22046）

湖南省高校辅导员综合发展工作室（生涯北斗）

湖南省高校辅导员综合发展工作室（连选）

湖南省高校辅导员综合发展工作室（朱天鹏）

湖南省高校辅导员综合发展工作室项目"微言青语"工作室